R. H. Francé

Das Leben im Boden

–

Das Edaphon

R. H. FRANCÉ

Das Leben im Boden
Das Edaphon

Untersuchungen zur Ökologie
der bodenbewohnenden Mikroorganismen

Mit einer Einführung von René R. Roth
und einem Vorwort von Georg E. Siebeneicher

Edition Siebeneicher
ORGANISCHER LANDBAU

OLV
Fachverlag für
Garten und Ökologie

Bibliografische Information der Deutschen Nationalbibliothek

Die Deutsche Nationalbibliothek verzeichnet diese Publikation in Der Deutschen Nationalbibliografie; detaillierte bibliografische Daten sind im Internet über http:dnb.d-nb.de abrufbar.

Dieses Werk wurde in Anlehnung an die 2. Auflage von 1922 nach den alten Regeln der deutschen Rechtschreibung neu gesetzt.

OLV Organischer Landbau Verlag Kurt Walter Lau, Kevelaer
www.olv-verlag.eu

Druck und Verarbeitung: Interpress GmbH
Printed in Hungary
ISBN: 978-3-922201-02-1

Klimaneutral
Druckprodukt
ClimatePartner.com/12667-2202-1001

Vorwort

„Was ist das eigentlich für ein Titel: ‚Francé, Das Leben im Ackerboden'?" – so fragte, fast schon etwas verärgert, ein Gehilfe der Buchhandlung Hugendubel in München, als im Winter 1937/38 dieses Buch immer wieder verlangt wurde. Ein anderer Gehilfe hatte stillschweigend eines der kleineren Schaufenster in der, im Zweiten Weltkrieg dann zerstörten Passage zum Kultusministerium als Sonderfenster mit diesem Buch eingerichtet. Aus einer Kommissionslieferung des Verlages anläßlich einer Landbautagung war ein Stapel der broschierten, mit einem Farbbild versehenen Ausgabe dieses Kosmosbändchens liegen geblieben. Der „andere Gehilfe" (es war der Unterzeichnete) hatte nicht daran gedacht, die Bücher an den Verlag zurückzusenden, sondern sie unter die Leute zu bringen, also zu verkaufen.

Das schien ohne weiteres möglich, denn R. H. Francé war in den ersten Jahrzehnten unseres Jahrhunderts einer der erfolgreichsten „Populär-Schriftsteller". (Heute würde man sagen: Sachbuch-Autoren.) Führende Verlage brachten seine Bücher heraus, beispielsweise Ullstein in Berlin: „Die Welt der Pflanze. Eine volkstümliche Botanik", 1912, und „Welt, Erde, Menschheit. Eine Wanderung durch die Wunder der Schöpfung", 1928. „Das Leben im Ackerboden"aus der Franckh'schen Verlagshandlung in Stuttgart – noch heute einer der größten naturkundlichen Verlage erreichte in den zwanziger Jahren sogar Riesenauflagen.

In den dreißiger Jahren war Francés Ruhm schon etwas verblaßt. Die Vertreter des biologisch begründeten Landbaues aber sahen in ihm einen ihrer Väter.

In seinem 400-Seiten-Werk „Biologische Bodenkultur und Düngewirtschaft" (2. Auflage Tutzing 1939) stellte *Ewald Könemann* die natürliche Bodenschichtung und die daraus abgeleitete naturgemäße Bodenpflege nach Francés Lehre vom Edaphon in Wort und Bild dar. Neben der von Francé empfohlenen Gründüngung gehörte die Verwertung aller wirtschaftseigenen Abfälle (nach *Justus von Liebig)*, einschließlich der damals noch überall verfügbaren kalireichen Holzasche, zu den Grundlagen der von ihm dargestellten Methode.

Ein damals bekannter Praktiker, *Karl Stellwag,* bezog sich ebenfalls auf *R. H. Francé* und nicht zuletzt auf einen weiteren Großen der Wissenschaft: *Charles Darwin.* Als Student war *Stellwag* durch *Prof. Wollny* mit *Darwins* phantastisch anmutenden Leistungen des Regenwurms für die Bodenfruchtbarkeit bekannt geworden.

Aber auch die biologisch-dynamische Wirtschaftsweise, damals schon die bekannteste Richtung naturgemäßen Landbaues, wurzelte weitgehend in diesen von der Wissenschaft dargestellten Verfahren. Die Präparate und sonstigen Besonderheiten waren für viele führende Praktiker dieser Wirtschaftsweise nur „der Punkt auf dem i".

Durch den Zweiten Weltkrieg und seine Folgen wurden diese in Jahrzehnten gewachsenen Kenntnisse und Erfahrungen jäh unterbrochen durch Verlust der Betriebe und Bibliotheken, durch Länder- und Zonengrenzen. Die Verbindungen des biologischen Landbaues zu seinem wissenschaftlichen Hintergrund waren weitgehend abgerissen. Das erleichterte es interessierten Kreisen, ihn als unwissenschaftlich hinzustellen.

Mit dem „Wirtschaftswunder" und der Woge billigen Öls schließlich drang die Chemie schnell vor, und innerhalb weniger Jahre überfremdete sie auch Landwirtschaft und Gartenbau.

Im Laufe der sechziger Jahre *(Rachel Carsons* „Der Stumme Frühling") und vollends der siebziger Jahre (Naturschutzjahr, Umweltbewußtsein, Energiekrise) schlug das Pendel zurück: An Hochschulen gab es immer mehr Vorlesungen über Ökologie und biologische Landbauverfahren, Studenten schrieben ihre Abschlußarbeiten über Themen aus diesen Gebieten, in mehreren Ländern gründeten private Vereinigungen einschlägige Forschungsinstitute. An der Washington-Universität in St. Louis, Missouri, USA, wurden die wissenschaftlichen Grundlagen biologischer Landbauverfahren sogar wesentlich erweitert: durch umfassende betriebswirtschaftliche Untersuchungen über Erträge und Energieverbrauch der verschiedenen Methoden.

Die Zeit für eine Neuauflage zweier grundlegender Arbeiten von *R. H. Francé* dürfte somit reif sein. „Das Leben im Ackerboden“ erscheint hier nach der Ausgabe des Kosmosbändchens. Die vom Verfasser nur durch römische Ziffern angegebenen Hauptkapitel wurden durch Überschriften hervorgehoben und durch Zwischenüberschriften gegliedert; die entsprechenden Formulierungen wurden weitgehend dem Text entnommen.

Einige wenige Stellen bedürften heute, 60 Jahre nach dem ersten Erscheinen des Textes, einer Anmerkung, z.B. diejenige über *Justus von Liebig* und den Ersatz der dem Boden durch die Ernten entzogenen Stoffe. Eine Anmerkung aber hätte nicht genügt. Liebig selbst muß hier wieder zu Wort kommen!

Übereinstimmend mit dem Inhalt, wo von den Böden der Äcker, Wiesen und Almen, der Gärten und Pflanzgefäße die Rede ist, wurde der Titel geändert in „Das Leben im Boden“.

Dieser für alle naturkundlich und landbaulich Interessierten bestimmte Text, mit den vom Verfasser nach der Natur angefertigten Zeichnungen, beruht auf der unendlich geduldigen Kleinarbeit des Forschers. Nur wer in der Forschung so verankert ist wie *R. H. Francé,* kann es sich erlauben, so allgemeinverständlich, ja fesselnd zu schreiben, ohne jemals den festen Boden unter den Füßen zu verlieren.

Aus verschiedenen Gründen erschien es wünschenswert, wissenschaftlich interessierte Praktiker und Berater, Schüler und Studenten sowie ihre Lehrer mit der eben erwähnten Kleinarbeit des Forschers bekannt zu machen:

Erstens enthält „Das Edaphon“, mittelbar oder unmittelbar, viele praktische Hinweise, so zur Kompostierung und zur Frischmistverwendung, zur Bodenimpfung mit biologischen Präparaten, zur Verwendung von Steinmehl und zur planmäßigen Vermehrung von Regenwürmern.

Zweitens interessiert sich die Praxis seit langem lebhaft für eine Möglichkeit, den biologischen Zustand der Böden zu „messen". Und genau dies strebte schon France an, denn er spricht „von einer biologischen Bodenbonitierung als Ergänzung und oft auch als Ersatz der chemischen Bodenanalyse“, durch die die Bodenrente aller Länder steigen könnte.

Dazu aber müssen möglichst viele mit den in der Literatur über biologischen Landbau gepriesenen, aber immer nur pauschal vorgestellten Angehörigen der Wunderwelt des Bodens bekannt gemacht werden: mit den Familien, Gattungen und Arten der Mikroorganismen und Bodentiere. Schüler und Studenten, Berater und wissenschaftlich interessierte Praktiker sollen angeregt werden, sich mit dieser Welt näher zu befassen.

Prof. Rene R. Roth, dem für seine ausführliche Einleitung zur Neuauflage dieser zwei Schriften gedankt sei, hat im einzelnen ausgeführt, welche wissenschaftlichen, der Praxis dienlichen Arbeiten hier alle anstehen.

Georg E. Siebeneicher

R.H. Francé – Mensch und Werk

R. H. Francé ist, leider, der heutigen Generation so gut wie unbekannt. Und trotzdem war dieser Name, nicht nur in Deutschland sondern weit über die Grenzen hinaus, in der Zeit zwischen der Jahrhundertwende und dem zweiten Weltkrieg wohlbekannt.

Nicht nur Schüler und Studenten haben sich an den Werken dieses außergewöhnlichen Mannes ergötzt, sondern eine Generation Biologen und Philosophen wurde, an Hand seiner Werke und Lehren, erzogen und ausgebildet. Seine Lebenslehre war der Leitstern, der sie aus der Dunkelheit zum Lichte des Wissens führte und ihnen die Geheimnisse des Naturgeschehens zugänglich machte.

Obwohl es heute die Findigkeit eines Detektivs erfordert, einzelne Exemplare seiner Werke aufzuspüren, ist es gar nicht so lange her, daß seine Bücher in Auflagen von Hunderttausenden eifrig gelesen wurden. Es ist höchste Zeit, daß die Werke Francés der heutigen Generation wieder zur Verfügung gestellt werden, um so mehr als die heutige Weltsituation seine Lehren nötiger hat als jedwelche andere Epoche der menschlichen Geschichte.

Wer war also Raoul Heinrich Francé?

Am 20. Mai 1874 als Sohn eines Beamten der Österreich-Ungarischen Bank in Wien geboren, übersiedelte seine Familie nach der ungarischen Hauptstadt als der Junge neun Jahre alt war. Da sein Vater zu Hause meistens französisch sprach und die Mutter von Böhmen stammte, mußte *Francé* neben den drei Sprachen nun auch ungarisch lernen. Es erwachte in dem Jungen schon früh das Interesse für die Schönheit in der Kunst und der Natur. Er begann zu zeichnen und zu malen und setzte. diese Tätigkeit bis zu seinem Lebensende fort. *Francé* schaffte tausende Illustrationen, nicht nur zur Bebilderung seiner Werke, sondern auch als Kunstwerke an sich, die auch gebührenden Erfolg erzielten.

Während des Besuchs der Handelsakademie (sein Vater wollte ihn nämlich auch zum Bankbeamten erziehen) wurde *Francé* von seinem Lehrer *Gabriel Koos* in das Studium der analytischen Chemie und der Mikrotechnik eingeführt. Derselbe Lehrer setzte es auch durch, daß *Francé* mit 16 Jahren, als das jüngste Mitglied, in die Königlich Ungarische Naturwissenschaftliche Gesellschaft (Leiter *J. v.Paszlavsky)* aufgenommen wurde.

Nach Beendigung der Handelsakademie (1897) studierte *Francé,* gegen den Willen seines Vaters, acht Semester Medizin und holte auch das Abitur nach, da ohne dieses eine Universitätskarriere nicht möglich war. Inzwischen wurde *Francé* an der technischen Hochschule in Budapest der Schüler des berühmten Protozoenforschers *Geza Entz,* welcher einen bleibenden Einfluß auf das Leben des jungen Wissenschaftlers ausübte. *Entz* besorgte *Francé* eine Assistentenstelle bei dem Botaniker *J. Klein,* einem Schüler *Carl v. Nägelis* (1817–1891). Die Erlangung dieser Stelle brachte dem jungen Mann die Anerkennung seiner Fähigkeiten und sein erstes festes Einkommen. Dadurch wurde es ihm möglich, sich von dem Zwang seines Vaters zu befreien und sich ganz dem Studium der Naturwissenschaften zu widmen.

1892 begann *Francé* das Studium des Planktons des Plattensees. Ein erstes Ergebnis war, daß er an der Malaria erkrankte, die seine Gesundheit angriff, daß er den Rest seines Lebens kränklich blieb; dies um so mehr, da er als Erbgut seiner Familie auch mit Tuberkulose belastet war. Ein erfreulicheres Ergebnis aber war, daß *Francé* nun mit seinen ersten wissenschaftlichen Arbeiten an die Öffentlichkeit treten konnte. So erschienen ab 1892 Arbeiten über das Leben der Algen[1]), über die Organisation der Flagellaten[2]), über Strudelwürmer[3]), über geologische Fragen[4]).

1894, gelegentlich eines öffentlichen Preisausschreibens des Ausschusses der Königlich Ungarischen Naturwissenschaftlichen Gesellschaft wurde France mit der Aufgabe der Erforschung der Gruppe der Craspedomonaden betraut. Die Monographie erschien 1897 und wurde als beste Arbeit preisgekrönt[5]). Noch heute wird dieses Werk als klassische, grundlegende Studie der Protistenkunde angesehen. Den internationalen Erfolg dieser Arbeit bezeugt die Tatsache, daß Professor *Chodat,* Genf, sogar eine neue Gattung „Francéia" benannte. Noch im selben Jahre veröffentlichte *Francé* die Ergebnisse seiner Plattensee-Forschung). Nach Abschluß dieser Arbeiten beauftragte die ungarische Regierung und die ungarische geologische Gesellschaft den jungen Wissenschaftler mit der Untersuchung der Torfmoore. Diese Aufgabe bewirkte, daß *Francé* eine tiefere Einsicht in die Lebensverhältnisse des Bodens gewann, die den Grundstein zu der späteren Entdeckung und Bearbeitung der Gemeinschaft der bodenbewohnenden Lebewesen legte.

Die nächste Aufgabe, die die Königlich Ungarische Akademie der Wissenschaften dem jungen France stellte, war die Erforschung der Infusorien des Adriatischen Meeres. Aber zwischendurch veröffentlichte France auch laufend Artikel in Zeitungen wie: Der Pester Lloyd, Das Neue Pester Journal und Das Deutsche Budapester Tageblatt. Als einer der ersten botanischen Mitarbeiter berichtete er vom Jahre 1897 ab für die Frankfurter „Umschau" und für das „Botanische Zentralblatt" über sein Fachgebiet.

Zwischen 1893 und 1898 war *Francé* stellvertretender Redakteur der Zeitschrift der Königlich Ungarischen Naturwissenschaftlichen Gesellschaft, was ihn aber nicht davon abhielt, 14 Forschungsreisen zu unternehmen. Im Alter von 21 Jahren (1895), als Professor *Klein* ein Jahr lang in Neapel arbeitete, verwaltete *Francé* völlig selbständig den Lehrstuhl für Botanik so, daß er eigentlich die Aufgabe eines ordentlichen Professors erfüllte.

Das Jahr 1896 verbrachte *Francé* in Breslau bei dem berühmten Botaniker und Mikrobiologen *Ferdinand Cohn* (1828—1898). Dieser Breslauer Aufenthalt war einer der entscheidenden Umstände, die France später veranlaßten, Deutschland zu seiner Wahlheimat zu machen. Er behielt auch Professor *Cohns* Andenken in Ehren und nahm später die Herausgabe einer von *Cohns* Arbeiten[7]) auf sich.

Im Jahre 1898 wurde *Francé* als stellvertretender Leiter des Institutes für Pflanzenschutz der Landwirtschaftlichen Akademie nach Ungarisch-Altenburg berufen. Er blieb drei Jahre lang dort und benützte die Zeit, um seine, nach seiner Meinung noch unvollständige, philosophische Bildung zu ergänzen. Als Frucht seines Selbststudiums und seiner Reifung veröffentlichte *Francé* sein erstes philosophisches Werk[8]). Auf Grund dieser Arbeit erhielt *Francé* die Aufforderung nach Deutschland zu kommen. Er folgte dem Ruf 1902 und kam über Braunschweig nach München.

In der bayerischen Hauptstadt entfaltete *Francé* eine außergewöhnlich rege Tätigkeit. 1906 gründete er sowohl die Deutsche Mikrologische Gesellschaft als auch deren, städtisch subventioniertes, Institut[9]), dem er als Direktor vorstand. Er war auch der Herausgeber der Zeitschrift dieser Gesellschaft[10]) und der Mitbegründer des „Mikrokosmos" (1907). *Francé* war ferner Herausgeber des „Jahrbuch für Mikroskopiker“ und Gründer und Leiter der „Mikrologischen Bibliothek“ (1909). Im Jahre 1909 wurde die „Deutsche Naturwissenschaftliche Gesellschaft" und deren Organ „Natur“ von *Francé* gegründet, und 1911 erschien der erste Band der „Naturbibliothek“, Herausgeber *R. H. Francé.*

Als ob dem nicht genug wäre, gründete *Francé* 1907 die „Zeitschrift für den Ausbau der Entwicklungslehre“, die dann 1909 den Nebentitel „Archiv für Psychobiologie“ erhielt. 1924 wurde die Zeitschrift „Telos“ und zwei Jahre später die Bios Bücherei gegründet. (Telos wird noch heute von *Will Noebe* in Berlin herausgegeben.) Trotz dieser vielseitigen Beschäftigungen, die das Lebenswerk zweier Menchen hätte ausfüllen können, waren seine Leistungen auf schriftstellerischem Gebiete noch viel erstaunlicher. Er schrieb zahllose Artikel als Beiträge für verschiedene Zeitschriften, hielt Vorlesungen und schrieb und veröffentlichte eine eindrucksvolle Anzahl Bücher. So erschienen Werke über den Darwinismus[11]), das Sinnes- und Liebesleben der Pflanzen[12]) wie auch Arbeiten auf dem Gebiet der Mikrobiologie[1]) und anderen Zweigen der Naturwissenschaft.

Im Jahre 1906 begann *Francé* die Herausgabe des achtbändigen Monumentalwerkes „Das Leben der Pflanze“, dessen vier erste Bände (1906–1910) von seiner eigenen Feder stammen. Dieses Werk wurde von seinen Zeitgenossen als ein „Pflanzen-Brehm“ angesehen. Ein weiteres Großwerk war das tausend Seiten umfassende „Die Alpen“.

1916 machte *Francé* die Bekanntschaft der Schriftstellerin *Annie Harrar.* Sie wurde sogleich seine Mitarbeiterin am Biologischen Institut und später (1923) seine Frau. Unglücklicherweise wurde 1919, während der Wirren der Nachkriegsperiode, das Biologische Institut zerstört. *Francé* verließ mit seiner Gefährtin München und suchte Zuflucht in der romantischen Kleinstadt Dinkelsbühl. Dort widmete sich der Gelehrte hauptsächlich der Ausarbeitung eines philosophischen Systems, das er selbst als „Objektive Philosophie“ benannte, zutreffender aber als „biozentrische“ Philosophie bezeichnet werden kann. Dieses System sollte, wie geplant, aus zwei Abteilungen mit je sechs Teilen bestehen. Die erste Abteilung umfaßt die theoretische Grundlagen, wohingegen die zweite Abteilung die angewandten Grundlagen des Systems behandeln sollte.

Abteilung I besteht aus 1. Vergleichende Biologie[14]), 2. Biotechnik[15]), 3. Biozönotik[16]), 4. und 5. Ordnungslehre[17]), und 6. Biozentrische Erkenntnistheorie[18]). Abteilung II sollte umfassen: die Gesetze des Schaffens (Grundlagen 7 und 8), eine Ethik (9), Soziologie (10), Kunstlehre (11) und endlich eine Geschichte der Objektiven Philosophie (12)[19]).

Im Jahre 1924 zogen die beiden *Francés* nach Salzburg. Von dort unternahmen sie eine zwei Jahre lang dauernde Forschungsreise um die Welt. Die Ergebnisse dieser Weltreise wurden in über zwei Dutzend Büchern und zahllosen Artikeln ausgewertet und in vielen öffentlichen Vorträgen behandelt. Ja, sogar eine Ausstellung der auf der Reise gesammelten Objekte wurde mit viel Erfolg organisiert. 1931 wechselte das Ehepaar *Francé* wieder seinen Wohnsitz und ließ sich in der malerischen, altertümlichen jugoslawischen Stadt Ragusa (Dubrovnik), an der dalmatischen Küste nieder. Dort verbrachten sie die nächsten 12 Jahre in emsiger, fruchtbarer schriftstellerischer Tätigkeit, die nur von weiteren Forschungsreisen unterbrochen wurde.

Im April 1943, als Folge der Kriegshandlungen, mußten sie Ragusa eilig verlassen. Sie kehrten nach der Jugendstätte *Francés*, nach Budapest, zurück, wo *Raoul Francé* am 3. Oktober 1943 der Leukämie erlag. Die ungarische Regierung ehrte den weltberühmten Biologen mit einem Staatsbegräbnis. Seine irdischen Reste wurden im Friedhof Farkasret beigesetzt. Nach dem Tode seiner Witwe (1971) jedoch wurden *Francés* sterbliche Reste exhumiert und die Urne wurde im Grabe seiner Frau, in Oberalm (Österreich), zur ewigen Ruhe gelegt.

Das Lebenswerk Frances im Überblick

Wenn man das Lebenswerk *Francés* betrachtet und seine Stellung im Bau der menschlichen Kulturgeschichte beurteilt, so wird einem zuerst die Vielfältigkeit der Themen, mit denen er sich beschäftigte, ins Auge fallen. Erstens war er Biologe und Fachmann auf dem Spezialgebiet der Mikrobiologie. Zweitens war *Francé* Botaniker, der sich im besonderen für Zytologie und Pflanzenphysiologie interessierte. Drittens beschäftigte er sich mit Ökologie und Biozönotik und schloss hier auch die Tierwelt und die Erdkunde ein. Viertens war er schöpferischer Philosoph, dessen Lebenslehre einen wichtigen und dauernden Einfluß auf die zeitgenössische Entwicklung der Philosophie ausübte. Sechstens war *Francé* Erzieher im besten Sinne des Wortes. Und siebtens war er schöpferischer Künstler.

Francé war also ein Polyhistor, der die synthetische Methode voll und ganz auf das Erkennen des Weltgeschehens anwandte. Und doch war all diese Mannigfaltigkeit für *Francé* so selbstverständlich, weil er darin nur Teile eines Ganzen sah. Da sein Denken vollkommen biozentrisch eingestellt war, sah er die Verknüpfung und Wechselbeziehungen zwischen diesen, scheinbar unverbundenen, Gebieten und Tätigkeiten.

Francés originelle Beiträge umfassen: die Gründung der neuen Wissenschaft der Biotechnik[20]), die Ausarbeitung der Grundlagen der Psychobiologie und der Plasmatik, die Einführung der Idee der vergleichenden Biologie (die seinerzeit nicht erfaßte Gleichstellung der Pflanzen- mit der Tierwelt), die Schöpfung der biozentrischen Lebenslehre, die schon damals den Versuch machte, die Umweltzerstörung aufzuhalten und einen Ausgleich suchte zwischen Industrialisierung und Fortdauer der Menschheit durch Naturschutz und harmonisches Einordnen in die natürliche Umwelt. (*Francé* hatte dadurch den Warnungsruf *Rachel Carsons* schon vor vielen Jahren vorweggenommen.) Außerdem war *Francé* ein anerkannter graphischer Künstler, der nicht nur Kunstwerke schuf, sondern sogar eine neue Technik einführte, die er den „Federstrich“ nannte[21]). Und, selbstverständlich, seine Entdeckung und Bearbeitung der Gemeinschaft der Lebewesen des Bodens, welche den Gegenstand des vorliegenden Werkes bildet.

Je mehr man sich in *Francés* Schriften vertieft, um so mehr neue Ideen entdeckt man, die man beim ersten Lesen nicht erfaßt oder nicht richtig bewertet hat.

Francé und die Biologie des Land- und Gartenbaues

Bis zum Anfang des 19ten Jahrhunderts nahmen Landwirte und Wissenschaftler gleicherweise es als selbstverständlich an, daß Pflanzen sich ausschließlich von

Wasser und Luft ernähren. Den mineralischen Salzen wurde kein Nahrungswert zugesprochen, und Dünger schien nur eine rein mechanische Rolle in der Ernährung der Pflanzen zu spielen. Es blieb *Theodore de Saussure* (1767–1845), durch Anwendung der quantitativen Analyse auf die Pflanzenernährung[22]), vorbehalten, den wahren Sachverhalt zu entdecken. De Saussure legte die Grundlagen zur Erkenntnis der Rolle des Humus in der Ernährung der Pflanzen. Fünf Jahre später entwickelte *Albrecht Thaer* (1752-1823) seine Theorie[23]). So kam es, daß in der ersten Hälfte des 19ten Jahrhunderts die Idee Vorhand nahm, der Humus sei die wichtigste, direkte Quelle der Pflanzennährstoffe. Nichtdestoweniger wurde aber als selbstverständlich angenommen, die Humusbildung sei ein rein chemischer Prozeß, d.h. ein einfaches Ergebnis des Zerfalls von Pflanzenleichen durch die Wirkung von Sauerstoff und Wasser.

Folgerichtig war dies die Zeit der Untersuchungen der chemischen Zusammensetzung der Humusverbindungen. Diese Forschungsrichtung kam aber zu einem jähen Ende* herbeigeführt durch die Autorität des berühmten Chemikers *Justus von Liebig* (1803-1873), der 1840 die Humustheorie, die im Anschluß an die Lehren *Thaers* entstanden war, verwarf[24]) und mit Bestimmtheit erklärte, daß zweifellos ein hoher Humusgehalt des Ackerbodens nicht die Ursache sondern, ganz im Gegenteil, die Wirkung reicher Ernten sei. Er erklärte, daß die Pflanzen ihren Stickstoff, geradeso wie die Kohlensäure, der Luft entnehmen und nur die Aschenstoffe von der Erdscholle herstammen. Liebig war der Überzeugung, die „Dammerde“ sei nichts anderes als ein funktionsloser Träger der mineralischen Pflanzennährstoffe. Sein Hauptsatz, die Nahrungsmittel aller grünen Gewächse seien ausschließlich anorganische Stoffe, entfachte jenen heftig geführten Streit um die Vorteile der Mineraldüngung, in dem sich immer mehr Forscher auf *Liebigs* Seite stellten, so daß kaum einer mehr wagte, die Humustheorie auch nur zu erwähnen.

Verweilen wir nun einen Augenblick und versuchen wir klarzustellen, was Humus eigentlich ist und was die Humustheorie lehrt.

Der Name Humus wurde zum ersten Male von dem Schweden *Wallerius* geprägt[25]), um die schwarze, fruchtbare Ackerkrume zu bezeichnen. Im modernen Sinne des Wortes ist Humus eine Mischung von sehr feinem kolloidalen, organischen Rückstand mit neugebildeten organischen, im besonderen Eiweißprodukten. Er ist im allgemeinen von dunkler Farbe und gut mit Mineralteilchen durchmischt. Bis heute ist es noch nicht gelungen, die genaue chemische Zusammensetzung der Humusstoffe zu analysieren, da der Humus seine Eigentümlichkeit verliert, wenn man die Struktur durch analytische Reagenzien und Prozesse ändert.

Die Optimalstruktur des Bodens wird als „Krümelstruktur“ oder „Bodengare“ bezeichnet. Bis zu einem gewissen Grade könnte man sie auch „natürliche Kolloidausflockung“ nennen, denn die organischen Kolloide sind sowohl Basis als auch unentbehrliches Bindemittel der Einzelkörner. Aus diesem Grunde sieht ein guter Humus wie ein elastisches Schwammgewebe aus und fühlt sich auch so an[26]).

Die Rolle des Humus kann in den folgenden drei Punkten zusammgengefaßt werden:

1. Er reichert den Boden durch seinen Stickstoffgehalt an und führt dem Boden auch Phosphate, Magnesium und andere wichtige Nährstoffe zu.
2. Er verbessert die Bodenstruktur, erhöht die Wasserhaltekraft und die Luft durchlässigkeit des Bodens und verhütet die Erosion.
3. Er verbessert die Lebensbedingungen für die Bodenlebewesen, welche nicht nur die organischen Stoffe zersetzen, sondern auch an der Synthese der komplexen Humusstoffe selbst teilnehmen.

Die Humustheorie, wie sie im Anschluß an *A. Thaer* aufgestellt wurde, besagt ganz schlicht: Humus, ein Rottungsprodukt der Pflanzen, enthalte wichtige organische Nährelemente wie auch Stickstoff und Salze, die von der Pflanze durch ihre Bürzel aufgenommen werden.

Als es nun so aussah, als sei die Humustheorie endgültig erledigt, kam der Anstoß zu ihrer Wiederbelebung von ganz unerwarteter Seite. Einer der bedeutendsten Forscher, der *Liebig* voll und ganz in seiner agrarchemischen Anschauung unterstützte, war *J.B. Boussingault* (1802–1887). Merkwürdigerweise war es aber eben derselbe, der den Auftakt zur Überholung der *Liebigschen* Doktrin gab. In einem, viele Jahre dauernden, Versuch konnte *Boussingault* nachweisen, daß Nitratbildung im Boden ganz unabhängig vom Stickstoffgehalt der Luft sei[27]). Diese Entdeckung ebnete den Weg zweier seiner Schüler, *Th. Schloesing*[28]) und *A. Müntz*[29]), den Beweis zu erbringen, daß im Lichte der Pasteurschen Keimtheorie betrachtet die Nitratbildung im Boden das Ergebnis der Mikrobentätigkeit sei. Und schon zwei Jahre darauf wurde es klar, daß nicht nur Bakterien eine Rolle in der Humusgenese spielen können. Der Däne *P.E. Müller,* der heute als einer der Väter der modernen Bodenkunde gilt, erkannte die Rolle der wirbellosen Tiere (und zwar nicht nur die der Würmer) in der Humusbildung[30]).

In den folgenden drei Jahrzehnten befaßten sich immer mehr Wissenschaftler mit den im Ackerboden lebenden Organismen. *Darwin* (1809–1882) studierte die Tätigkeit der Regenwürmer[31]) und *Drummond* (1851–1897) die der Termiten[32]) der Fruchtbarmachung der Ackerkrume. *Deherain*[33]) und *Wollny*[34]) untersuchten den Abbau der organischen Stoffe im Erdboden, sowohl vom biologischen wie auch vom biochemischen Standpunkt aus, und wiesen auf den Einfluß der physikalischen Faktoren auf die Intensität dieser Prozesse hin. Diese Arbeiten bewiesen, daß Humus eine Nahrungsquelle (hauptsächlich von Stickstoff) für Pflanzen ist, da durch Zersetzung die Nährstoffe in verfügbare Formen umgewandelt werden.

So wurde am Ende des vorigen Jahrhunderts das Rätsel des Stickstoffkreislaufes gelöst. Dies wurde möglich, weil man die alte Anschauung, der Ackerboden sei eine unveränderliche, anorganische Einheit, durch eine dynamisch-biologische Auffassung ersetzte. Um also die wichtige Rolle des Humus im Haushalt unserer Erde zu verstehen, muß man auch etwas über die Lebensgemeinschaften im allgemeinen wissen.

Die ersten Beiträge zum Studium biologischer Gemeinschaften wurden von *v. Humboldt* (1769-1859)[35]) und *A.H.R. Grisebach* (1814-1879)[36]) am Anfang des 19ten Jahrhunderts erbracht, waren aber ausschließlich den Pflanzengemeinschaften gewidmet.

Die Erkenntnis, daß auch Tiere in Gemeinschaften leben und, im besonderen, die Existenz der voll eingefügten Biozönosen war weitgehend das Ergebnis des Studiums der holsteinischen Austernbänke durch *K.A. Möbius* (1825–1907). Er prägte den Ausdruck Biozönose[37]), um auf das Zusammenleben von Pflanzen und Tieren in einem begrenzten, nahrungsbedingten Lebensraum zu verweisen, gab diesem Begriff die Deutung, die Biozönose sei eine Geselligkeit, die unter gleichen Lebensbedingungen entstehe, ohne daß die daran beteiligten Organismen sich gegenseitig beeinflußten. Später wurde dann erkannt, daß das ein Fehlschluß war, da die Organismen sich in zusammenlebende „Vereine" gliedern, in welchen Mitglieder nur miteinander leben können. Heute wissen wir, daß alle Lebewesen in Gemeinschaften eingeordnet sind.

In den Worten des amerikanischen Erforschers der Insektensoziologie, *W.M. Wheeler* (1865–1937): Alle Lebewesen sind Mitglieder eines gewaltigen lebendigen „Symplasma"[38]), welches, obzwar räumlich in Individuen getrennt, zeitlich doch fortlaufend ist. Die Lebewesen befinden sich nicht immerzu im Kampf und Wettbewerb um Nahrung, Geschlechtspartner und Schutz, sondern meistens wirken sie zusammen, um sich gegenseitig eben dieselben unentbehrlichen Lebens- und Entwicklungsbedingungen zu sichern[39]).

Francé, der durch das Studium des Planktons, der Korallenwelt und der Lebensgemeinschaft des Waldes tief zu den grundlegenden Prinzipien der Biozönosen durchgedrungen war, gründete einen neuen Zweig der Ökologie, den er die Biozönotik nannte. In seinem Sinne umfaßt eine Biozönose nicht nur die Organismen einer bestimmten Lebensstätte, sondern auch die leblosen Umweltfaktoren. Heute wird dieser Begriff als Biogeozönose oder Ökosystem angesprochen.

Francé entwickelte den Begriff der Biozönose zu der Erkenntnis, daß an der Biozönose auch die Umwelt im weitesten Sinne beteiligt ist; daß durch Anpassungen der Mitglieder der Gemeinschaft stets ein Gleichgewicht herrscht, zu dem alle beitragen müssen. Durch Selbststeuerung wahrt die Biozönose ihre Geschlossenheit. Die Lebensgruppe beeinflußt selbststeuernd auch die physikalisch-chemischen Verhältnisse ihrer Umwelt, von der sie abhängt, d.h. ihre Harmonie wirkt auch harmonisierend auf das Weltgeschehen. Das Leben nimmt gesetzmäßig einen Einfluß auf seine Umgebung. In dem Maße, in dem die Organismen unter sich zu einem Ausgleich kommen, wirken sie auch ausgleichend auf ihre Umwelt.

Francé erkannte drei Gesetze der Biozönotik:

1. Die Allverbundenheit, d.h. die gegenseitige Abhängigkeit der Mitglieder der Biozönose.

2. Der Kreislauf der organischen Stoffe, d.h. ihren steten Abbruch und Wiederaufbau und, folglich, das Prinzip der Reinigung der Umwelt.

3. Die gegenseitige Unterstützung, d.h. die harmonische Wechselwirkung oder gegenseitige Anpassung der verschiedenen Mitglieder der Biozönose[40]).

Sich anlehend an den Begriff des Planktons, der von *V. Hensen* (1889) für die Schwebewelt des Wassers geprägt wurde, faßte France die Lebensgemeinschaft des Bodens im allgemeinen und des Humus im besonderen in dem Begriff des Edaphon, als einen Sonderfall der Biozönotik, zusammen. Somit war für France das Studium der Lebensgemeinschaft des Bodens nur eine selbstverständliche Folge seiner Forschungsarbeiten in dem Gebiete der Biozönosen.

Francé – Schöpfer der Bodenökologie

Wie schon erwähnt, waren auch vor *Francé* schon Wissenschaftler zu der Erkenntnis gekommen, daß der Ackerboden nicht nur ein lebloser Träger von Salzen ist (z.B. *R. Greeff*[41]) und *V. Hensen*[42])); *G. Chr. Ehrenberg* (1795–1876) hatte schon 183743) auf die Bedeutung der erdbewohnenden Lebewesen für die Bildung der Dammerde, d.h. der fruchtbaren Erde, hingewiesen. *Francé* aber war es vorbehalten, die eigentümliche Biozönose der Geobionten in ihrer Ganzheit zu erfassen. Im Gegensatz zu seinen Vorläufern, die sich entweder ausschließlich mit der Humusbildung oder mit einzelnen, begrenzten Organismengruppen des Bodens befaßten, nahm *Francé* das Problem von einem ganz anderen Gesichtswinkel in Angriff. Er erkannte, daß praktische Ergebnisse nur durch ein umfassendes Studium der gesamten Lebewelt des Bodens erzielt werden können. *Francé* entdeckte schon sehr früh, daß — so wichtig das Beschreiben und Klassifizieren der bodenbewohnenden Organismen auch sei – ein Verständnis der wirklichen Zusammenhänge innerhalb dieser Lebensgemeinschaft nur durch das Studium der gegenseitigen Beeinflussung der verschiedenen Mitglieder (Fauna und Flora) wie auch der gegenseitigen

Wechselwirkungen der lebensräumlichen Faktoren einerseits und der Geobionten anderseits gewonnen werden kann. Dadurch wurde *Francé* der Schöpfer der Bodenökologie.

Als daher 1911 der Artikel „Das Edaphon – eine neue Lebensgemeinschaft") aus der Feder des Direktors des Biologischen Institutes München erschien, leitete das eine Umwälzung des gesamten Studiums der Bodenbiologie ein. Ein zweiter Artikel im selben Jahre[45]) und das Erscheinen des Hauptwerkes, „Das Edaphon", im Verlage der Deutschen Mikrologischen Gesellschaft, ergänzte die Grundlagen der neuen Wissenschaft der Edaphologie (d.h. Bodenökologie) und grenzte dieses Gebiet gegen die anderen Zweige der Bodenbiologie (wie Bodenzoologie, Bodenbakteriologie usw.) ab.

Als Ergebnis dieser Pionierarbeit wurde das Biologische Institut in München zur Weltzentrale der Bodenökologie. Zwischen 1912 und 1917 erschienen wenigstens sieben bedeutende Arbeiten über das Edaphon aus dem Biologischen Institut, in dem Direktor *Francé* eine Gruppe von Mitarbeitern um sich versammelt hatte[46]). Auch in anderen Ländern folgten nun Wissenschaftler dem von *Francé* vorgezeichneten Pfade, und das Studium der bodenbewohnenden Lebensgemeinschaften begann Früchte zu tragen. Am zehnten italienischen Kongress für Tierkunde zum Beispiel wurde sogar ein formeller Antrag angenommen, allen Mitgliedern zu empfehlen, das Edaphon im Sinne und auf Grund der von *Francé* festgesetzten Prinzipien zu erforschen.

Warum eine Neuausgabe von Werken, die vor 60 Jahren verfaßt wurden?

Ist denn in einem Zeitalter, in dem die Menschheit in allen Gebieten der Zivilisation beinahe stündlich riesenhafte Fortschritte macht, eine biologische Arbeit nicht schon nach wenigen Jahren veraltet und überholt? Haben wir Gründe die diesen Neudruck rechtfertigen?

Erstens müssen wir uns vor Augen halten, daß nicht alle Zweige der Wissenschaft sich im Gleichschritt entwickeln. Während das Tempo, mit der sich die Technik seit dem ersten Weltkriege entfaltet hat, geradezu schwindelerregend scheint, mußte sich die Biologie im allgemeinen und die Bodenbiologie im besonderen mit einem viel bescheideneren Tempo begnügen.

In der allgemeinen Biologie wurde ein revolutionärer Schritt nur im Jahre 1953, mit der Erläuterung des molekularen Mechanismus der Vererbung, getan. Das Ergebnis war ein außergewöhnlicher Aufschwung der Genetik und Molekularbiologie. In anderen Teilen der Biologie hingegen wurde nur wenig Neues gefunden, und der Fortschritt war peinlich langsam. Am schlechtesten schnitt die Bodenbiologie ab. Man kann ruhig sagen, daß kaum etwas nennenswert Neues entdeckt wurde. Der Mangel an Kenntnis des Bodenlebens wird besonders offensichtlich, wenn man die Bodenbiologie mit den Ergebnissen eines verwandten Zweiges, nämlich der Hydrobiologie, vergleicht.

Die viel langsamere Entwicklung der Bodenbiologie ist hauptsächlich durch drei Umstände zu erklären:

1. Die Vorherrschaft des morphologisch-physikalisch-chemischen Gesichtspunktes in der bodenkundlichen Forschung;

2. die Tatsache, daß die Bodenbiologie, als ein Zweig der Lebenskunde, hauptsächlich von Biologen verfolgt wurde, während die klassische Bodenkunde aber von Pedologen – die nicht auf Biologie spezialisiert sind – betrieben wurde;

3. die Ungleichartigkeit und entmutigende Komplexität des Bodenmilieus, die sehr spezialisierte Methoden und gezielte Techniken erfordert, die schwer auszuarbeiten und kostspielig sind.

Die hier vorliegenden Werke von *Francé* sind also nicht nur nicht überholt, sondern haben ihre Aktualität voll und ganz gewahrt. Diese Feststellung ist dadurch gerechtfertigt, daß bis zu France die Bodenbiologie hauptsächlich Bodenbakteriologie war. Die Ursache dieser Begrenztheit waren die Aufsehen erregenden Arbeiten *Beijerincks* (1851-1931)[47]) und *Winogradskys* (1856-1946)[48]), die auf die stick-stoff-fixierende Rolle der Bakterien aufmerksam gemacht hatten. Wenn man sich mit anderen Gruppen der Geobionten befaßte, so meistens nur um festzustellen, ob sie für die Entwicklung der nützlichen Mikroben schädlich sein könnten. Sogar *E.J. Russell,* Leiter der berühmten Versuchsstation Rothamsted in England, behandelte in seinem Hauptwerke[49]) nur kurz die Rolle der Bakterien in der Fruchtbarmachung des Bodens und erwähnte, in einem einzigen Absatz, die Urtiere als einen der schädlichen Faktoren für die Vermehrung der Bakterien. *Francés* Arbeit hingegen gab den Anstoß zur allgemeinen Annahme der Tatsache, daß die Humusgenese ein komplizierter Prozeß ist, das Endresultat eines Systems von Wechselbeziehungen zwischen allen Zönobionten[50]), den Bodenbakterien, Bodenpilzen, Bodenalgen, Rhizopoden, Nematoden, Rädertieren, Tardigraden, sowie den Regenwürmern und Insekten, die einerseits durch mechanische Durcharbeitung, Zerkleinerung und Durchlüftung, andererseits durch Stickstoffspeicherung, Nitrifikation und ihre eigene Körpersubstanz als „Lebensgebiet“ der anderen, in Zusammenwirken mit den unterirdischen Teilen der Pflanzen, zusammen den Humus schaffen. Dieses stellt als ökologisches System gleichsam noch einen „Wald im Walde“ dar[51]).

Kurz und bündig, *Francé* eroberte für den Humus seine gerechte Anerkennung als den wichtigsten Bestandteil des fruchtbaren Ackerbodens, der den qualitativen Unterschied zwischen der Dammerde und dem Urfels ausmacht, und setzte die allgemeine Annahme durch, daß die Erdscholle eine Lebensgemeinschaft, eine Welt in sich ist.

Die bodenbiologischen Arbeiten, die seit dem Erscheinen des „Edaphon“ veröffentlicht wurden, haben viele neue Funde erbracht, ohne aber Wesentliches an den Grundsätzen, die France festgelegt hatte, zu ändern. Nichtsdestoweniger ist ein gewisser qualitativer Fortschritt in der Bodenökologie zu bemerken; im besonderen was die Kenntnis der artweisen Zusammenstellung sowie die Beziehung zu verschiedenen Bodentypen und Pflanzengemeinschaften anbetrifft. Ferner wurden Fortschritte im Studium der Nahrungsketten und des Energieflusses gemacht. Auch erste Ergebnisse der praktischen Anwendung der Edaphologie in Landwirtschaft, Forstwirtschaft und Naturerhaltung können verzeichnet werden.

Das wachsende Interesse an der Rolle des Edaphon im Naturhaushalt ist erstens daraus ersichtlich, daß die Zahl der Veröffentlichungen auf bodenbiologischen Gebiete sich in den letzten drei Jahrzehnten vervielfacht hat, und zweitens daraus, daß mehr und mehr bodenbiologische Zeitschriften gegründet werden, z.B. Pedobiologia beim Gustav Fischer Verlag, Jena; Revue d'Ecologie et de Biologie du Sol, Gautier-Villars, Paris; Soil Biology and Biochemistry, Academic Press, New York.

Die von *Francé* begonnenen Arbeiten wurden von anderen erst nach dem zweiten Weltkriege wieder aufgenommen. Ich verweise im besonderen auf die Arbeiten von *W. Kubiena, H. Franz, W. Kühnelt, F.W. Pauli* wie auch die der russischen Pedologen.

Von verschiedenen Kreisen wurde die Frage aufgeworfen, ob Bodenökologie als ein besonderer Zweig der Pedologie überhaupt Lebensberechtigung habe. In diesem Zusammenhang scheint es angemessen, darauf aufmerksam zu machen, daß zwischen der systematischen Untersuchung des leblosen Bodens einerseits und des Bodenökosystems anderseits ein erstaunlicher Gegensatz besteht. Obzwar Biologen sich nur zögernd entschlossen, die Erdscholle als ein Milieu für ökologische Studien anzunehmen und die Bodenkundler (Pedologen) ihrerseits sich auch nicht eilten, sie in diesem Bestreben zu unterstützen, entwickelte sich die Bodenökologie, nach France, zwar langsam aber stetig.

Es ist erstaunlich, daß Bodenbiologen zur Zeit noch immer weitgehend die Terminologie und Methoden der Pedologen verwenden und sich anscheinend nur widerwillig von diesen einengenden Schranken befreien wollen, obzwar Bodenökosysteme Gewebe von Wechselbeziehungen darstellen, die weitgehend unabhängig sind von leicht meßbaren physischen, chemischen und bodenkundlichen Parametern [52]).

Ein neu eingeführter Zweig der Wissenschaften muß ein deutlich abgesondertes Gebiet objektiver Forschung besitzen, das die Entwicklung eines systematischen Baues nachweisbarer Angaben und allgemeingültiger Gesetze anstrebt. Nur in diesem Falle wird der neue Zweig als ein abgegrenztes, selbständiges wissenschaftliches Fach akzeptiert. Obzwar die Bodenökologie auf die Hilfe anderer Zweige der Naturwissenschaften angewiesen ist, kommt doch kein Zweifel darüber auf, daß sie die erwähnten Bedingungen zur Anerkennung als ein besonderes Fach voll und ganz erfüllt.

Das Studium der Bodenökologie wird heute von den meisten ernsten Wissenschaftlern als ein wichtiger und nützlicher Zweig der Bodenkunde, im Besonderen der Bodenbiologie, anerkannt, der einen wichtigen und notwendigen Beitrag zur Erhaltung und Ertragserhöhung der Landwirtschaft leistet.

Aktuelle Aufgaben der Bodenökologie

Von der Bodenökologie wird heute gefordert, daß sie der Landwirtschaft in den folgenden Bestrebungen beisteht:

a) Erhöhung der Produktivität der gegenwärtig bebauten Gebiete-,

b) Auswahl und Entwicklung von Neuland auf Grund bodenbiologischer Erwägungen;

c) Vorbeugung der Erosion und Entartung der vorhandenen fruchtbaren landwirtschaftlichen Bodenflächen.

Diese Forderungen legen eine schwere Verantwortung auf die Schultern der Bodenökologen. Wenn unsere Art eine Zukunft haben soll, so müssen die vor der Bodenökologie stehenden Aufgaben mit Erfolg gelöst werden. Die wichtigsten dieser Aufgaben sind in den folgenden Punkten zusammengefaßt:

1. Untersuchung des Verlaufes der Humusentstehung und des Humus-Auf- und Abbaues mit allen Zwischenstufen und Veränderungen.
2. Volle Aufklärung der biosynthetischen Rolle des Edaphons.
3. Genaue Erforschung der Physiologie der Geobionten.
4. Untersuchung der Wirkung agrartechnischer Verfahren auf die Bodenlebewelt.
5. Festlegen der besten Methoden für Abfallverwertung durch Humifizierung.
6. Volle Aufklärung der Wirkung der Insektizide, Herbizide und Umweltverschmutzung auf die Bodenlebewelt.
7. Erforschung der Ökologie der Rhizosphäre.

Der Grundstein der Bodenökologie ist die Erkenntnis, daß eine klare quantitative Beziehung zwischen der Zusammensetzung und Dichte des Edaphons und der Humusgenese besteht. Dieses Prinzip wird am besten durch das Beispiel der südamerikanischen Tropenländer bewiesen. Obwohl die Dschungelwälder scheinbar ein Paradies der Fruchtbarkeit darstellen, bringen Rodung und Bebauung nur kümmerliche Ergebnisse. Der augenfällige Gegensatz zwischen dem üppigen Naturdschungel und dem dürftigen Ackerboden rührt von den bodenbiologischen Konditionen der Tropengebiete her. Auch der dichteste Dschungel nämlich ist praktisch bar des Humus. Es gibt kaum Bodentiere und keine Regenwürmer, obzwar die Termiten ähnliche Arbeit verrichten. Der Mangel an Rohhumus trotz des Überflusses an fallendem Pflanzenmaterial ist eine direkte Folge des Klimas. Hohe Temperaturen und hohe Feuchtigkeit haben die schrankenlose Vermehrung der Bakterien und Bodenpilze, auf Kosten der Bodenfauna, zur Folge. Da Bakterien die Pflanzenstreu nicht in grobe Krümmel, sondern sogleich in lösliche Formen verwandeln, kann Humus weder gebildet noch abgelagert werden. Die täglichen Regenschauer waschen dann die löslichen Substanzen in den Grund, wo sie von den Pflanzenwurzeln aufgenommen werden. Der Boden bleibt also ohne Reserven. Das wird sofort offensichtlich, wenn der Zyklus in irgendeinem Punkte unterbrochen wird, z.B. durch Rodung, die die Pflanzendecke zerstört [53]).

Was die allgemeine Verbreitung des Humus im Boden anbetrifft, sind wir noch immer im Unklaren über die Einzelheiten der genauen Lokalisierung der Humusbestandteile. Es ist zum Beispiel nicht bekannt, warum manche Humusverbindungen eine außergewöhnliche Widerstandsfähigkeit gegen Zersetzung besitzen. Man spekuliert, daß es durch die tatsächliche Verbreitung dieser Stoffe in den Mikroporen (d.h. Poren kleiner als 1 µm) erklärt werden könnte, da in dieser Lage die Humusverbindungen für die Exoenzyme der Mikroben unerreichbar wären. Wenn stickstoffarme organische Substanzen der Zersetzung ausgesetzt werden, entstehen klebrige Polysaccharide mit hohem Uronsäuregehalt. Obwohl 20% des Humus in dieser Form vorhanden sein kann, haben wir gegenwärtig einen Mangel an Methoden, diese Verbindungen und ihre Eigenschaften zu untersuchen. Das Elektronenmikroskop kann hier von großem Nutzen sein. Die ungleichmäßige Verteilung der luftgefüllten und anaeroben Zwischenräume im Boden ist auch ein Problem, das noch nicht ausgearbeitet wurde und dessen Folgen von Bedeutung sein könnten für das Verständnis der Humusbildung durch das Edaphon[54]).

Obwohl heute kaum mehr Zweifel über die Bedeutung der Bodenlebewesen für die biosynthetischen Prozesse der Ackerkrume bestehen, ist es noch immer nicht gelungen, den genauen Beitrag der Geobionten zur chemischen Zusammensetzung der Dammerde quantitativ zu erfassen: Der Grund für diesen Mangel an Kenntnis liegt hauptsächlich in der Mannigfaltigkeit der Faktoren, die Einfluß auf die Bestimmung dieses Parameters ausüben. Für die Lösung dieser Aufgabe müßten man die folgenden Angaben kennen:

1. Die nach Arten geordnete tatsächliche Anzahl der Bodenlebewesen in dem in Frage kommenden Boden.

2. Die Entwicklungs- und Lebensdauer der verschiedenen Arten des Edaphon.

3. Die relativen Größen und die unbedingte Masse der Arten des Edaphons.

4. Die Stoffwechseltätigkeit (z.B. Nahrungsbedürfnis, Verdauungszeit, Art der Verdauungsprozesse).

5. Das örtliche Klima und sein wechselnder Einfluß auf die verschiedenen Stoffwechseltypen.

6. Die Wandlungen in den Beziehungen zwischen den pflanzen- und fleischfressenden Bodentieren.

7. Die mögliche Ein- und Auswanderung von Mitgliedern des Edaphons im gegebenen Gebiete.

Trotz intensivster Arbeit ist es heute noch immer nicht gelungen, diese und andere Faktoren ähnlicher Art, mit Genauigkeit festzustellen[55]).

Was die Physiologie der edaphischen Arten anbetrifft, sind nur spärliche Ergebnisse vorhanden. Der Grund für diese Unterlassungssünde liegt wahrscheinlich darin, daß es sehr beschwerlich ist, Untersuchungen im Erdboden selbst, d.h. unter natürlichen Verhältnissen, vorzunehmen. Andererseits ergibt dieses verständliche Widerstreben, die Beschwerden solch einer Arbeit in Angriff zu nehmen, einen Mangel an speziellen Methoden, die für das Studium der Geobionten-Physiologie geeignet wären. Gegenwärtig sind Fortschritte durch die Benutzung spezieller Zuchtmethoden unter kontrollierten Umständen erzielt worden. Indem man einzelne Faktoren ändert, kann die Autökologie mancher Edaphonarten erfolgreich untersucht werden. Im besonderen was die Ernährung anbetrifft, können radioaktive Isotope von großem Wert sein[56]).

Eine der wichtigsten Errungenschaften der modernen Bodenkunde ist die Erkenntnis, daß ein Großteil der mechanischen landwirtschaftlichen Bearbeitung nicht nur unnötig, sondern sogar schädlich auf die Bodenfruchtbarkeit wirkt. Mit dem Fortschritt der landwirtschaftlichen Technologie und der Einführung gesteigerter Mechanisierung wurden auch die Eingriffe in die Bodenbiozönose immer drastischer. Durch Bearbeitung wurde nicht nur das physische Bodenmilieu, d.h. Struktur, Porenvolumen und Wasserhaushalt des Bodens, entscheidend verändert, sondern die Bodenlebewelt selber wurde dadurch direkt – durch mechanische Schäden – wie auch indirekt – durch Zerstörung des optimalen Lebensraumes – geschädigt. Und einmal bearbeiteter Boden bleibt, auch ohne weitere Eingriffe, verarmt, da sich seine Lebensgemeinschaft nicht regenerieren kann[57]).

Einen, wahrscheinlich, nicht minderen Einfluß auf das Edaphon hat die moderne Praxis des Düngens. Obwohl Düngung an sich der Vermehrung der Bodenlebewesen nützlich sein kann, lehrt die Erfahrung, daß wahlloses Düngen das Gleichgewicht der Bodenbiozönose unwiderruflich zerstört. Mineralische Düngung kann die Bodenfauna durch indirekten Einfluß fördern, indem Pflanzenwachstum gesteigert wird und, folglich, mehr Wurzelmaterial und Streu vorhanden sind, die bestimmte Bodentierarten begünstigen. Andererseits kann z.B. der übermäßige Gebrauch von großen Mengen Ammoniumsulfat die ganze Regenwurmbevölkerung eines Ackers austilgen. Organische Düngung wirkt direkt auf die Bodenfauna. Die Form, in welcher der Dünger benützt wird, ist deshalb von Wichtigkeit[58]).

Früher war es gebräuchlich, Stallmist direkt auf das Feld zu führen. Aber da Stallmist hauptsächlich in einem Zustand der anaeroben Fäulnis ist, können die Pflanzen davon nur kleine Mengen der benötigten Nährstoffe erhalten. Darum ist der Prozeß der Kompostierung in der modernen Landwirtschaft so bedeutungsvoll geworden. Obwohl Komposterzeugung seit Jahrtausenden bekannt ist,, . . . ist das überkommene empirische Wissen über den Kompost als Quelle des lebenerfüllten Humus heute weitgehend verlorengegangen und muß neu erarbeitet und wissenschaftlich untermauert werden“[59]). Ungenügend verrotteter organischer Dünger in biologisch kranke Böden gebracht, wird in diesen nicht entsprechend verarbeitet. Er ist in ihnen häufig noch nach Jahren unverarbeitet als Fremdkörper nachweisbar. Daraus ergibt sich, daß Stallmist bereits auf dem Düngerstapel einem durchgreifenden, sorgfältig gelenkten Humifizierungsvorgang unterworfen wird. Während früher die wesentlichste Aufgabe der Stallmist- und Kompostpflege die Erhaltung der Substanz dieser organischen Düngemittel war, so steht heute im Vordergrund die Forderung, ein biologisch einwandfreies Rotteprodukt mit möglichst großen Mengen qualitativ hochwertiger Humusstoffe zu erzeugen[60]). Dieses Ziel kann nur durch das eingehende Studium der Tätigkeit der Düngerbiozönose erreicht werden Arbeiten in diesem Gebiete konnten z.B. feststellen, daß während der Lagerzeit des Stallmistes die charakteristischen Arten sich mit fortschreitender Humifizierung ständig ändern. Im Zuge der allmählichen „Vererdung“ des Düngers löst die der Bodenbiozönose verwandte Kompostgemeinschaft die von ihr wesentlich verschiedene Frischmistgemeinschaft allmählich ab. Diese Tatsache beweist, daß das Edaphon normaler Böden nicht ohne weiteres in der Lage ist, unverrotteten Stallmist zu verarbeiten. Organischer Wirtschaftsdünger ist deshalb erst dann auf der Acker zu bringen, wenn er biologisch reif ist.[61]).

In den letzten Jahren, durch die allgemeine Sorge über Umweltverschmutzung aufmerksam geworden, wird die Wirkung der Insektizide und der Herbizide auf die Biozönose des Bodens viel gründlicher untersucht. Leider sind die Ergebnisse dieser Untersuchungen noch immer nicht zusammenfassend ausgewertet worden. Wenn endgültige Resultate vorliegen werden, müssen umfassende Bemühungen zu einem Frontalangriff gegen diese neue Gefahr für die Bodenlebewelt in Gang gesetzt werden. Der Ersatz chemischer Mittel durch biologische Methoden, im Kampf gegen Pflanzenschädlinge, muß höchsten Vorrang erhalten.

Das Studium der Rhizosphäre, des Wurzelmilieus, ist verhältnismäßig spät in der Entwicklung der Bodenkunde begonnen worden. Nichtsdestoweniger wird heute der Wechselwirkung zwischen Pflanzenwurzel und Bodengemeinschaft große Wichtigkeit beigemessen. Die Bodenverhältnisse sind ein wichtiger Umstand für die Bestimmung der Pflanzenarten, die in einem bestimmten Boden wachsen können. Dieses bestimmt dann das Maß der Rückführung von organischen Stoffen an besagten Boden. Aber über diesen Zusammenhang hinaus haben Pflanzen einen direkten Einfluß auf die Dammerde und ihre Lebensgemeinschaft. Die Wurzeln verändern nämlich die physische Struktur des Bodens, indem sie das porenräumliche und chemische Milieu verändern, und sie schaffen ein ganz besonderes Milieu für die Bakterien und Pilze. Nebenbei dienen die abgestoßenen Zellen der Wurzel auch als Nahrung für die Bodenfauna. Die Rhizosphäre kann als Ökosystem in sich angesehen werden. Und als Teil dieses Systems können wir eine ganz besondere Lebensgemeinschaft erkennen, in welcher verschiedene Bodenmikroorganismen (hauptsächlich Bakterien, Algen, Kieselalgen, Pilze) in einem gemeinsamen kolloidalen Milieu, das sich die Organismen durch Ausscheidung selber schaffen, zusammenarbeiten. Diese Gemeinschaft wurde mit dem Namen „Zoogloea" belegt[62]). Diese Zoogloeen bilden mit den verschleimten Wurzelhaubenzellen und mit den Wurzelhaaren Aggregate, die ein wichtiges Bindeglied zwischen Bodengemeinschaft und Pflanze darstellen[63]). Die Untersuchung der Entstehung, Morphologie, chemischen Zusammensetzung und der Umwandlungen der Zoogloeen wie auch deren Beziehungen zu der Rhizosphäre muß eine hervorragende Aufgabe der Bodenökologie werden.

Trotz aller Erfolge der Bodenökologie sind, wie schon erwähnt, viele Aufgaben zu bewältigen. Es ist höchste Zeit, daß mehr für diesen wichtigen Zweig der Bodenbiologie getan wird. Es wäre z.B. wünschenswert, wenn etwas weniger Zeit und Energie für die Systematik und mehr für die Physiologie und Ökologie der Bodenlebewesen aufgewandt würde. Es müßte auch mehr für das Studium der Faktoren getan werden, die die Veränderungen und die Verbreitung der Bodenbevölkerungsgruppen beeinflussen. Gleichfalls würde die Untersuchung der Einflüsse, die die Aktivität und relativen Verhältnisse der nützlichen beziehungsweise schädlichen Organismen steuern, einen wichtigen Beitrag zum Fortschritt und zur Produktionssteigerung der Landwirtschaft darstellen.

Prof. *Dr. Rene R. Roth,* London, Ontario, Kanada

Anmerkungen

1 R.H. Francé: Beiträge zur *Morphologie* und Physiologie des *Scenedesmus.* Acta Mus. Nat. Hung., Budapest, 1892.
– R.H. Francé: Die Polytomeen. Jahrb. f. wiss. Botanik 26, 319, 1894.
– R.H. Francé: Beiträge zur Kenntnis der Algengattung *Carteria.* Természetrajzi Füzetek 19, Budapest, 1896.
2 R.H. Francé: Neue Flagellaten des Plattensees. Termézetrajzi Füzetek 16, Budapest, 1893. ,
– R.H. Francé: Über die Organisation der *Choanoflagellaten.* Zool. Anz. Nr. 411, 1-3, 1893.
3 R.H. Francé: Adatok Budapest Rotatoriafaunájához. Természetrajzi Füzetek 17 (3/4), Budapest, 1894.
4 R.H. Francé: Die mikroskopische Untersuchung der „Conferviten" aus dem Kalktuffe von Gónocz. Földtani Közlöny 23, Budapest, 1893.
– R.H. Francé: Die mikroskopische Pflanzen- und Tierwelt des Kolozsvárer Lignites. Földtani Közlöny 25, Budapest, 1895.
5 R.H. Francé: Der Organismus der Craspedomonaden. Königl. Ung. Naturwiss. Gesell., Budapest, 1897.
6 R.H. Francé: Die Protozoen des Plattensees. Resultate der wissenschaftlichen Durchforschung des Plattensees, II. Budapest, 1897.
7 Ferdinand Cohn: Weinstock und Wein. Mit Qiner Einleitung von R.H. Francé. Ph. Reclam, jun., Leipzig, 1929.
8 R.H. Francé: Der Wert der Wissenschaft. Carl Reissner Verlag, Dresden, 1900.
9 Das Biologische Institut München, gegründet im Jahre 1909.
10 „Die Kleinwelt". Zeitschrift der Deutschen Mikrologischen Gesellschaft. 1. Jahrgang erschien 1909.
11 R.H. Francé: Die Weiterentwicklung des Darwinismus. Verlag W. Breitenbach, Odenkirchen, 1904.
12 R.H. Francé: Das Sinnesleben der Pflanzen. Franckhsche Verlagsbuchhandlung, Stuttgart, 1905.
– R.H. Francé: Das Liebesleben der Pflanze. Franckhsche Verlagsbuchhandlung, Stuttgart` 1906.
13 R.H. Francé: Der Bildungswert der Kleinwelt. Franckhsche Vertagsbuchhandlung, Stuttgart, 1907.
– R.H. Francé: Streifzüge im Wassertropfen. Franckchsche Verlagsbuchhandlung, Stuttgart, 1907.
– R.H. Francé: Die Lichtsinnesorgane der Algen. Franckhsche Verlagsbuchhandlung, Stuttgart, 1908.
– R.H. Francé: Die Kleinwelt des Süßwassers. Th. Thomas Verlag, Leipzig, 1910.
14 R.H. Francé: Grundriß der Vergleichenden Biologie. Th. Thomas Verlag, Leipzig, 1924.
15 R.H. Francé: Die technischen Leistungen der Pflanzen. Verlag Veit & Co., Leipzig, 1919.
16 R.H. Francé: München – Die Lebensgesetze einer Stadt. Verlag H. Bruckrnann, München, 1920.
17 R.H. Francé: Bios, die Gesetze der Welt. 2 Bde. Verlag F. Hanfstaengl, München, 1921.
18 R.H. Francé: Die Welt als Erleben. Verlag A. Huhle, Dresden, 1923.
19 Von diesen wurde anscheinend nur „Telos, die Gesetze des Schaffens", Verlag Carl Reissner, Dresden, 1924, vollendet; aber auch von diesem Werk ist kein Nachweis im Buchhandel zu finden.
20 Heute ist diese Wissenschaft unter dem Namen „Bionik" bekannt und wird als die Anwendung unserer Kenntnisse von den Mechanismen und Funktionen der Lebewelt in der menschlichen Technologie definiert.
21 R. Engel-Hardt: Francé als Graphiker. W. Seifert Verlag, Heilbronn, 1925.
22 Th. de Saussure: Recherches chimiques sur la végétation. Ann. 12, 162, Paris, 1804.
23 A.D. Thaer: Grundsätze der rationellen Landwirtschaft. 4 Bde. 1809-1812.
24 Justus v. Liebig. Die Chemie in ihrer Anwendung auf Agrikultur und Physiologie. Verlag Vieweg, Braunschweig, 1840.
25 J. Wallerius. Agriculturae Fundamenta Chemica. Akerbrukets Chemiska Grunder, Uppsala, 1761.
26 A. Francé-Harrar: Humus, Bodenleben und Fruchtbarkeit. Bayerischer Landwirtschaftsverlag, München, 1957.
27 J.B.D. Boussingault: Recherches sur la végétation, entreprises dans le but d' examiner, si les plantes fixent dans leur organisme l'azote, qui est à l'état gazeux dans l'atmosphère. Ann. Chim. Phys. 43 (3), 149-223, 1855.
28 Theodor Schloesing: Sur les échanges d'ammoniaque entre l'atmosphère et la terre végétale. C.R. Acad. Sci. 82, 1105 Paris, 1876.
29 A.- Müntz: Sur la nitrification par les ferinents organisés. C. R. Acad. Sci. 84, 301, 1877 und 85, 1018, 1877.

30 P.E. Müller: Studier over Skovjord som bidrag till skovdyrkningens theori. Tidsskr. Skovbr. 3, 1-124, 1879 und 7, 1-232, 1884.
31 Ch.R. Darwin: The formation of vegetable mould through the action of worms, with observations on their habits. John Murray, London, 1881.
32 H. Drummond: On the termite as the tropical analogue of the earthworm. Proc. Roy. Soc. Edinb. 13, 137, 1887.
33 P.P. Dehérain: Recherches sur les fermentations du fumier de ferme. Ann. Agric. 10, 385, 1884 und 14, 97, 1888.
– P.P. Dehdrain et E. Demoussy: Sur l' oxidation de la matière organique du sol. - Ann. agron. 22, 305, 1896.
34 E. Wollny: Untersuchungen über die Zersetzung der organischen Substanzen. J. landw. Vers. Stat. 34, 213, 1886.
– E. Wollny: Die Zersetzung der organischen Stoffe und die Humusbildung. Heidelberg, 1897.
35 A. v. Humboldt: Ideen zu einer Physiognomik der Gewächse. 1806.
– A. v. Humboldt: Essai sur la géographie des plantes. 1807.
– A. v. Humboldt: Ansichten der Natur. 1849.
36 A.H.R. Grisebach: Die Vegetation der Erde. 1872.
37 Karl A. Möbius: Die Auster und die Austernwirtschaft. Berlin, 1877.
38 Diese Idee wurde von R.H. Francé in seinem Werke: Plasmatik, (W. Seifert Verlag, Heilbronn, 1923) eingehend entwickelt.
39 W.M. Wheeler: Social life among the insects. 1923.
40 R.H. Francé: Das Buch des Lebens. Ullstein Verlag. Berlin, 1924.
41 R. Greeff: Über in der Erde lebende Rhizopoden. Archiv f. mikr. Anat. 1866.
42 Victor Hensen: Die Tätigkeit des Regenwurmes für die Fruchtbarkeit des Erdbodens. Ztschr. f. wiss. Zool. 1877.
43 Christian Georg Ehrenberg: Die fossilen Infusorien und die lebendige Dammerde. Berlin, 1837.
44 R.H. Francé: Das Edaphon – eine neue Lebensgemeinschaft. Die Kleinwelt 3 (9/10), 147 – 153, 1911.
45 R.H. Francé: Studien über edaphische Organismen. Zentralbl. f. Bakt. II. Abt. 32, 1-7, 1911.
46 Z.B.: R. v. Aichberger, F. Falger, A. Himmer, C. Küstner.
47 Martinus W. Beijerinck: Die Bacterien der Papilionaceenknöllchen. Bot. Ztg. 46, 725-804, 1888 und Fixierung des freien atmosphärischen Stickstoffes durch Azotobacter in Reinkultur. Kon. Akad. v. Wetenschap. 11, 67-74, Amsterdam, 1908.
48 S. Winogradsky: Sur les organismes de la nitrification. C. R. Acad. Sci. 110, 1013-1016, 1890.
– S. Winogradsky: Sur l'assimilation de l'azote gazeux de l'atmosphère par les microbes. C.R. Acad. Sci. 116, 1385 – 1388,1893.
– S. Winogradsky: Recherches sur l'assimilation de l'azote libre de l'atmosphère par les microbes. Arch. Sci. Biol. (St. Petersburg) 3, 297, 1895.
49 E.J. Russell: Soil conditions and plant growth. Longmans, London, 1912.
50 Mitglieder einer Biozönose.
51 R.H. Francé: So mußt Du leben. Carl Reissner Verlag, Dresden, 1929.
52 A. Macfadyen: The systematic study of soil ecosystems. pp 191-197 In: The soil ecosystem. J.G. Sheals (ed.). The Systematics Association, London, 1969.
53 F. Schaller: Die Unterwelt des Tierreiches. Springer Verlag, Berlin, 1962.
54 E.W. Russell: The soil environment. pp 1-7 In: The soil ecosystem. J.G. Sheals (ed.). The Systematic Ass., London, 1969.
55 F. Schaller: Die Unterwelt d. Tierreiches.
56 J. Pochon, P. Tardieux, and J. d'Aguilar: Methodological problems in soil biology. pp 13-63 In: Soil biology. UNESCO, Paris, 1969.
57 H. Franz: Wandel der Bodenfauna unter dem Einfluß menschlicher Aktivitäten. pp 25-29 In: Progress in Soil Zoology. J. Vanek (ed.). Dr. W. Junk, B. V., Publishers, The Hague, 1975.
58 W. Kühnelt: Bodenbiologie. Verlag Herold, Wien, 1950.
– W. Kühnelt, Soil biology. 2nd ed. Faber & Faber, London, 1976.
59 E. Spohn: Entscheidungen ü. Abfallfragen. Eden-Stiftung, Bad Soden/Ts., 1979.
60 H. Franz und L. Leitenberger: Biologischchemische Untersuchungen über Humusbildung durch Bodentiere. Österr. Zool. Zeitschr. 1 (5), 498-518, 1948.
61 H. Franz: Über die Bedeutung von Kleintieren für die Rotte von Stallmist und Kompost. Pflanzenbau 20 (4), 145-170,1945.
62 A. Francé-Harrar: Humus, Bodenleben und Fruchtbarkeit. Bayerischer Landwirtschaftsverlag, München, 1957.
63 F.W. Pauli: Bodenfruchtbarkeit. Ruperto Carola 62/63, 78-82, 1979.

Das Leben im Boden

Von

R. H. Francé

Mit zahlreichen Abbildungen nach Originalzeichnungen des Verfassers

Inhalt

Nach dem 1922 mit dem Titel
„Das Leben im Ackerboden“ erschienenen Auflage

Das Wunder der Brotfrucht

Jeden Abend, wenn die Sonne über den afrikanischen Gebirgen niedersank und das Licht sofort in eine graublaue Dämmerung überging, erglänzte im Südost wie ein ungeheurer Amethyst rosenrot der Sinai. Ein wunderbares Leuchten ging von ihm aus, als sollte dadurch verkündet werden, er sei der Berg der Gesetze gewesen. Zwischen ihm und der Küste des Roten Meeres lag ein breiter Streifen der felsigen Wüste, und in ihr gab es eine einzige Quelle: den Mosesbrunnen.

Welch heiliger und uralter Ort ist doch das, dieser Ain Musa! Die Harfen der Längstvergangenheit rauschen auf, wenn man von ihm spricht. Er ist der Ort, von dem die Heilige Schrift erzählt, hier habe Moses Wasser aus dem Felsen geschlagen.

Unbewegt steht die Luft, der Sinai leuchtet lila und schneeweiß auch am Tage durch das Flimmern der Hitze, der gelbe Wüstensand knistert, dort drüben rauscht das Schilfmeer der Bibel. Und um den Mosesbrunnen wiegen noch heute Palmen ihre Kronen. Eine dürftige Oase breitet sich um das lehmgelbe Wasser, ein kleines Hirsefeld grünt, ein uralter Mann mit weißem Bart, ein wahrer Patriarch betreut es und sitzt ruhig und sinnend im Schatten mit vielen, vielen grauen Tauben. Die gurren und fliegen hin und wieder. Sonst aber ist die Stille der Jahrtausende ringsum, die Zeit, die Menschheit ist wie gestorben und die Natur unschuldig wie am ersten Tag.

Der alte Einsiedler lebt von Datteln und Hirsebrot und bestellt ein kleines Feld. Eifrig gräbt er mit einem gebogenen Haken aus Holz darin, der den Pflug vertritt, und sammelt Taubenmist, um zu düngen. Die Tage gehen in unerschütterlichem Gleichmaß, und niemand vermag hier zu sagen, welches Jahrtausend die Menschen schreiben.

Ich habe einen lebenden Prähistoriker gesehen. Sicher haben die toten Vorgeschichtsmenschen, vor deren Gerippen ich einige Monate früher stand, nicht viel anders ausgesehen und nicht anders gelebt. Im Luxus des weltmännischesten Lebens, das Europa kennt, an der zauberblauen Küste von Monako, in der „Kindergrotte", wo man Skelette von negerähnlichen Menschen fand mit Steinzeitwaffen, Geräten und einigen verkohlten, gerösteten Getreidekörnern.

Auch die Steinzeitmenschen, die vor, ich weiß nicht wieviel Jahrtausenden in Südeuropa gelebt haben, kannten also schon Getreidebau und lebten wie der Patriarch am Sinai.

Ich sehe sie vor mir. Da sitzt einer von ihnen vor seiner Wohnhöhle, erquickt sich an der Sonnenwärme, die lautlos an den roten Felsen niederrieselt. Die Orgel der Brandung spielt schwermütige und geheimnisvolle Weisen, das große, blaue Himmelszelt ist seidenweich ausgespannt. Da mag er wohl gesonnen haben über das, was kommen wird und über das viele Unfaßbare, das rings um ihn ist. Vor allem über das Allernächste, das große Wunder, das urewige, schon für ihn in schattenhafte Zeiten zurückweichende, allererste und bedeutsamste fürs tägliche Leben: Was ist mein Brot? Woher kommt es? Wie wird mein Brot?

Noch heute ist's wie ein Wunder. Ungelöst scheint noch die große Frage. Und neue Arbeit ist am Werke, sie zu lösen. Keine Zeit seit langem hat es so tief wie die unsere empfunden, was das tägliche Brot wert ist, keine hat so danach gerungen, es wieder zu schaffen, zu sichern, es zu mehren. Unsere Zeit schreit nach mehr Brot.

Keine hat mehr Grund gehabt, darüber nachzudenken: Wie kommt die Brotfrucht zustande?

Und doch scheint die Antwort so einfach. Brot wird aus einem kleinen Samenkorn und aus der Erde, in die man es steckt. Nichts anderes scheint nötig zu sein, als immer wieder nur zu säen, um ernten zu können, seit Anbeginn der Tage bis in alle Zukunft. Aber schon der Patriarch am Sinai hat das besser gewußt. Ganz genau weiß er es, daß er auf die Dauer ohne Tauben nicht ernten kann, daß ohne Dünger die Ernte in jedem Sommer geringer wäre, bis eines Tags die Fruchtbarkeit des Bodens erlöschen würde. Warum ist das so? Was ist der Dünger? Warum braucht ihn die Pflanze? Wie vollzieht sich das Unerhörte, daß aus Erde und Mist das tägliche Brot wird? Welcher Zusammenhang kettet uns an das Allzuirdische und Häßliche? Oder ist es gar nicht häßlich? Welches Gesetz waltet da?

Dieses Buch soll die Antwort auf so viele Fragen sein. Und insofern ist es eigentlich ein Buch der Bücher, das jeder gelesen haben muß, denn jeder muß essen. Und daher muß jeder auch wissen, wie das zustande kommt, was er ißt.

Mensch, Pflanze, Boden

Ein Gesetz hat man, seitdem Menschen denken, immer nur durch Anschauen erforscht. In unserem Fall heißt das zunächst, man muß die Pflanze anschauen, die das tägliche Brot bereitet, dann die Erde anschauen, die die Pflanze ernährt und zuletzt den Dünger, der der Erde immer wieder neue Nährkraft verleiht.

Stärkemehl, Fett und Eiweiß

Deshalb zeige ich zunächst ein Getreidekorn (Abbild. 1) mit dem künstlichen Auge, das vergrößert und daher die wahre Natur und Zusammensetzung der Dinge erkennen läßt.

An diesem aufgeschnittenen Weizenkorn sind die sieben Schichten der Frucht- und Samenschalen sowie der winzige Keimling mit seinem zarten Würzelchen und Sproß und einem Schildchen, jener Bestandteil des Brotmehls, den man am wenigsten schätzt, aber selbst im weißesten Mehl nicht ganz vermeiden kann. Der Müller entfernt das alles als Kleie. Ob und was man davon essen soll, ist ein Gegenstand langwieriger Erörterungen zwischen den Ärzten und Naturaposteln, ein Streit, der auch nicht mit einem Satz zu schlichten ist.

Dann sieht man nach innen zu einem schönen Kranz dunkler Kügelchen. Und zu innerst dichtgedrängt, matt schimmernd wie edle Perlen, Körnchen an Körnchen. Das ist es, worum jeder auf seine Weise die Mächte, denen er vertraut, bittet: unser täglich Brot.

Außen die Kleberschicht, gedrängt voll von köstlichem Eiweiß und Fetttröpfchen, innen das Stärkemehl; beides könnte das Menschengeschlecht, könnte die Tierwelt nicht missen.

Alles Übrige, was sonst noch als „Nahrung" dient, wiederholt diese erste Formel und wandelt sie höchstens ab. Stärkemehl, Fett und Eiweiß ist alles, woraus wir uns aufbauen und unseres Körpers Kraft, unseres Geistes Fähigkeiten erneuern.

Man ißt Fleisch, Fische, Gemüse, Zucker, Obst, man glaubt hunderterlei verschiedene Köstlichkeiten und Leckerbissen zu verzehren und nimmt immer wieder nur Stärkemehl, Fett und Eiweiß zu sich. Es gibt keine andere Nahrung, ob einer nun Tier- oder Pflanzenkost verzehrt.

Man kann die ganze Welt durchforschen in ihrer übervollen Mannigfaltigkeit, die Fische im Meere fragen und die Vögel in der Luft, die Insekten, die in den Erdlöchern aus- und einkriechen, die Raubtiere, die da lauern, die geheimtuenden Bewohner der Höhlen und die verborgensten Schmarotzer, sie alle müssen auf die Frage: wovon nährt ihr euch? die Antwort geben, daß sie in irgendeiner Beziehung doch von den Pflanzen abhängen. Alles „Fleisch" und Blut auf Erden hat sich nur durch die Aufnahme und Umwandlung von Stoffen gebildet, die Pflanzen aufgenommen haben. Und diese Stoffe gehen immer wieder auf die Dreiheit Stärkemehl, Fett und Eiweiß zurück.

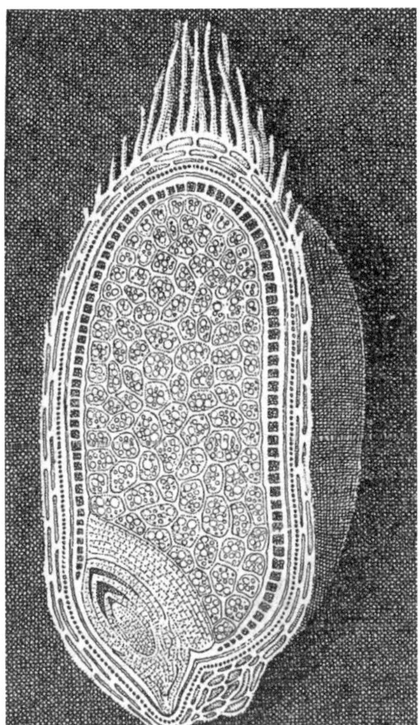

Abb. 1. Idealer Längsschnitt durch ein Weizenkorn. Man erkennt links unten den Embryo mit der Anlage der Blätter und des Würzelchens, sowie dem Sauggewebe, das dem stärkemehlhaltigen Endosperm anliegt. Um dieses dehnt sich die eiweißhaltige Kleberschicht. Außen sind die Samen- und die Fruchthüllen. Schwach vergrößert.

Will man noch tiefer eindringen in das Problem der Nahrung, so muß man den Chemiker fragen. Von ihm weiß man schon seit langem, daß zwei Stoffe, die allenthalben auf Erden gegessen werden, und in der obigen Feststellung zu fehlen scheinen, nämlich der *Holzstoff,* das, was man, wenn man deutsch spricht, Zellulose zu nennen pflegt, und der *Zucker,* auch nichts anderes als Erscheinungsformen des Stärkemehls sind, nicht anders wie die Dampfwolke, das blinkende Naß der Quelle, die Eisblume und der Schneekristall auch nur Erscheinungsformen ein- und desselben Stoffes, nämlich des Wassers sind. In seiner Sprache vermeidet man denn auch die volkstümlichen dreierlei Bezeichnungen, sondern hebt das Einigende hervor, das hinter ihnen steckt; das ist nämlich, daß sie eine Verbindung von Wasser und Kohle, also ein Hydrat der Kohle sind.

Wer auch nur ganz wenige chemische Kenntnisse besitzt, weiß dennoch schon, daß Wasser vom Chemiker durch die Abkürzung H_2O bezeichnet wird, die zugleich ausdrückt, daß sich in dieser Verbindung zwei Einheiten des Elementes Hydrogen, d. i. Wasserstoff, mit einer Einheit Oxygen-Sauerstoff zusammengeschlossen haben. Wenn er also für die Kohlenhydrate die Formel

$$5H_2O + 6C = C_6H_{10}O_5$$

aufschreibt, so gibt er damit eine abgekürzte Beschreibung ihrer Herstellung, denn es wird damit gesagt, daß man Stärke oder Zucker erzeugen kann, wenn man fünf Teile Wasser mit sechs Teilen reiner Kohle mengt.

Welch wunderbare Wissenschaft diese Chemie doch ist! Wie vereinfacht hat sie eine so lebenswichtige Sache, wie die Herstellung von Mehl oder Zucker! Man braucht nur Wasser mit Kohle zu mischen aber da stockt man auch schon. Reines Wasser gibt es genug auf Erden, aber wo nimmt man reine Kohle her? Was man gemeinhin Kohle nennt, das ist ein sehr unreines Produkt. Wirklich ungemengter Kohlenstoff findet sich nur als Graphit oder Diamant, und da sieht auf einmal die vorhin so lichte und einfache Angelegenheit dunkel und verworren aus.

Man versuche einmal Graphit mit Wasser zu mengen; es wird ein schwarzer Brei, aber nie und nimmer weißes Mehl oder schimmernder Zucker. Und die Chemie senkt traurig den Blick die Grenze des Menschenkönnens ist für sie erreicht.

Wir Menschen können Kohlenhydrate nicht „synthetisch" herstellen, d. h. wir können sie nicht aus ihren Bestandteilen aufbauen.

Die Pflanze aber kann es. Deshalb sind die Länder der Menschen allüberall bedeckt mit Pflanzgärten, voll von im Schweiße ihres Angesichts arbeitenden Bauern und Gärtnern, die Pflanzen bedienen. Warum? Damit diese Kohlenhydrate und Fett und Eiweiß daraus herstellen!

Die Lichtkraftmaschinen der Assimilation

Sie bedient sich dazu einer Maschine, deren Bau wir nicht verstehen, die wir daher nicht nachmachen können. Und sie verwendet dazu eine Kraft, vor der wir staunend stehen, deren Allgewalt wir wohl täglich erleben, die uns aber noch nicht oder kaum gehorcht.

Ihr Apparat heißt Blattgrünkörnchen, ihre Betriebskraft ist das Licht. Wenn man will, könnte man sagen, sie arbeite mit *Lichtkraftmaschinen* (Abb. 2).

Oberflächlich betrachtet sieht die Sache nicht allzu geheimnisvoll aus. Die Blattgrünkörner muten äußerlich an wie goldig-grüne Münzen. Je ein paar hundert sind zusammengeschlossen in ein Kämmerchen, viele tausend Zellen in ein Blatt. Die Blätter sitzen zu Dutzenden an den Getreidehalmen, oder sie bilden einen Schopf an der Zuckerrübe. Ist es hell, dann bewirken die blauen und violetten

Abb. 2. Rekonstruktion des Innenbaues eines Blattes. Unter der Oberhaut (Epidermis) die Palisadenschicht voll mit Blattgrünkörnchen. Eine Zelle umschließt eine große Kristalldrüse von abgeschiedenen Kalksalzen. Darunter liegt der Hohlraum, in dem die Lichtkraftapparate der assimilierenden Schwammzellen aufgestellt sind. Nach unten wird dieser Raum wieder durch die Haut abgeschlossen, die Drüsenhaare trägt und von einer Spaltöffnung durchbrochen ist. Durch diese dringt Luft und Kohlensäure in den Arbeitsraum. Stark vergrößert. Original des Verfassers.

Strahlen des Lichtes in den Blattgrünkörnern eine Umwandlung. Das Blattgrün ist von Wasser durchtränkt und von Luft umgeben. In der Luft ist ständig eine Kohlenstoffverbindung enthalten, die man deshalb Kohlendioxid nennt (CO_2), weil darin zwei Einheiten Sauerstoff immer an eine Einheit reine Kohle gebunden sind. Unter der Wirkung der Lichtstrahlen zersetzt sich nun das Kohlendioxid, und das Wasser verbindet sich mit der Kohle. Es entsteht zunächst Zucker, der sich bald in seine „Eisform“, nämlich in Stärke umbildet. Man setze eine Zelle mit lebenden Blattgrünkörnchen einige Minuten dem Sonnenlicht aus, und kann dann mit Vergnügen in ihrer Mitte einige neugebildete Stärkekörnchen suchen.

So weit reichen die Kenntnisse von neun unter zehn Naturgebildeten, und sie sind gemeinhin zufrieden damit.

Was wissen sie aber eigentlich damit? Vielleicht kann ich es in einem Gleichnis klarmachen. Sie wissen dann ebensoviel von den wahren Vorgängen wie irgendein Wilder, den man vor eine Zeitungsschnellpresse führt. Da werden die weißen Bogen hineingezogen ins Walzenwerk, und dort fallen die fertigen, gefalteten Zeitungsnummern voll Neuigkeiten heraus.

Will man aber die Maschinerie der Assimilation wie man diesen Vorgang der Stärkeherstellung genannt hat näher kennenlernen, so verzweifelt man fast ob ihrer unerhört verwickelten Einrichtung. Wir sind eben nun einmal immer noch die Wilden gegenüber den Ingenieuren der Natur, genannt Pflanze.

Das Blattgrünkorn hat einen ganz bestimmten, höchst zusammengesetzten Bau. Damit beginnt die Reihe unserer Unkenntnisse. Wie will man die Tätigkeit eines Apparates verstehen können, wenn der Apparat unbekannte Teile enthält?

Dann ist im Blattgrünkorn nicht bloß Blattgrün enthalten, sondern auch ein gelbroter Farbstoff und ein braungelber. Außerdem weiß man nicht, was das Blattgrün ist. Die rasch bereite Antwort, es sei eine Eiweißverbindung, hilft da nur wenig. Wohl ist es allerneuestens dem Münchner Chemiker *R. Willstätter*[1]) gelungen, den chemischen Bau des Blattgrüns aufzuhellen; es hat sich aber dadurch nur mit Sicherheit erwiesen, daß es so ungemein zusammengesetzt sei, daß wir ganz sicher in dem nächsten Menschenalter es nicht aus seinen Bestandteilen werden aufbauen können.

Und außerdem: selbst wenn das gelänge, blieben wir wieder stecken. Denn es hat sich gezeigt, daß Blattgrün allein noch keine Kohlensäurezersetzung hervorbringt. Es gehört wohl dazu, aber es gehört auch noch anderes zur Assimilation.

Früher meinte man wohl Licht und Wärme, weil grüne Blätter im Dunkeln nicht assimilieren und auf die Dauer sogar absterben, weil außerdem die Blätter nur bei einer gewissen Temperatur beginnen, tätig zu sein. Aber da hat sich herausgestellt, daß zunächst Zellen auch ohne Blattgrün assimilierten, daß ferner Moose auch im Dunkeln Blattgrün bilden und ganz einfache Pflanzen, die zeitlebens im Dunkeln bleiben, dennoch dauernd assimilieren.[2]) Außerdem kennt man jetzt auch grüne Schmetterlingsraupen und -puppen, die ohne Blattgrün Kohlensäure assimilieren und Kohlenhydrate bilden.

Soll ich daher meine tiefste Überzeugung über die Vorgänge im Blatt aussprechen, so muß ich sagen, daß wir sehr wenig Sicheres davon wissen, noch weniger verstehen, am allerwenigsten imstande sind, die Pflanzen in der Bereitung von Kohlenhydraten zu entbehren.

Es bleibt also zunächst einmal bei der Landwirtschaft und unserer bescheidenen Rolle als Pfleger der Gewächse.

Damit kehren wir zu den Anfangsgründen zurück, von denen wir ausgehen und sind immerhin froh, zu wissen, daß die Getreidepflanze, unser ursprünglichstes Beispiel, zur Herstellung von Mehl nichts braucht, als ihren eigenen Körper, dazu das Kohlendioxid der Luft und Wasser. Als Nebenprodukt gewinnt sie dabei ziemlich viel Sauerstoff,[3]) den sie natürlich aus ihrem Körper entläßt und der Luft zurückgibt.

Warum die Pflanze auch Erde braucht

Nun zeigt aber der Anblick des Getreidekorns, daß darin auch nicht unerhebliche Mengen von Fett (in gewissen Samen, man denke an Lein oder Hanf, sogar sehr viel) und Eiweiß (man denke an Bohnen) gespeichert sind. Woher hat die die Pflanze genommen?

Man wird sich davon ein Bild nur dann machen können, wenn man weiß, aus welchen Stoffen sich Fett und Eiweiß aufbauen. Da muß wieder der Chemiker befragt werden. Über das Fett beruhigt er bald; er verweist auf Pflanzen, die als erstes Assimilationsprodukt auch fettes Öl herstellen. Aber das Eiweiß, das kann schon nicht mehr aus der Luft allein gewonnen werden.

$$C_{758}\ H_{1203}\ N_{195}\ O_{218}\ FeS_3$$

So lautet eine der geheimnisvollen Formeln, wie sie z. B. die Zusammensetzung des Bluteiweißes wiedergeben. Die altbekannten Elemente *Carbon* (Kohle), *Hydrogen* (Wasserstoff) und *Oxygen* (Sauerstoff) sind wohl darin, aber dazu auch *Nitrogen* (Stickstoff), *Eisen* (Ferrum) und Schwefel (Sulphur).

Auch im Eiweiß des Blattgrüns selbst ist Stickstoff und Schwefel, dazu noch ganz unentbehrlich Magnesium, Kali, Phosphor und Kalk mit eingebaut. Auf einmal tun sich neue Tore auf, rasch drängt sich Erkenntnis an Erkenntnis, und man sieht ein, warum die Pflanze auch Erde braucht, nicht nur Licht, Luft und Wasser.

Aus der Erde holt sie sich die Elemente, die sie zum Aufbau ihres Körpers, zur Herstellung von Eiweiß bedarf. Deshalb hat sie nicht bloß Blätter, sondern auch Wurzeln.

Es ist ein großer Genuß, die Pflanze so aus dem Verständnis ihrer Bedürfnisse aufzubauen.

Würde sie zum Leben bloß Kohlenhydrate brauchen, so könnte man sich sehr wohl Pflanzen vorstellen, die nur in der Luft schwebende Blätter sind. Das bißchen Feuchtigkeit, dessen sie bedürfen, würde ihnen Nebel und Regen leicht gewähren.

Aber weil sie noch mehr heischen, als die Luft allein bieten kann, so sind sie an den Boden festgewurzelt.

Aus ihrer Lebensweise erklärt sich ihre Gestaltung und ihre stille, bescheidene, an den Ort gebundene Artung, das Erdgebundene ihrer Erscheinung. Vieles und Tiefverborgenes ist darin beschlossen. Weil wir Menschen ohne Pflanzen kein täglich Brot hätten, sind wir zum Ackerbauer und seßhaften Bürger geworden. Weil aber die Pflanze nicht ohne den Boden ihr eigen täglich Brot erwerben könnte, haftet sie fest an dem Stück Erde, von dem sie einmal Besitz ergriffen hat und zwingt auch uns zu dem gleichen. Ohne Pflanzen wären wir Nomaden. Eigentlich verschafft also sie uns den Begriff der Heimat und des Vaterlandes; sie brachte in unser Leben das ganze Füllhorn edler und stiller Gewalten, die den Menschen an das süße Wort Heimat fesseln und die dem Nomaden unbekannt sind. So hängen an den Lebensgesetzen letzten Endes auch noch die fernsten und feinsten Ideen der menschlichen Kultur, eine Mahnung, niemals den festen Boden des Irdischen zu verlieren, aus dem wir so entwachsen sind. Erdgebundensein, ein Wort, das himmelstürmende Geister so oft mit Zähneknirschen und ohnmächtig geballter Faust aussprachen, ist in diesem Sinn auf einmal wundersam einschmeichelnd und gibt Beruhigung und Festigkeit. Wir sind nun einmal in der Welt, wir werden nie mehr wieder aus ihr herausfallen.

Zu den Gesetzen dieser Welt aber gehört es, daß nicht nur wir untrennbar an das Leben der Pflanzen gebunden sind, sondern diese auch an die Gesetze des Erdbodens.

Da ist plötzlich ein unmittelbarer und tiefinnerlicher Zusammenhang aufgetan zwischen Mensch und dem Bau des Bodens, den keiner der Vielen, denen diese Zeilen vor Augen kommen, leugnen kann, wenn auch kaum einer von ihnen an diesen Zusammenhang gedacht haben mag.

Der Boden – Bau und Leben

Es muß also jedermann, will er sich über das, wovon das Dasein der Menschen wirklich abhängt, im klaren sein, den „Bau des Bodens", auf dem und von dem er lebt, näher kennen.

Was weiß man im allgemeinen davon? Man prüfe sich selbst, und man wird wahrscheinlich erschrecken, wie wenig man von den Dingen der Natur, von denen unser Dasein abhängt, in Wirklichkeit weiß.

Da denkt man zunächst gewöhnlich gar nicht daran, daß die Erde ein Kristallklotz ist, wenigstens in ihrer äußeren Rinde. Wenn man den sehr artigen Vergleich gebraucht hat, sie als einen Apfel hinzustellen, dessen Schale die Gesteinsrinde ist, während sein Fleisch dem unbekannten Erdkern entspricht, so leidet dieser Vergleich nur daran, daß er die Verhältnisse übertreibt. Gegenüber der Größe der Erde ist die „Apfelschale" viel zu dick angenommen; das „Häutchen" kristallinisch erstarrter Gesteine an ihrer Oberfläche ist ganz außen eine im Vergleich gar nicht darstellbar dünne Staubschicht. Sie entspricht dem zur fruchtbaren Erde verwitterten Teil der Gesteinsrinde.

Man mag graben, wo man will: nach einigem Mühen kommt man mit Spaten und Schaufel nicht mehr weiter. Fester Fels ist erreicht. Oft schon einige Meter unter der Pflanzendecke, manchmal, so in Flußtälern, erst in mehreren hundert Metern Tiefe. Zu unseren Füßen liegen überall Kristalle; da jenes Gemenge, das man Granit nennt, dort weißer Kalk, dem man so ohne weiteres das kristallinische Gefüge gar nicht ansieht. Da wieder vulkanische Gesteine oder Schiefer, stets aber eine Schicht, die weder das Wasser durchläßt, noch den Pflanzenwurzeln gestatten würde, in sie einzudringen.[4])

Deshalb vereinigen sich auch alle durch die fruchtbare *„Dammerde“* gesickerten Regenwässer an der oberen Grenze dieser hemmenden Schicht zu einem unterirdischen See oder auch Fluß, wenn die Oberfläche der Gesteine geneigt ist. Tief unten strömen diese dunklen Wässer dahin, manchmal nur wenige Handtief unter unserem Fuß, und dann finden wir den Ort sumpfig. Wir sagen: hier ist es moorig, hier ist eine feuchte Wiese, dort gleißt ein Sumpf oder gar der Spiegel eines Sees, der sein Dasein zwischen Hügelketten dem zutrage getretenen *Grundwasser* verdankt.

Der Landwirt hat die besten und feinsinnigsten Kenntnisse über dieses Grundwasser. Den Grundwasserspiegel sucht er, wenn er einen Brunnen gräbt; nach seiner Tiefe bemißt er unter anderen Eigenschaften auch den Wert seiner Grundstücke. Dieses Stück trockener Hutweide mißachtet er; es wird immer dürr sein, denn es besteht im Untergrund aus wenig Dammerde, aber viel wasserdurchlässigem Kies. Aber jene fetten Äcker stehen hoch im Preise; ihr Boden ist gerade genügend durchfeuchtet, wie es der Wunsch nach reichen Ernten fordert. Auf jenen fernen Wiesen, die so saftig und dunkelgrün erscheinen, liegt schon im Spätsommer abends der erste Nebel. Sie sind mit sauren Gräsern bewachsen; das Grundwasser steht dort hoch, sie sind kalt und feucht das ganze Jahr.

Die ganz dünne Decke zwischen dem Grundwasserspiegel und dem grünen Pflanzenkleid, das ist der Reichtum eines Landes. Davon, wie sie beschaffen ist, hängt der Wohlstand, der Entscheid, ob Agrar- oder Industriestaat, die Zivilisation der Bevölkerung, die ganze Art ihrer Kultur ab.

Das Problem der Bodenbildung

Wie kommt diese Decke zustande? Natürlich durch die *Verwitterung,* sagt freudig der Leser.

Aber was ist die Verwitterung?

Da stocken auch die Kenntnisreichen, denn das ist ein ungemein schwieriges Thema und selbst von der Wissenschaft noch nicht in allen Einzelheiten durchschaut.

Im Gebirge hat man es leicht, sich von dem Vorhandensein und den äußeren Vorgängen der Verwitterung zu überzeugen. Wer jemals eine wirkliche Hochtour unternommen hat, der stand sicher auch schon auf einem zerscharteten Grat, wo der Kalk oder das Urgestein des Berges schließlich fast bretterdünn auslief. Da mag es ihm vorgekommen sein, daß der scheinbar eisenharte Fels, wenn er sich an ihm anhalten wollte, spröde zersplitterte, mulmig weich und staubig auseinander stob. Mit jedem Tritt wirft man auf einer solchen luftigen Hochwarte mannsgroße Blöcke herab; sie zerbrechen im Fallen, brüchiger Grus fegt in die blaudämmernden Tiefen, aus denen lange weiße und übergrünte Geröllhalden heraufspitzen, als seien sie Arme, die nach dem Steiger da oben langen.

Die Ausdehnung in der Sonnenhitze und die Zusammenziehung im nächtlichen Frost durchsetzt das Gestein mit Rissen; das in ihnen gefrierende Wasser zerreißt sie, daß es manchmal wie ein Pistolenschuß durch die Einöden des Hochgebirges hallt. Das morsch gewordene Gestein stürzt in die Tiefe, die kleinen Rinnsale, die Wildbäche tragen die Schutthalden in die Täler: sie scheuern die eckigen Trümmer zu runden Kieseln; ihr kohlensäurehaltiges Wasser löst sie chemisch, daß das Gefüge zerfällt, die feinsten Splitterchen und Körnchen, Kristallplättchen und eckigen Körner werden als Sand und Schlamm abgesetzt im Unterlauf der aus den Bergen kommenden Ströme. Durch Verwitterung und Erosion erniedrigen sich die Berge so schnell, daß man berechnet hat, daß die Alpen binnen 20 000 Jahren dadurch rund tausend Meter von ihrer Höhe verlieren und binnen hundertausend Jahren aufgelöst und vertragen sein müßten zwischen dem Mittelmeer und der Nordsee, zwischen dem Orient und Frankreich in Gestalt von Sand und feinem, fruchtbarem Schlamm.

Das alles ist oft gesagt und gemeinbekannt, und somit scheint das Problem der Bodenbildung restlos durchschaut. Denn es bereitet keine Schwierigkeiten, sich vorzustellen, daß auch die heutigen Ebenen auseinander gefallene und vertragene Gebirge von einst sind. Aus hundert Anzeichen wissen wir, daß quer durch Mitteldeutschland einst ein Hochgebirge lief, noch höher und gewaltiger als die Alpen, daß in Rußlands Herz, dort, wo heute Steppeneinsamkeit sonnig brütet, Berge von vielen tausend Metern Höhe standen. Wo sind sie? Abgetragen, von vielen seither verebbten Strömen verschleppt, und ausgebreitet ist ihr Gestein, als Sandkörnchen und Staub fliegt es im Winde. Und alles deutet darauf hin, daß auch noch vor den Zeiten dieser „Steinkohlenalpen", wie man dieses verschollene deutsche Hochgebirge genannt hat, Berge standen und vergingen.

Darf man also annehmen, daß die gesamte Verwitterungsrinde der Erde der Schutt einstiger Gebirge sei, der unbeschreiblich bunte Schicksale erlebt hat, Hochzinne war und Felsblock in der Tiefe, Geröll und Sand am Flußufer und dann Meeresschlick und Düne und Wüstensand, als auch das Meer verging und wieder Sandstein und neuerdings Staub und Erde, als auch das neue Gebirge zerfiel!

Aber auch abgesehen von der Gebirgsverwitterung, bleibt selbst der harte Erdkern, der noch nie das Licht erblickte, nicht unzersetzt. Das Grundwasser zernagt seine Oberfläche. Je reicher es an Kohlensäure ist, desto mehr vermag es von den chemischen Bestandteilen des Gesteins aufzunehmen. Das ist nicht bloße Annahme, sondern tägliche Erfahrungstatsache. Denn jedes Brunnenwasser, jede Quelle (sie ist doch nichts anderes als zutage getretenes Grundwasser) enthält reichlich mineralische Bestandteile. Sie machen das Wasser erquickend und wohlschmeckend. Man überzeuge sich davon und koste chemisch gereinigtes, nämlich destilliertes Wasser; man wird es abscheulich finden.

Eine langsame Zersetzung zermürbt das Gestein auch unter dem Boden; es bereichert zu mindestens die ,,Bodenlösung" in einer für Pflanze und Mensch unentbehrlichen Weise.

Was ist Humus? Wie entsteht er?

Aber damit ist noch in keiner Art erklärt, wie der Boden zustande kommt, noch weniger, wie sich sein ganz bestimmter Bau bildet. Was wir da zu unseren Füßen sehen, ist nur selten ein mineralisches Gebilde; nur in reinen Wüsten, in unserer Heimat da und dort auf märkischem oder fränkischem Sand glitzert Quarz und Glimmer darin, und gerade diese Stellen sind nur kümmerlich oder gar nicht bewachsen. Unter fruchtbarer Erde versteht man immer nur jene so wohlvertraute, dunkle, würzig duftende, braune oder fast schwarze Masse, in der Sand und Glimmer nur ab und zu aufleuchten und größere Geröllstücke gerade nur eingesprengt sind. Zum Begriff des fruchtbaren Bodens gehört unzertrennlich der des Humus, und damit ist eine neue Frage emporgetürmt: *Was ist Humus und wie entsteht er?*

Leicht ist auch hier wieder die erste Antwort gegeben: Humus sei das Endprodukt von verwesenden und faulenden organischen Stoffen. Aber unendlich schwer ist es, dieser Antwort die letzten inneren sicheren Bestimmtheiten zu verleihen. Noch schwerer, sich in seinem Empfinden und Lebensgefühl die wahre Bedeutung der Humusbildung klarzumachen.

Die trockene, von praktischen Beweggründen geleitete, rein verstandesmäßige Denkungsart, an die ich mich bisher wandte, um für meinen Gegenstand geneigte Ohren zu finden, wird von dieser Frage an auf einmal belebt, da sich auch Herz und Gefühl einmischen und zuhören.

Schlummern doch in dem Wörtlein: Humifikation auch Entscheide über Menschenglück und -leid; ein dunkler Schrecken steigt auf, die bange Frage: was wird aus uns nach dem Tode? klingt an. Die grausenerregende letzte Beziehung zu Mutter Erde, daß wir alle einmal da hinabmüssen in das Dunkel, zwingt jeden, der sein Leben nicht ganz gedankenlos führt, daß er sich Klarheit verschaffe, was denn eigentlich das zusammengefaßte Wissen aller Zeiten und Menschen – Wissenschaft ist doch nichts anderes – *sich für ein Bild macht von dem Zustand nach dem Tode.*

Daß der Menschenleib darin kein anderes Schicksal erleidet, wie der jedes gestorbenen Tieres oder jeder Pflanze, aus dem das Leben entflohen ist, liegt auf der Hand und wird auch von niemanden bestritten. Daß aber mit dem Verstorbenen etwas geradezu Schreckenerregendes vor sich geht, das ahnt dumpf auch der Unwissendste. Es hat sich sogar im Laufe der besonderen naturfremden Geistigkeit, die sich herausgebildet hat, der eigentümliche Zustand eingestellt, daß die Unbildung sich von dem Zustand nach dem Tode weit übertriebenere Vorstellungen macht als die Naturgebildeten. Es ist da ein Schreck- und Zerrbild entstanden, das ganz sicher wesentlich zu der nervenschwachen und feigen Stellung beiträgt, die so viele Menschen gegenüber dem Gedanken an den Tod einnehmen.

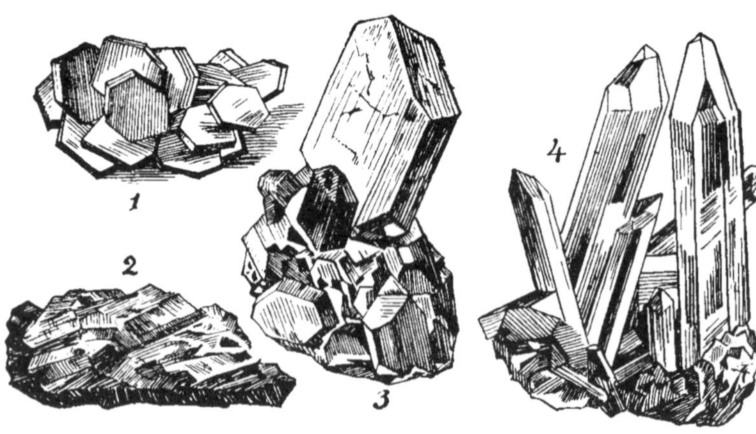

Abb. 3. Die mineralischen Hauptbestandteile des Ackerbodens, 1 Glimmerkristalle; 2 Olivinkristalle; 3 Kristalle des Feldspates; 4 Quarzkristalle. Alles vergrößert.

Gelegentliche Gerüchte von Ausgrabungen, der Anblick einer Wasserleiche oder eines schon vor Wochen im Gebirge Abgestürzten, haben die Farben zu dem Bild des Grauens gemischt, das fast jeder vor sich aufsteigen sieht, wenn er daran denkt, auch du liegst einst unten in dieser entsetzensvollen kalten Erde. Wer will es leugnen, daß die ganze Feuerbestattungs-Bewegung nur durch den Abscheu vor den Bildern der Verwesung entstanden ist und aufrechterhalten wird, abgesehen von einigen, angesichts der Würde des Gegenstandes eigentlich sehr nüchternen, praktischen Erwägungen über Kosten und Gemeindepolitik? Es erscheint so schön, geradezu dichterisch, sich zu sagen: wenn ich ausgelebt habe, will ich, daß der irdische Rest, der nach mir bleibt, den reinen Flammen übergeben werde, wiedergegeben dem unschuldigen All, der klaren Luft, den ewigen Kräften, die die Welt erhalten.

Und trotzdem – wer da wirklich um die Gesetze des Geschehens weiß, dem ist die Erdbestattung kein schrecklicher, nicht einmal ein unästhetischer Gedanke mehr, sondern nur die Einordnung in einen schönen und sinnvollen Kreislauf voll Gesetzlichkeit und einer tiefsinnigen Auferstehungshoffnung.

Man erlaube mir, es zu erzählen, was vor sich geht, wenn aus einem Toten Humus und fruchtbares Leben wird, und prüfe erst dann sein Urteil in dieser letzten und ernstesten aller Lebensfragen nach.

Nehmen wir die natürlichsten aller Verhältnisse, das bedeutungslose Ereignis, das sich jede Minute irgendwo in Au und Feld ereignet: Ein kleines Tierchen, ein Käfer oder ein Würmchen zuckt zum letztenmal im erlöschenden Krampf des Lebens. Dann erstarrt es, und das Sinnvolle seines ganzen Innen- und äußeren Lebens stockt plötzlich. Nicht das Geschehen, denn das geht ohne Unterlaß fort, sondern jene Regelung des Geschehens, die immer Nutzen für den anstrebte, von dem es ausging.

Was ist nun das erste, was nach dem Tode geschieht? Eine Reihe von chemischen Veränderungen. Das Eiweiß gerinnt; sein Bau bleibt zunächst so, wie es ist, während es sich im Lebensprozeß, stets zerfallend, auch stets aufs neue aufbaut. Die ersten wesentlichen Änderungen gehen von außen aus. Alle Lebenden sind stets umhüllt von einer Wolke von Spaltpilzen; jeder „Saft" ihres Körpers ist belebt von diesen winzigen Kügelchen, Stäbchen und Schräubchen. Diese sondern Stoffe ab, um das Eiweiß chemisch zu zerlösen; das lebende Eiweiß arbeitet dem aber mit Gegenstoffen entgegen und erreicht auch, daß es in seinem Bestand unangetastet bleibt. Das tote Eiweiß kann das nicht, und nun gelangen die Spaltpilze an ihr Ziel. Das Eiweiß wird zunächst verflüssigt; aus seinem chemischen Bau wird Stickstoff herausgenommen und von den Bakterien verzehrt. Übrig bleibt eine vereinfachte chemische Verbindung, die natürlich auch einen anderen Anblick bietet als lebendes Eiweiß.

War durch die Gerinnung die Leichenstarre eingetreten, so wird jetzt das feste Gefüge weich, da und dort verflüssigt es sich und nimmt andere Farben an als im Leben. Dem Unwissenden ist das schrecklich, dem Wissenden nur natürlich.

Es ist gar kein anderer Vorgang, als wenn irgendeine Beere, die von ihrem Busch abgefallen ist, verwest. Auch sie ändert dann die Farbe, wird weich, ein Teil ihres Inhaltes wird flüssig, ihr chemisch hochwertiges Eiweiß wird abgebaut. In der gleichen Weise, wie wir es schon bei der Zerspaltung des Kohlendioxids der Luft im Blatt beobachtet haben, werden auch jetzt Gase frei, u. a. der unangenehm riechende Schwefelwasserstoff. Das ist übrigens Auffassungssache; eine Leiche ist für eine Fliege offenbar eine entzückende Vorstellung. Denn von allen Seiten eilen sie herbei, wenn irgendwo ein Leichnam liegt (Abb. 4). Die schönen Goldfliegen, die vielleicht die schönste Metallfarbe besitzen, die in Natur und Kultur nur erzeugt

Abb. 4. Totengräber der Natur bei der Arbeit. Auf der Leiche eines schon halbverscharrten Vögelchens arbeiten der gewöhnliche und der große schwarze Totengräber *(Necrophorus germanicus).* Neben diesem sitzt ein Speckkäfer *(Dermestes lardarius).* Daneben eine Schmeißfliege *(Calliphora),* darüber ein schwarzer Aaskäfer *(Silpha atrata).* Auf dem Auge sitzt die Fliege *Lucilia caesar.* Von rechts eilt eine Stutzflüglerlarve *(Staphylinus)* herbei. Im Vordergrund von links nach rechts nähern sich ein Aaskäfer *(Silpba obscura),* die Larve von *Necrodes littoralis,* die graue Fleischfliege *(Sarcophaga)* und der Moderkäfer *Ocypus oleus.*
(Nach einem Präparat im Ornitholog. Institut zu Hellbrunn bei Salzburg gezeichnet.)

wird, lassen sich darauf nieder, ebenso die häßlichen grauen Fleischfliegen, die man leicht an der Tigerstreifung ihres Rückens erkennt, die stahlblaue Schmeißfliege brummt herbei, die braune Pferdebiesfliege, die schönen Totengräberkäfer, die mit ihrem roten und schwarzbebänderten Rückenschild und die ganz schwarzen kriechen heran, trübe glotzende, schwarzlackierte Aaskäfer und die graue Silpha finden sich ein, viele Stutzflügler, Ameisen, braune Larven und helle Maden zwängen sich durch enge Erdgänge, bis sie den Ort ihrer Sehnsucht finden.

Mit vielstimmiger Totenmusik wird jede Leiche in der Natur zu Grabe getragen; man summt, schnarrt, piepst dazu in allen Tonarten. Alles arbeitet mit dem heiligen Eifer, der die Arbeit aller Tiere kennzeichnet. Und den vereinten Bemühungen vieler Tage gelingt das Unglaubliche: jeder Leichnam wird schließlich zugedeckt und eingegraben.

Die Totengräber holen sich ihren Lohn während der Arbeit. Die einen schaffen aus Mutterliebe. Sie bemühen sich, um ihre Eier in dem nutzlos gewordenen Lebensrest abzulegen, und die alsbald erscheinenden Larven reißen dann Stückchen um Stückchen auseinander, um sich daran zu sättigen. So handeln die Fliegen; die Speckkäfer, Ameisen und Aaskäfer aller Arten nähren sich selbst davon, sorgen aber auch noch für ihre Brut. Die Totengräber vereinigen sich zu ganzen Schipperkolonnen. Ihre mittleren und hinteren Beinpaare sind besonders stark und als Grabbeine ausgebildet. Die Käfer kriechen unter den Leichnam und scharren die Erde aus; sie graben Millimeter um Millimeter ein regelrechtes Grab, in das der Tote hineinsinkt. Dann kommen die Totengräberfrauen und versorgen ihre Nachkommenschaft darin.

Jedes Tier wird auf diese Weise begraben, jeder Vogel, jeder Maulwurf; die Hasen und Mäuse, die Insekten und Würmer verschwinden auf die gleiche Weise. Soweit nicht die großen Aasfresser (die Krähen und andere Vögel) sich an den Mahlzeiten beteiligen, sind täglich und stündlich in der guten Jahreszeit die Chöre der Totengräber an der Arbeit, und überall, in jeder verborgenen Hecke, in jedem stillen Waldwinkel findet der düstere Vorgang statt, den die Unbegreiflichkeit des Lebens in einen Festschmaus mit nachfolgender Hochzeit zu wandeln weiß.[5])

Wie immer in den Wirklichkeiten des Seins wird aus vielen Kleinen ein Großes: auf diese Weise wird der Tod ein für allemal überwunden; er wird zurückgebogen in den Kreislauf des Lebens, und die Erde, sonst ein Leichenfeld gräßlichster Art, bleibt rein, keusch, frisch und appetitlich, als gebe es keine so dunklen Worte wie Sterben und Vergehen.

In Wirklichkeit ist freilich das, was ich mich bemühte, in einigen besonders ausgewählten Charaktererscheinungen glaubhaft zu machen, ein viel verworrenerer und reichhaltigerer Vorgang. So unglaublich es auch klingt: eine so überaus wichtige Naturtatsache ist nicht einmal noch genau erforscht! Man kennt noch nicht sämtliche Mitglieder der freiwilligen Totengräberkolonne in der Natur, namentlich nicht die kleineren und unscheinbaren, die aber keineswegs weniger Bedeutung besitzen, da sie eben durch die Zahl wettmachen, was ihnen an imponierender Erscheinung des einzelnen fehlt.

Da sind vor allem die Spaltpilze, die den ganzen Fäulnisvorgang bis an sein Ende begleiten und regeln. Es gibt viel mehr Arten von *Fäulnisbakterien,* als man bis jetzt beschrieben hat. Jedes Stadium der Zersetzung hat unter ihnen seine Spezialisten. Mit ihnen im Bunde sind gewisse Schimmelpilze, die sich an dem letzten Zeremoniell beteiligen. Unendlich wichtig ist die Insektenwelt. Tausende von verschiedenen Tierarten sind an dem großen Werk beteiligt, dem sinkenden Rad des Lebens wieder zu neuem Aufsteigen zu verhelfen. Eine unermeßliche Schar von Maden und Larven, ein Heer von geisterbleichen Gestalten, so gar nicht unähnlich denen, wie sie sich die Alten als Lamien und Empusen vorstellten, arbeitet daran unterirdisch Tag und Nacht, und an dem Werk sind auch noch Springschwänze, Asseln und Tausendfüßler mittätig.

Anders und doch wieder nach gleichem Gesetz vollzieht sich das Begräbnis der gestorbenen Pflanzen. Sie werden nicht von den Totengräbern beerdigt, sondern verwesen oberirdisch. Ihr Grab ist der nagende Kiefer und der Pilzfaden. Freilich verrichten auch an ihnen Fäulnisspaltpilze ihr lösendes Werk, aber bald werden sie verdrängt von dem Millionenheer hungriger Insekten, die darauf warten, daß auch die Pflanzen der Vergänglichkeit ihren Tribut zollen.

Abb. 5. Verwesungspilze des Waldbodens auf faulenden Blättern. Rechts unten wuchern Conidien der Insektenleichen verzehrenden *Cordicepspilze,* links unten Mycel und Sporenköpfchen des Schimmelpilzes *Hapotrichum.* Im Mittelgrunde stehen die großen pinselartigen Sporenköpfchen des auf moderndem Holz lebenden goldgelben Pinselschimmels *(Penicillum aureum).* Der bischofstabartig eingerollte Schimmel ist ein *Aeliomyces.* Im Hintergrund sieht man Früchte von *Nectria.* Stark vergrößert. Originalzeichnung.

Die Borkenkäfer sind in dieser Armee nur die bekanntesten, nicht aber die wichtigsten. Die Naturgeschichte der Holznager und Mulmverzehrer umfaßte einen viele tausend Seiten dicken Atlas der Abbildungen, und die wunderbarsten Geschöpfe wären darin, wie der Nashornkäfer und seine Larve, die Larven der Aaskäfer, die Mehlwürmer, die Larven des Käfers *Tenebrio* sind, dazu die „Holzwürmer", die zu den Riesenwespen gehören, eine Fülle kleiner und kleinster Käfer, unter denen wahrhaft mikroskopische Zwerge sind, Ameisen und Milben, alles zusammengenommen, eine Welt, deren Grenzen noch gar nicht ermessen werden können.

Was da hüpft und rennt und aus- und einschlüpft am Waldboden, bunt gekleidet oder in dunklem Habit, glänzend wie eitel Stahl und Kupfer, die unnennbare Fülle von Milbchen, Asseln, Käferchen, Larven, Springschwänzen und Collembolen, das alles raspelt, beißt, saugt, zerkleinert rastlos auch Pflanzenblätter und Holz.

Zu ihnen gehört ein zweites, dickleibiges Album der Pilze, das womöglich noch phantastischer und ganz sicher noch unbekannter ist, als das der Kleintiere (vgl. Abb. 5).

Die phantastische Welt der Pilze

Jeden Herbst sendet der Wald eine neue dichte Blattlage wieder auf die Laubdecke an seinem Boden; in jedem Winter wächst die Schicht der vermodernden Pflanzen auf dem Untergrund der Wiesen, aus dem in jedem Lenz das frische Grün des neuen Rasens und die Buntheit des Blumenteppichs bricht. Man mache sich die geringe Mühe, in dieser Laub- und Moderdecke zu graben, und man gerät in Welten, von deren Dasein man keine Ahnung hatte. An den gebräunten und schwarzgewordenen Blättern sitzen auch hier die Spaltpilze, die „chemisch nagen"; darunter sind welche von so stürmischem Atmungsstoffwechsel, daß sie leises Glimmlicht aussenden. H. Molisch hat als erster darauf hingewiesen, welch allgemeine Verbreitung die Leuchtbakterien im Bodenmulm namentlich der Buchenwälder besitzen; jede Nacht ist da eine Handtief unter den Füßen der Wanderer eine zwecklose heimliche Illumination, an der sich mancher Pilzfaden mit stärkerem Phosphorglanz beteiligt. Auffälliger als das sind aber die schneeweißen Spinnweben, mit denen Schimmelpilze, vor allem der Köpfchen- und der Pinselschimmel Blatt um Blatt verbinden, und noch tiefer sitzen die dicken wolligen, schokoladebraunen Rasen des Humuspilzes; so könnte man wohl zu deutsch den Pilz Cladosporium nennen, der mit tausend Fäden an Tannennadeln, Zweigen, und Blättern wächst und sie zerlöst.

Was noch an der Oberfläche liegt oder dürr und abgestorben noch an den Bäumen sitzt, das wird zur Beute der Kleinpilze (Abb. 5), für deren Besonderheit und abenteuerliche Schönheit man wahrlich nicht Worte genug finden kann. Solches muß man sehen und zeichnen, beschreiben kann man es gar nicht.

Die Gattungen *Nectria, Phoma, Sphaeria, Phyllosticta* sind Sammelnamen für viele hundert der merkwürdigsten Lebensformen, deren Dasein sich immer nur in zwei Akten abspielt. Der erste langwährende hat nur einen Vertreter und eine einzige Geste: ein glasklarer zarter Pilzfaden wächst still, aber beharrlich an den faulenden Blättern und Ästchen dahin, wie ich es auf Abb. 5 gezeichnet habe, und dringt da und dort ein in die abgestorbenen Gewebe. Wie ein Gespenst in den leeren Sälen eines Schlosses schleicht er von Kammer zu Kammer. Überall saugt er ein wenig, zerlöst er etwas und nährt dadurch das ganze Fadengespinst, das der Botaniker ein Myzel nennt. An den Myzelien erscheinen da und dort kleine, eiförmige oder kugelige Auswüchse. Sie fallen ab und bilden neue Fäden. So vermehren sich diese einfachen Verwesungspilze ins Unbeschreibliche. In dieser Form heißen sie *Schimmel,* und es gibt graue, schneeweiße, rosenrote, safrangelbe, goldbraune, schwarze Schimmel auf allem, was da verwest. Wären diese Schimmel baumhoch, dann wäre ein Spaziergang im Schimmelpilzwald ein Märchenerlebnis sondergleichen. Da nicken merkwürdige Palmen, deren Stamm einen Schöpf von Perlenschnüren entsendet, ein Dickicht des *Syzigytes*-Schimmel sieht aus wie ein vollendetes Meisterwerk der Kunstschlosserei, schönste Schlüssel mit abenteuerlichen Barten sind da reizend verschlungen; ganzen Sträußen von schönen glaszarten Blümchen sieht das *Botrynosporium* ähnlich, die Koremien stellen entzückende Wedelchen auf, die von einer anmutigen Vase niederwallen; kurz, was des Dichters und Malers Phantasie nur ersinnen mag, das ist in der Kleinnatur auf vermodernden Blättern, auf Humusboden und morschenden Ästchen verwirklicht.

Wer sich nicht künstlicher Hilfsmittel bedient, erblickt von dieser Welt freilich nur rußige oder graue und weiße Überzüge und Anflüge, und da und dort ein kleines helles oder schwarzes Kügelchen, das sich unter dem Mikroskop dann so entzückend auflöst zum Fruchtkörper eines Pilzes, wie es vorstehend abgebildet ist.

Diese Fruchtbildungen sind der zweite Akt im Leben der Verwesungspilze. Ein merkwürdiger Vorgang, durch den sich wieder nichts als Abschnürungen, sog. Sporen bilden, in denen die Fähigkeit niedergelegt ist, das ganze Wunderwerk zu erneuern.

Ein Lüftchen raschelt im dürren Laub; da fliegen auch schon Millionen solcher Sporen davon, und neue Massen von vorübergelebtem Leben werden besiedelt von dem winzigen Heer.

Es gibt Gelehrte, die ihr ganzes Leben der Unterscheidung und dem Studium dieser winzigen Dinge widmen; sie haben beschrieben 500 Arten von der Gattung *Mycosphaerella* und 400 von *Diaporta* und 200 von *Xylaria* und 6000 von der einen Gruppe der *Sphaeriales.* Der gemeinste aller grünbraunen Schimmel in der freien Natur, der *Cladosporiumpilz* hat allein 160 verschiedene Arten.

Der Denker steht im Innersten ergriffen vor dieser aus dem Tode erwachsenden Lebensfülle. Ihm ist, als sei er in solchem Augenblick dem Herzen der Welt näher denn sonst. Welch wunderbares, unbegreiflich hohes Ding muß doch die Welt sein, wenn sie sich schon solchen Reichtums und derartiger Schönheit bedient, um eine so häßliche und an sich banale Tatsache, wie den Zerfall toten Laubes zu bewirken! Wenn schon ein geringer Winkel voll häßlicher Abfälle so reich ist, was mag da das ganze Universum erst bedeuten und in sich bergen an Köstlichkeiten, von denen der Menschenkopf noch gar nichts ahnt . . .

Das Ergebnis so vieler zusammenwirkender großer und kleiner Lebewesen ist, daß die Leichen verschwinden. Sie verwandeln sich in Gase, die sich im Luftmeer auflösen, in Wasser, das in den großen Kreislauf alles Wassers rinnt, in Aschenbestandteile, die ruhig im Boden schlummern, gleichwie die schwarze Kohle, die von den Pflanzen übrigbleibt; und in eine dunkle, braune Masse, eben den Humus, der sich in jedem Boden findet.

Fragt man den Chemiker, was dieser Humus sei, so sagt er, er habe darin Zellulose gefunden, viel Stickstoffverbindungen, eine Reihe organischer Säuren wie Buttersäure, Baldriansäure, Propionsäure, Leuzin, dazu bestimmte, nur hier vorkommende braune und schwarze Stoffe. Die braunen nennt er *Ulminstoffe,* die schwarzen *Huminstoffe.* Dazu gibt es Humussäuren und gewisse Verbindungen, die den Namen Humate erhalten haben.

Alles das zusammengenommen aber ist in jedem fruchtbaren Boden nicht da und dort, sondern ziemlich gleichmäßig verteilt. Ganz fein und gleichmäßig mit den kleinsten mineralischen Splittern, mit den Glimmerplättchen, den Quarzkörnern, den Kristallenen all der Bodensalze gemengt.

Laßt euch von einem Bodenkundigen irgendeine Messerspitze voll guter fruchtbarer Erde unter dem Vergrößerungsglas zeigen, und ihr werdet das Bild (wie es Abb. 6 wiedergibt), sehr bald zu deuten und in seiner merkwürdigen Besonderheit zu erfassen wissen. (Vgl. auch Abb. 3.)

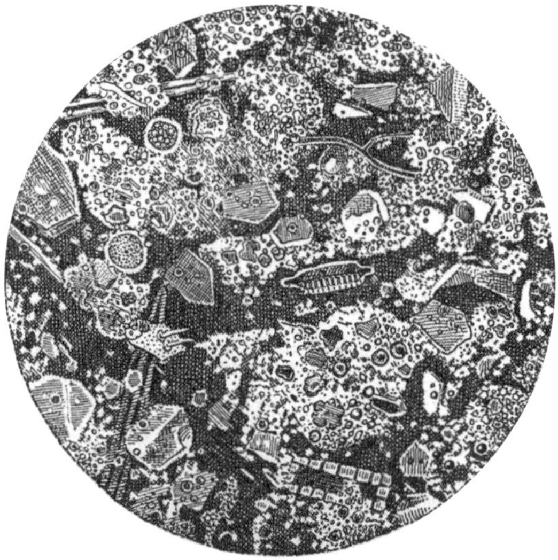

Abb. 6. Das vergrößerte Bild eines sehr fruchtbaren Bodens. Die humösen und mineralischen Bestandteile sind harmonisch gemengt. Die Krümelung ist vollkommen. Von Bodenorganismen erkennt man Bodenpilzfäden, Stäbchenförmige Bodenbakterien, Dauersporen, eine lebende Kieselalge *(Hantzschia),* eine Erdamöbe von verwesenden Organismenresten: Steinzellen, Libriformfasern, Pflanzenhaare und Reste des Chitinpanzers eines Insekts.
(Nach der Natur gezeichnet vom Verfasser.)

Da sieht man zunächst blitzend wie Eisschollen, funkelnd mit Kanten oder in farbigem Licht die kristallinischen Bestandteile. Immer wiederholen sich dieselben Gestalten: Quarz, Feldspate, Glimmer, Olivin, Ton, Kalkstückchen, ab und zu Turmalin oder Granaten.

Ihre Größe ist in gutem Ackerboden nicht erheblicher als die Humusflöckchen, ihre Gesamtzahl verwirklicht im besten Boden die sog. Regel des goldenen Schnittes. Das heißt, ihre Gesamtmenge verhält sich zur Humusmenge so, wie diese zu dem Gesamtvolumen der untersuchten Erdprobe.

Dann sind Bestandteile da, denen man den organischen Ursprung nicht immer ansieht und die trotzdem nicht mineralischer Natur sind. Ganz kleine Kügelchen, die in der sog. Molekularbewegung zittern und tanzen, winzige braune und schwarze Flöckchen, verbundene, manchmal ein wenig gallertig erscheinende Massen von Körnern und Fetzchen. Sie wollen wir Detritus nennen. Und dann wirkliche Tier- und Pflanzenreste. Da eine Holzzelle oder ihr Bruchstück ein Stückchen von Chitinpanzer eines Insekts, ein Spiralfaden aus einem Pflanzengefäß, ein paar Bruchstücke aus einem Blatt, ein Wurzelfäserchen und dergleichen. Alles geschwärzt, alles gebräunt, alles so zerlöst, daß es jeden Augenblick bereit ist, seinen letzten Zusammenhang aufzugeben. Das sind die humösen Bestandteile.

Sie stehen in einem gewissen Zusammenhang. Unter sich und mit den kristallinen Bestandteilen. Gewisse Gruppen sondern sich heraus, die natürliche Hohlräume zwischen sich freilassen. Man blickt hinein in die natürliche Krümelbildung, die jeder Landwirt von seinem Boden wünscht, da er längst weiß, daß sie eine notwendige Vorbedingung der Fruchtbarkeit ist. Ideal gekrümelt ist ein Boden dann, wenn die Krümel gleichmäßig und klein sind und mehr Hohlräume zwischen sich freilassen, als ihr Volumen einnimmt.

Da klaffen auch schon die Lücken zwischen dem, was wir aus dem bisherigen zu erklären wissen und was dieses Bild zeigt.

Namentlich drei Dinge sind daran unverständlich: Da wäre erstens die überaus feine Zerkleinerung des Humus. Dann die vollendet gleichmäßige Durchmischung der organischen und kristallinen Bestandteile. Und drittens die Frage: Woher rühren die Hohlräume zwischen den Krümeln?

Krümelbildung, koprogene Humusablagerung

Am wenigsten unerklärlich erscheint von diesen Fragen zunächst die feinste Zerkleinerung der organischen Reste. Wir haben ja vorhin die Kleinwelt auf Feld und Wald belauscht, wie sie tagaus tagein raspelt und beißt, um die Toten aufzuarbeiten. Der Forscher aber, der es nicht bei dem bloßen Augenschein bewenden läßt, nimmt genaue Messungen vor. Die Größe der feinen Humuskrümel, die man unter dem Vergrößerungsglas als das Durchschnittskorn mißt, überschreitet gewöhnlich nicht zwei- bis dreitausendstel Millimeter. Untersucht man Holzmulm oder die Ballen, die ein Museumskäfer zurückläßt, der bekannte *Anthrenus*, mit dem schon jeder Gymnasiast im Kampfe liegt, da jener die schönsten präparierten Insekten der Sammlung unbarmherzig zernagt und in das rieselnde trübselige Pulver verwandelt, das zum Schluß von jeder Sammlung übrigbleibt, so wird man sich bald überzeugen, daß keines der Körner kleiner denn ein fünftel bis ein siebtel Millimeter ist. *Es muß demnach irgend etwas da sein, das die gröberen Krümel in die feinsten verwandelt.* Von selbst zerfallen sie wohl kaum.

Dieser gesuchte Unbekannte lebt und arbeitet auch wirklich. Er führt nur ein mißachtetes Dasein, wenngleich er ein ganz wichtiges Glied in der großen Kette des Weltgeschehens ist, das sofort alle Räder des ewigen Werdens zum Stillstand brächte, würde er eines Tages aufhören, tätig zu sein.

So wichtig sind die Regenwürmer und die mit ihnen verwandten Borstenwürmer und die Fadenwürmer des Bodens, die Rädertiere, Wurzelfüßler, Wimpertierchen, die Bärtierchen und Geißellinge, die Amöben und Kleinkäfer, die den Boden in ungezählten Scharen beleben.

Man wird ungläubig den Kopf schütteln, denn man hat dergleichen nie im Ackerboden gesehen. Nur von den Regenwürmern wissen die Naturkundigen, daß schon *Darwin*, der Große, in einem besonderen Werke[6]) nachgewiesen hat, daß sie von geradezu unschätzbarer Bedeutung für die Bildung der Ackererde seien. Im Walde spielen sie freilich noch eine weit größere Rolle als auf der Wiese, dem Feld oder in dem Gartenland, obschon man jeden Gärtner zum Zeugen aufrufen kann, wie belebt seine Beete am Abend nach einem Sommerregen sind. Man hat von dem purpurroten Regenwurm allein auf einem Quadratfuß Buchenwaldhumus Tausende von Tieren gesammelt, und *Viktor Hensen* gibt an, daß im Durchschnitt auf den Wiesen jeder Quadratfuß sechs Regenwürmer ernähre. Nur im Torf und auf trockensandigen Orten fehlen sie ganz, ebenso in trockener Heide; ihre Zahl vermehrt sich aber, je mehr milder Humus vorhanden ist, bis sie in den Tropen, wo es auch meterlange Regenwürmer gibt, ganz unwahrscheinliche Verhältnisse verwirklicht.

Man hat seit den *Darwinschen* Untersuchungen allgemein geglaubt, daß die Regenwürmer ausschließlich von faulenden Blättern leben, die sie des Nachts in ihre Höhlen ziehen und dort zerkleinern. Wenigstens finden sich in den Regenwurmgängen sehr oft (vgl. Abbild. 7) ganze Büschel solcher faulender Blätter und Stiele. Ich habe diesen Dingen große Aufmerksamkeit gewidmet, und meine Schülerin *R. v. Aichberger*[1]) hat die Ernährung des Regenwurms gründlich durchforscht. Danach kann ich sagen, daß diese Blatttransporte keineswegs die Haupternährung der nächtlichen Tiere darstellen. Der Regenwurm frißt nicht deshalb den ganzen lieben Tag Erde in sich hinein, um sich etwa bloß Arbeit zu machen; diese Erde stellt vielmehr seine Hauptnahung dar, indem er die darin enthaltenen Lebewesen und noch nicht völlig verwesten Eiweißstoffe aufnimmt und verdaut. Ebenso unermüdlich wie er Erde in sich schluckt, gibt er sie auch von sich. Damit nützt er dem Boden zweifach. Er wühlt ihn um und macht ihn lockerer, er zerkleinert aber auch seine Krümel. Die Wissenschaft, die für jede übelklingende Sache ein hübsches Wort erfindet, nennt das *koprogene Humusablagerung* und weiß, daß sich an ihr auch kleinere Larven und Insekten, namentlich Ameisen beteiligen. Am Meeresstrande, im fetten Marschenboden, besonders in der Zone, wo sich der fruchtbare Schlick ablagert, treten an Stelle des Regenwurmes die Wattwürmer mit ähnlichem Erfolg. Im Hochgebirge besonders die Ameisen.

Auf diese Weise kann ein Hektar mit 200 – 1000 Kilogramm Wurmmasse durchsetzt sein, und das muß natürlich den Boden wesentlich verbessern. Es hat daher die neuere landwirtschaftliche Forschung ihre Aufmerksamkeit auch unmittelbar auf diesen Punkt gerichtet, und die von ihr gefundene Ziffer, daß der Kornertrag einer bestimmten Fläche eines Roggenfeldes 16,2 Gramm beträgt, wenn der Boden gar keine Regenwürmer enthält, dagegen 25,8 Gramm, wenn auf dem betreffenden Bodenstück 100 der Tiere vorhanden sind, ist eine feste Grundlage, die sich nicht mehr verrücken läßt.[8]) Demgegenüber kommt der geringfügige, von dem Glauben übrigens stark übertriebene Schaden, den die Regenwürmer durch gelegentliches Abbeißen einer Wurzel oder eines Keimlings, anrichten, gar nicht in Betracht.

Abscheulich kommt ein Regenwurm den meisten Menschen vor, und tatsächlich lassen sich auch kaum anmutende Züge von ihm melden außer diesem einen – daß er unentbehrlich und unser Bundesgenosse und Freund ist. Das gleiche

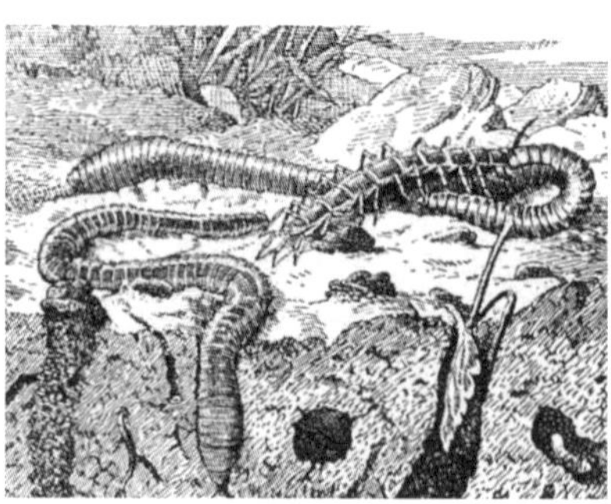

Abb. 7. Aus dem Leben der Regenwürmer. Man sieht ein ideales Profil der obersten Schicht der Dammerde (von links nach rechts), mit einem ausgefüllten Regenwurmgang, den winzigen Röhrchen tunnelgrabender Insekten, einem auf der Flucht grabenden Regenwurm und dem mit seinem Kot erfüllten Querschnitt seiner Röhre. In einem großen Gang haben die Tiere verwesende Pflanzenteile hineingezogen. Rechts der Gang einer Käferlarve. Oberirdisch liegen die charakteristischen Kothäufchen der Würmer, die für die mechanische Zerlösung des Bodens so wichtig sind. Im Mittelgrund fällt ein Steinkriecher *(Lithobius forficatus)* einen Regenwurm an. Originalzeichnung.

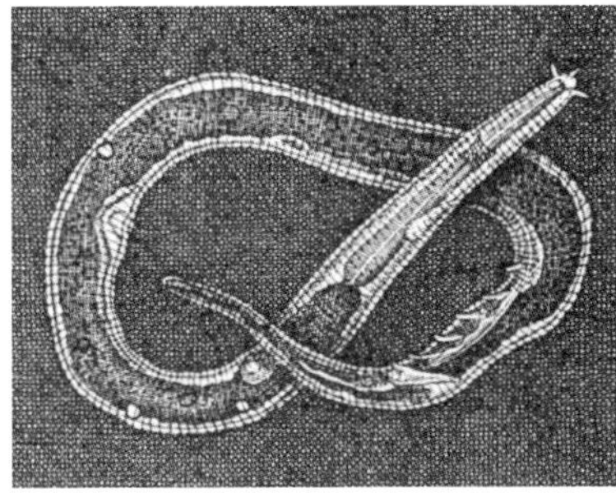

Abb. 8 Ein Fadenwurm *(Nematode)* des feuchten Ackerbodens. Männchen von *Aphanolaimus attentus* D. M. Sehr stark vergrößert. Originalzeichnung des Verfassers.

gilt auch von den vielfachen anderen Bodenwürmern, deren Existenz sogar den beruflich mit der Bodenarbeit Vertrauten entgeht, weil sie meist winzig, völlig farblos, wenn nicht weiß sind, und ihr unterirdisch Tun und Treiben wohl zu verbergen wissen. Selbst die Wissenschaft weiß von dieser Seite ihres Daseins eigentlich fast nichts, und es war mir vorbehalten, als Erster darauf hinzuweisen, daß Enchyträiden, Rotatorien und Nematoden für die feinste Humuszerkleinerung eine ähnlich wichtige Bedeutung besitzen wie der Regenwurm.

Was sind diese Wesen mit kaum aussprechbaren Namen? Es ist nicht gelehrte Eigenbrötelei, daß ich den Leser in das Labyrinth solcher Spezialistenwinkel einzuführen trachte, sondern eine ganz notwendige Erweiterung der allgemeinen und der praktischen Bildung, um die man nicht mehr herum kann. Jeder Landmann muß es wissen, und wenn auch nur in der Form, daß in seiner geliebten Heimatscholle der Boden nicht leblos und tot ist, sondern durchzogen von gar nicht aussprechbaren Mengen kleinster Würmchen und Tierchen, die darin Gänge wühlen, Erde fressen, verdauen und auf das allerfeinste zerkleinert und gekrümelt von sich geben. Und so wie die große Zahl der einzelnen Tropfen den Regen ausmacht und mit ihm die köstliche Befruchtung der Erde und den Reichtum der Ernte, so ist es auch hier die Zahl, die die winzige Wirkung der einzelnen gewaltig und völkerbedeutend sein läßt.

Wenn in einem Fingerhut voll Ackererde an 30 000 solcher Fadenwürmchen (Abb. 8) und ihrer Verwandten sich regen, so sind es in einem Morgen Land unzählbare, und man glaubt wohl, daß diese kleinen unsichtbaren Helfer des Landwirtes bei ihm Dank verdienen.

Einzeller bilden Feinhumus

Was sie übriglassen, nehmen noch kleinere auf: einzellige Tiere von winzigsten Ausmaßen, und was endlich diese von sich geben, das sind schließlich die allerfeinsten, eben die tausendstel Millimeter großen Körnchen der fruchtbaren Feinerde.

Eine große Bedeutung kommt in dieser Hinsicht namentlich den Rädertierchen (Abb. 11) und den im Boden lebenden Urtierchen (Abb. 9 u. 10) zu, von denen wieder drei Gruppen: die Wimpertierchen, die Erdamöben und die Monaden, der Pflanzenwelt und dadurch auch dem Menschen wichtige Dienste leisten.

Seltsame Tiere sind das, diese Erdrädertiere. Man kennt sie schon lange aus dem Schlamm der Gewässer, wo sie auch vorkommen, aus dem Gefilz der

Moose und dem Dachrinnensand. In einer merkwürdigen Verkettung der Dinge waren sie sogar so ziemlich die ersten aller Kleintiere, die je eines Menschen Auge erblickt hat. Denn jener Holländer *Leeuwenhoek,* der erste Mensch, der die Kleintierwelt mit dem Vergrößerungsglase untersuchte, hatte auch den sonderbaren Einfall, die sandige Dachrinne seines Hauses daraufhin zu prüfen. Er fand dabei Erdrädertierchen. Sie haben Eigentümlichkeiten an sich, die nur aus ihrer besonderen Lebensweise zu erklären sind. Da wäre schon die Gestalt. Der lange Wurm ist gegliedert; seine Glieder lassen sich jedoch ineinanderschieben, wie die Teilstücke eines Fernrohres. Ganz zusammenziehen und verkleinern kann sich dadurch so ein Rädertierchen, bis es etwa einer verschrumpften Pflaume gleicht. In diesem Ruhezustand erträgt es Austrocknung, die ihm in der Erde oft genug droht. Wie ein Staubkörnchen fliegt es im Winde; es hat in seinem scheintoten Zustand Jahre- und jahrzehntelang der Trockenheit und der Verwesung widerstanden. Es verwirklicht den Auferstehungsglauben, den die Ägypter an ihre Mumien knüpften. Denn, wenn es wieder in Wasser oder feuchte Erde gerät, streckt sich das kleine Teleskop, schiebt ein Glied nach dem anderen hervor und lebt wieder auf aus seinem Trockentod (Abb. 11).

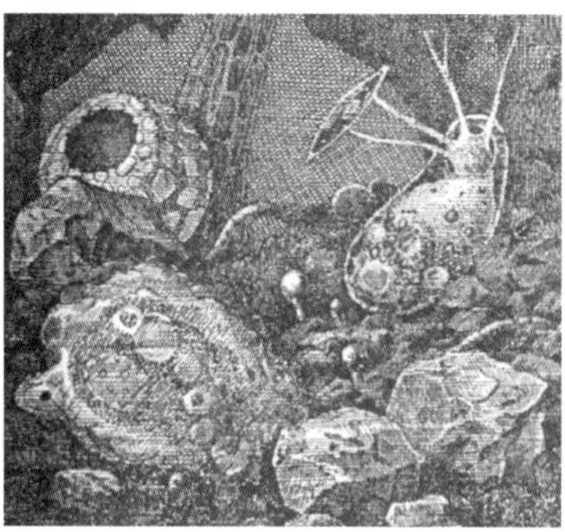

Abb. 9. Erdamöbe und Wurzelfüßler in einer Erdspalte des Ackerbodens, sehr stark vergr. Die *Amoeba terricola* Gr. links vorn, die überraschend Quarzkörnchen (wie solche neben ihr liegen) ähnlich sieht, enthält im Innern viele Bläschen, in denen Nahrung verdaut, in feinste Körnchen zerlöst wird. Andere Bläschen scheiden Flüssigkeit aus ihrem Körper aus. Links nimmt sie ein Nahrungskörnchen auf. Hinter ihr liegt die leere Schale der im Ackerboden besonders häufigen *Difflugia urceolaris.* Rechts im Mittelgrund liegt der häufigste aller Erdwurzelfüßler, *Trinema acinus,* der sich mit seinen Scheinfüßchen eine soeben vorbeischwimmende Schiffchenalge fängt. Man beachte die feinste Detrituszerlösung um die Amöbe. Aus dem Humuskörnchen brechen Bodenpilze (Schimmelpilze) hervor. Nach der Natur gezeichnet und zusammengestellt vom Verfasser.

Ganz ähnlich handeln auch die Erdamöben (Abb. 9). Sie können eintrocknen bis zur völligen Unkenntlichkeit. Sie gleichen dann täuschend einem Kieselkörnchen. Auf dem Krümelungsbild auf S. 20 ist eine solche noch „trockene" Erdamöbe abgebildet, und ich kann es geradezu als Preisaufgabe bezeichnen, wenn einer meiner Leser sie zwischen den Erdkörnchen herausfindet. Dieses Wechseltierchen, das man nicht mit Unrecht als das einfachste aller Tiere bezeichnet hat, ist nicht größer als die Bodenkrümel. Starr, kaum beweglich liegt es in seiner faltigen Haut, und nur ganz langsam streckt es Fortsätze aus, um die Humusbröckchen in sich hineinzuziehen. Es verdaut sie, verwendet ihren Stickstoffgehalt; in seinem Leib zerfällt so ein schon durch mancherlei Mägen gewandertes Lebensrestchen in allerfeinste Körnchen, und diese werden dann ausgestoßen.

Genau so handeln die unterirdischen Infusorien und Geißelzellchen. Allerwinzigste Krümel bezeichnen die Spur ihres Erdenwallens. Eine Idylle aus der Kleinwelt des Irdischen ist das, die sich an Winzigkeit ihrer Maße kaum mehr überbieten läßt. Und dennoch, wenn in einem Quadratfuß Ackerboden sechs Regenwürmer arbeiten, so sind es auf dem gleichen Fleckchen Erde, das gerade so groß ist, daß ein Mann darauf stehen kann, nicht weniger als vierzehn und eine halbe Milliarde der genannten Kleintiere, die Tag und Nacht fressen, zerkleinern, krümeln, den Boden bearbeiten, dem Landmann helfen und an seiner Ernte mitarbeiten.

Ich glaube, hierüber brauche ich kein Wort mehr zu verlieren, um so mehr als eine Fülle anderer wichtiger Dinge noch der Erörterung harrt. Da wäre zunächst die zweite der vorhin aufgeworfenen Fragen.

Wie erklärt sich die, auch auf Abb. 6 deutlich in die Augen fallende gleichmäßige und innige Durchmischung der humösen und kristallinen Bodenbestandteile?

Die Durchmischung der festen und kristallinen Bodenteile

Es bedarf doch keiner besonderen Auseinandersetzung, wie wichtig dieser Punkt für die Ernte ist. Muß doch jedes Wurzelhaar imstande sein, eine Bodenlösung aufzunehmen, die sowohl alle Salze wie Nitrate enthält. *Liebig,* der Begründer der Bodenchemie, hat es ja schon vor Jahrzehnten gezeigt, daß die Pflanzen nicht gedeihen, wenn auch nur einer ihrer notwendigen Ernährungsbestandteile fehlt. Ihre Ernährung hängt also immer von dem Stoff ab, von dem das Minimum des Nötigen im Boden vorhanden ist. Woraus von selbst die Notwendigkeit gleichmäßiger Mischung folgt.

Tatsächlich ist sie in gutem fruchtbarem Boden auch erreicht. Natürlich sind die Ameisen, die vielen Erdlarven, die Regenwürmer und das Kleinzeug auch daran

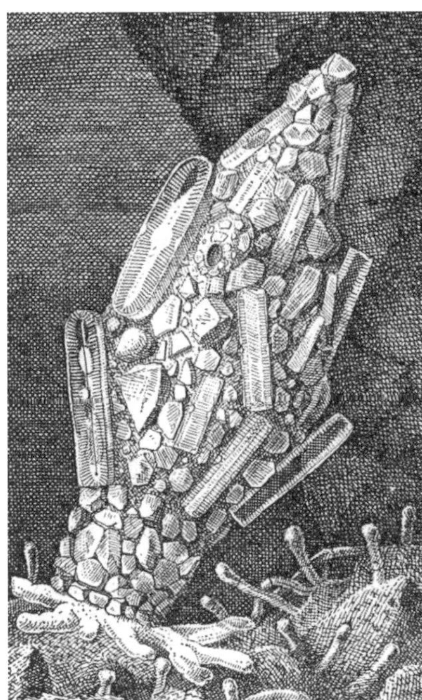

Abb. 10. Ein großer Wurzelfüßler *(Difflugia acumimata)* des feuchten Wiesenbodens. Er erbaut sein Gehäuse aus Glimmerplättchen, Quarzkörnchen und den Schalen verzehrter Kieselalgen, die alle an eine klebrige von ihm ausgeschiedene Haut befestigt werden. Nach der Natur bei starker Vergrößerung gezeichnet vom Verfasser.

beteiligt, nur in anderer Auswahl als an der Zerkleinerung. Die Flinkheit, der Eifer der Bewegungen läßt hier an die erste Stelle treten. Alles, was da unermüdlich rennt, Tunnels gräbt und wühlt, ist nützlicher als die Trägen und Beschaulichen. Die Pilze und Bakterien sind hierfür ganz gegenstandslos, der Regenwurm dagegen ist der König der Durchschaufler. Wo er und die übrigen Kleintiere häufig sind, da wird der Boden nicht nur gut gemengt, sondern auch locker und porös. Wo er fehlt, während die Pilze überwiegen, da stellt sich eine zähe, luftlose, tiefschwarze Beschaffenheit des Bodens ein, die man *Rohhumus* nennt, im Gegensatz zum Mull, den Förster, Landwirt und Gärtner am höchsten schätzen.[9])

Vom Rohhumus zum milden Humus

Echter Rohhumus stellt sich in der Natur ein, wo die Heide wuchert und der Fichtenwald seinen Schatten breitet; auch an moorigen Stellen bleibt der Boden sauer und roh. Mull dagegen kennzeichnet den Buchenwald; auch unter Eichen, im Auwald, unter der blumigen Wiese, im Ackerfeld muß der Boden mulmig sein. Im Rohhumusboden überwiegen die Humussäuren, und ihr Anzeiger ist das massenhafte Vorkommen des schokoladebraunen Bodenpilzes *Cladosporium humifacines.* Ich habe im bayrischen Hochgebirge Urwaldböden untersucht, in denen das *Cladosporium* dicke wollige Polster bildete, von denen man Hände voll sammeln konnte. Alle Kulturpflanzen meiden diesen Boden, und auch der Förster fürchtet ihn, denn der Boden wird auf die Dauer außer Fichte, Kiefern und Heidekraut nichts hervorbringen. Damit er sich allmählich in eine milde, neutrale Bodenbeschaffenheit umwandle, dazu gehört der reiche Tiergarten der Kleintierwelt, und es wird eine Zeit kommen, wo wir durch biologische Besiedelung die Verbesserung der Rohhumusböden noch ganz anders in die Hand bekommen werden als heute, wo sich der Mensch aufopfert und selbst den Zerkleinerer und Durchschaufler spielt, um das *Cladosporium* zu vertreiben.

Freilich kann er an Feinheit der Leistungen niemals den Wettbewerb mit den Tieren, diesen geborenen Bodenarbeitern aufnehmen, von denen als Durchschaufler namentlich die kleinsten, die Fadenwürmer (Abb. 8) und die Einzeller nicht zu übertreffen sind.

Abb. 11. Rädertiere in den mit Wasser erfüllten Spalten des Ackerbodens. Links eine *Philodina megalothrooha,* hinter ihr liegt ein Tier ihrer Art im scheintoten, zusammengezogenen Zustand, in sog. Anabiose. Rechts ein *Rotifer macroceros.* Beide Tiere wirbeln mit ihrem Räderorgan auf das Lebhafteste. In ihrem Innern sieht man (von oben nach unten) das Gehirn mit den Augen, den Kaumagen mit den Zähnen, den langen, fetterfüllten Darm, den Eierstock, den Enddarm. Die Rädertiere sind große Räuber in ihrem Reich, zerlösen aber auch viel faulende Stoffe. Stark vergrößert. Nach der Natur gezeichnet vom Verfasser.

Abb. 12. Erdkieselalgen *(Bacillariaceen)* in einer Wasserspalte. Die zwei großen Pflänzchen sind Schiffchenalgen aus der Gattung *Pimularia.* Im Vordergrund liegt eine leere Schale, die den Anblick einer zierlichen Glasdose gewährt. Dahinter eine lebende Alge mit Zellkern, braungoldigen Farbstoffträgern und ausgeschiedenem Öl. Links davon die Art *Navicula mutica* in zwei Ansichten. Rechts vorn die Schale einer *Nitzschia,* oben eine lebende *Hantzschia amphioxys.* An den Erdschollen schlängeln sich die Fäden des Bodenpilzes *Cladosporium.* Bei starker Vergrößerung vom Verfasser gezeichnet.

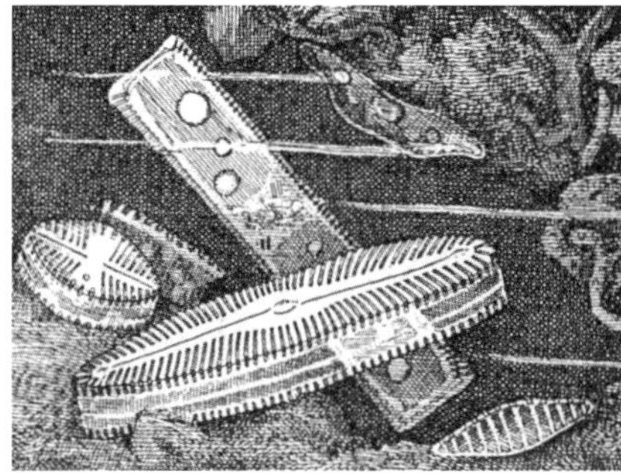

Die erdbewohnenden Fadenwürmer, eigentlich nahe Verwandte der Trichine, sowie der im schlechten Essig oder Kleister umherschwimmenden Essigälchen und der von jedem Zuckerrübenbauer gefürchteten Rübennematode, an sich völlig harmlose Tiere, die zur Sanitätspolizei der Natur gehören, sind unermüdlich. Sie sind alle farblos, klein, im besten Fall etwa 1–20 Millimeter lang und können den Ruhm beanspruchen, eine der artenreichsten Tierordnungen zu sein. Die ganze Humusdecke unserer Erde ist von zahllosen Mengen dieser Würmchen durchwandert, von denen ein Quadratfuß bis zu Hunderttausend in sich bergen kann. Ihr langer Darm ist stets von Erde in feinster Körnelung erfüllt, der sie die darin enthaltenen Stickstoffverbindungen entnehmen. Dadurch bewegt ihr Heer tagaus, tagein ungeheure Erdmassen. Abgesehen davon schlüpfen sie mit unglaublicher Behendigkeit durch alle Lücken und Spalten und halten dadurch die feinsten Körner in steter Bewegung.

Mit ihnen wetteifern einige Pflanzengruppen, von denen das wahrscheinlich niemand gedacht hätte. Das sind gewisse *Spaltalgen* und die gemeinbekannten Kieselalgen, die in der Erde geradezu das Hauptgebiet ihrer Verbreitung besitzen.

Zauberwald der Spaltalgen

Wieder muß ich in diesem Bilderbuch seltsamer und unbekannter Mitarbeiter des Menschen, das schon so reich an absonderlichen Lebensbildern ist, neue Seiten aufschlagen, die selbst dem Fachkenner kaum bekannten Inhalt bieten.

Von der Rolle der Spaltalgen in der Landwirtschaft hat man noch kaum etwas gehört. Daß sie ein ganz ausschlaggebender Vorbereiter der Verwitterung sind, war selbst der Wissenschaft neu, bis der Schweizer *M. Oettli* und namentlich mein Schüler, Professor *F. Falger*[10]) das in einer sehr fleißigen Arbeit nachgewiesen haben.

Man mache den Versuch selbst und schlage mit einem Bergstock auf eine scheinbar völlig unverwitterte graue Felswand. Bald entsteht ein feuchter grüner Fleck als Zeichen, daß dort Pflanzen lebten. Alle der Luft und dem Regen ausgesetzten Felsen und Steine sind von einem wahren Rasen der Spaltalgen überzogen. Man weiß alles, wenn man hört, daß der Sandsteinfels auf seiner Oberfläche etwa 24 000 dieser *„Verwitterungspflanzen“ (Lithobionten* nennt sie die Wissenschaft) auf dem Quadratzentimeter beherbergt. Das kann nicht ohne bedeutsamen Einfluß bleiben. Und tatsächlich hat es sich herausgestellt, daß diese kleinen Pflänzchen, die durch ihre Atmung ständig Kohlensäure ausscheiden und durch besondere Stoffe den Felsen in eine Lösung verwandeln, von der sie sich nähren, erst die

Vorbedingungen der Verwitterung, dem Regen und Sonnenschein erst die Möglichkeit zur Wirkung schaffen. Sie sind die ersten Humusbildner, und nur, wenn sie vorgearbeitet haben, können die Flechten und Moose Fuß fassen, denen man die Zermürbung des Gesteins allgemein zuschreibt.

Wieder ist's ein Zauberwald, eine phantastische Welt, in die man eintritt, wenn man die Oberfläche der Felsen (aber auch der gotischen Dome oder alter Rathäuser) mit dem Vergrößerungsglas untersucht (Abb. 13).

Diesmal im sonnigen Licht ist die Welt allerdings farbenbunt. Wie ein Schrein voll Edelsteine schimmert es ihrem Beschauer entgegen. Da sammeln sich smaragdgrüne Kugeln zuhauf. Sie gehören zu einem Pflänzchen, das vielleicht das häufigste aller lebenden Geschöpfe ist. Wo immer Stein, Holz, sogar Eisen dem Regen ausgesetzt ist, stellt es sich ein. Die grünen Anflüge auf den Baumstämmen, an den Hausmauern oder Bretterplanken bestehen daraus. Nicht umsonst nennt man es Urkugel, was in der klangvollen Wissenschaftssprache *Protococcus* lautet, es ist auch der Urbegriff pflanzenhaften Daseins. Ein Kügelchen ist's mit grünem Inhalt. Es assimiliert, liegt ruhig, zerfällt immer wieder in Tochterkugeln, die auch nichts anderes tun als sich ernähren und vermehren. Daneben liegen amethystfarbene, rosarote, purpurfarbene, auch braune, fast schwarze Stäbchen und Kügelchen. Die meisten verpackt in eine zarte gallertige Hülle. Das sind Spaltalgen. Wunderschöne grüne Perlenschnüre laufen zwischen ihnen: die Vorkeime von Moosen. Herrliche orangegelbe Näpfchen, Fäden, fein ausgezogen in Haare, andere grün und zart bläulich gefärbt, die emsig kriechen, sich drehen und wenden wie Schlangen und den Namen *Schwingfaden* rechtfertigen, den man ihnen beigelegt hat.

Wenn einer die Natur seiner Heimat kennt, dann ist er mit etwa fünfhundert oder sechshundert Blütenpflanzen vertraut, aus denen sich die Pflanzendecke bei uns zusammensetzt. Eine Flora, die tausend Arten in sich schließt, gilt schon mit Recht für reich. Wie arm ist das aber gegen die Zaubergärten der unsichtbaren Pflanzenwelt! Schon vorhin haben wir angedeutet, daß die Verwesung von Tausenden von Pilzarten besorgt wird; nun erkennt man, daß an der Verwitterung wieder Tausende von Algenarten beteiligt sind. Von den einzelligen Spaltalgen sind an 2000 Formen bekannt, von den Schwingfäden allein an 400 Arten. Sie sitzen in jedem Ackerboden; eine noch unbegreifliche Kraft treibt sie an, langsam bohrende Bewegungen auszuführen und sich durch alle Lücken und Spalten des Bodens hindurchzuschrauben. Viele von ihnen haben sogar die Gestalt eines schraubigen Bohrers.

Dadurch bewegen sie natürlich auch die allerfeinsten Bodenkörnchen. Und was dem einzelnen versagt ist, die Masse macht es.

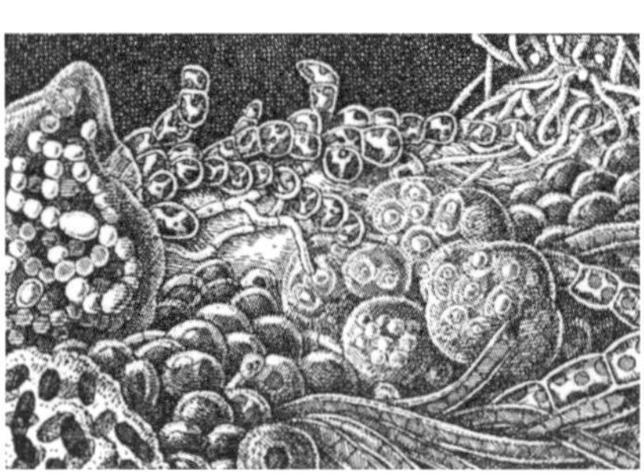

Abb. 13. Die Kleinwelt der Felswände *(Lithobionten)*. Jeder der Luft ausgesetzte Stein wird von Kleinpflanzen besiedelt. Das Bild stellt eine „graue Verwitterungsrinde" bei mäßiger Vergrößerung dar, welche sich aus folgenden Lebensformen zusammensetzt: Links am Rande ist eine große Zittertangkolonie *(Nostoc)*. Vor ihr liegt eine Kolonie der Spaltalgengattung *Aphanothece* und viele *Cystococcus*-Kugeln, zwischen denen Fäden der Spaltalge *Lyngbya* wachsen. Hinter diesen quellen große Kolonien von *Gloeocapsa*. Dahinter sind Fäden der orangeroten Luftalge *Trentepohlia*. Im Hintergrund rechts das Fadengewirr eines Flechtenlagers, vorn die großen Fäden der Vorkeime eines Mooses. Nach der Natur vom Verfasser gezeichnet.

Mit ihnen wetteifern an Beweglichkeit die kleinen Erdkieselalgen (Abb. 12), besonders die von der Gestalt zierlicher Unterseeboote, die man daher auch mit dem Namen Schiffchen = *Navicula* belegt hat. Rastlos rutschen sie hin und her. Welche Kraft bewegt Sie? Die Kenner zucken verlegen die Achseln. Warum sind sie so beweglich? Der Bodenforscher glaubt nicht weit von der Wahrheit zu sein, wenn er meint, daß sie auf der Stickstoffsuche sind. Denn diese Pflänzchen sind Stickstoffverbraucher. Das wenigstens hat sich mit jeder Sicherheit feststellen lassen. Sie müssen also den Stickstoffverbindungen nachgehen. Und wirklich fahren diese flinken Schiffchen in den wassergefüllten Erdspalten mit solcher Energie dahin, daß sie die Körnchen vor sich her schieben. Hunderttausende krabbeln in jedem Fingerhut voll Erde; in allerfeinster Weise verschieben sich Tag und Nacht zu unseren Füßen alle Bestandteile des Bodens. Das Endergebnis: es scheint durchaus verständlich, daß Humus und Kristalle völlig gleichmäßig miteinander gemischt sind.

Klar ist es auch, warum jeder Boden überall geschichtet ist. Auf jedem Spaziergang kann man sich davon überzeugen, denn wo eine Sandgrube eingetieft oder eine Böschung eingeschnitten ist, jedenorts sieht man, wie die humöse, dunkle Schicht nur wenige Dezimeter, selten mehr denn einen Meter tief hinabreicht und unter ihr der rein mineralische, helle Grus und Schotter liegt. Nur soweit die Durchschaufler tätig sind, wird der Humus mit den mineralischen Verwitterungsprodukten gemengt, als Zeichen, daß Fruchtbarkeit, nämlich diese Durchdringung beider Bodenelemente, einzig und allein von ihnen abhängt.

Die Wirkungen der Bodengare

Nun fügen sich die weiteren Kenntnisse mühelos zusammen. Es hat also der Boden seinen ganz bestimmten Bau (Abb. 14), der dadurch bedingt ist, daß feine Gänge und Tunnels, allerfeinste Risse und Spalten ihn kreuz und quer, aber ziemlich gleichmäßig durchziehen. Es gibt mehrere Systeme dieser Gänge. Zunächst die ganz groben, etwa die Röhren, in denen die Engerlinge hausen oder die, die große Schnecken graben, um ihren Laich abzulegen. Dann die feineren, in denen die Regenwürmer den Boden durchpflügen. Eine dritte Kategorie sind die Klüfte der Ameisen und Kleininsekten. Und so folgt Gangsystem auf System in immer wachsender Verfeinerung. Die kleinen Borstenwürmer, die Nematoden, die Haarröhrchen für den Verkehr der unterirdischen Schiffchen, die Höhlen für die Wurzelfüßler und kleinsten Erdarbeiter, die Ritzen, in denen sich die Schwingfäden dunkel und stumm drehen.

Alle diese Kanäle, von deren Zusammenhang man eine überraschend gute Vorstellung erhält, wenn man einen Plan der Kanäle und Gäßchen der Stadt Venedig ansieht, gliedern sich wieder in zwei Kategorien. Die einen sind mit Wasser gefüllt (Abbild. 14), die anderen mit Luft oder verschiedenen Gasen.

Daß viele von ihnen Wasser bergen, ist ohne weiteres verständlich. Der niedersickernde Regen sucht den Weg des geringsten Widerstandes und wird, dem Gesetz der Haarröhrchen folgend, solche kleine Klüfte leicht erfüllen.

Die Herkunft der Luft und des Sauerstoffes sowie der Kohlensäure, denn auf diese beiden Gase ist hier vornehmlich angespielt, beantwortet zugleich die dritte Frage, die noch ohne Lösung blieb: Woher rühren die feinsten Hohlräume zwischen den Krümeln?

Die Humusstoffe bilden Kohlensäure, bewirken dadurch die Lösung und die Verwitterung der Mineralstoffe im Boden.[11]) Sie treiben auf solche Weise den Bo-

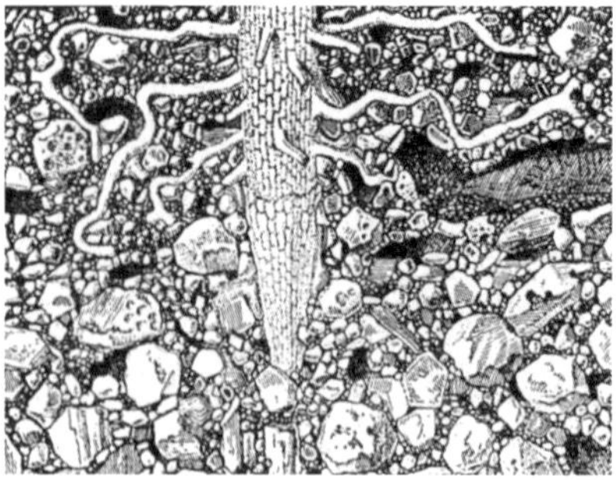

Abb. 14. Schema, um den Bau eines nicht sehr fruchtbaren Bodens und die Art des Wurzellebens zu demonstrieren. Schwach vergrößert. Der Boden enthält zu viel kristallinische Bestandteile, dazwischen nur wenig feinkörnigen Humus. In diesem sind Luftgänge und Wasserspalten. In einem größeren Tunnel ist ein Erdwurm sichtbar. Das Wurzelende ist von der Wurzelhaube geschützt, Wurzelhaare sind abgeschnitten, andere drängen sich durch die Körnchen durch und verwachsen mit ihnen. Original des Verfassers.

den auseinander und erfüllen ihn mit einem Kapillarnetz von kohlensäuregefüllten Hohlräumen. Dadurch wird er locker. Das wußte schon die alte Bodenkunde; die neue, die jedes Fleckchen fruchtbarer Erde mit Leben durchsetzt zeigt, macht auch die Quelle der Kohlensäureproduktion sichtbar. Alles, womit wir in diesen, vielleicht zu verwickelten Erörterungen bekannt geworden sind, atmet und haucht dadurch Kohlensäure aus. Es atmen die Gliedertiere, die Würmer, die Einzeller, es atmen aber auch die Algen jeder Kategorie, die Bodenpilze und Bakterien; aus Millionen kleinen Körpern strömt das Gas und.erfüllt den Boden, dessen Schwammstruktur nun wohl schon jedem meiner Leser klar ist. Der schwere Boden wird dadurch locker.

Dieses heimliche Heer atmet aber nicht nur, sondern ein ganz erheblicher Teil davon bringt auch Sauerstoff hervor. Das tun alle Bodenpflanzen mit Ausnahme der Bodenpilze und Bodenbakterien. Zum Glück sind sie aber zahlreich genug, daß ihre Wirksamkeit die Wagschale doch zu ihren Gunsten sinken läßt. Sie sind daher auch die *Durchlüfter* der Erde und damit ihre größten Wohltäter.

Den kleinen Schiffchen und ihren Verwandten (Abb. 12), den Schwingfäden und Urkugeln, die auch in der Erde stecken, sollte der Landwirt ein Denkmal der Dankbarkeit errichten; ihre Wohltaten für die Menschheit sind gar nicht auszudenken.

Eine vielmals größere Schrift als diese würde gefüllt werden, wenn ich alles das ausbreiten dürfte, was hier unmittelbar wichtig ist und jedes Jahr als wohltätige Wirkung in der Ernte auf Heller und Pfennig nachgerechnet werden kann. So aber kann ich nur auf einige der wichtigsten Zusammenhänge deuten.

Die Bodenbakterien und Pilze können nur dann arbeiten, wenn die verwesenden Substanzen genügend zerkleinert sind. Auch nimmt die Intensität dieser Zersetzung mit besserer Durchlüftung zu.

Ohne Luft im Boden verfaulen die Humusstoffe; es entstehen dann die giftigen freien Säuren, der Rohhumus, der Torf. Der Boden vermoort dann, oder es bildet sich Sumpfschlamm, erfüllt mit giftigen Gasen, die nur mehr Schwefelbakterien das Dasein gestatten.

Nur wenn sich die hier soeben geschilderten Bedingungen erfüllt haben, entsteht jene gewisse Lockerung und Feuchtigkeit im Acker, die man die Ackergare nennt und die jeder Praktiker der Land- und Gartenwirtschaft als Vorbedingung eines guten Wachstums ersehnt. Immer wieder erlebt der in dem Vorort oder auf das Land siedelnde Großstädter die Enttäuschung, daß er angeblich „herrliches" Gartenland erstand, womöglich ein Stück Fichtenwaldboden, alten „Waldpark", wie man das in der Verkaufssprache so hübsch nennt, auf dem dann nichts wächst, wenn er Gemüse tragen soll. Der Boden war eben noch nicht „gar"; er war nicht mürbe, krümelig, er war der Luft in seinem Innern noch nicht zugänglich und entbehrte der Nährstoffe.

Jetzt wird es auch jeder verstehen, warum die Bodenorganismen aller Art erst Zeit brauchen, um Rohhumus „gar“ zu machen, warum der Bauer seit uralten Zeiten weiß, daß der Acker erst ruhen muß durch die *Brache,* bevor Gare eintritt.

Und erst ein richtig garer Boden erfüllt auch die letzte große Forderung, die das Pflanzenleben an ihn stellt; er ist richtig durchlüftet.

Bodendurchlüftung – eine Grundsäule der Bodenfruchtbarkeit

Diese Bodendurchlüftung ist wieder eine der ganz großen Grundsäulen, auf denen Menschenleben und menschliche Kultur mit gelassener Selbstverständlichkeit ruhen, wobei niemand eigentlich eine klare Vorstellung davon hat, daß solches erst das Resultat eines langwierigen und verwickelten Prozesses ist und keineswegs so sein muß.

Dort, wo keine richtige Durchlüftung des Bodens stattfindet, nimmt daher die Menschheit diese Tatsache wie eine Schickung hin, trägt ihre schädlichen Folgen und denkt gar nicht daran, daß sie es in der Hand hat, durch Wissen sich auch hier bessere Lebensbedingungen zu schaffen.

Worauf alles ankommt, ist, daß die Erde bis in die Tiefe, in die Kulturpflanzen ihre Wurzeln senken, gleichmäßig mit Sauerstoff und Luft durchsetzt sei, in den tieferen Schichten auch noch mit Kohlensäure. Mit anderen Worten, a*uf reiches Bodenleben kommt es an.* Zahlreiche Kleintiere müssen vorhanden sein und noch weit mehr assimilierende Kleinpflanzen. Ein Übermaß von Bodenpilzen, namentlich Schimmelpilzen, kann dabei schädlich wirken, und Fäulniswesen in großer Anzahl sind jedenfalls von Nachteil.

Diese Durchlüftungsgesetze sind schon seit einiger Zeit bekannt und wurden von den Hygienikern, denen die Gesundhaltung der Städte anvertraut ist, auch sorgsam beachtet.

Prachtvolle Durchlüfter und damit Entfäuler sind vor allem alle Arten von Algen. Die schönen grünen Urkugeln des Bodens, die fädigen Verwandten (vgl. dazu Abb. 17), die Zieralgen, auch die Moosvorkeime, dann die braunen Schiffchen und ihr Kreis, den man gelehrt Diatomeen*) nennt, natürlich auch die blaugrünen und bunten Spaltalgen, diese aber schon mit einem gewissen Vorbehalt, das sind die geborenen Gesunderhalter der Erde.

Je näher diese Formen den Pilzen stehen und das trifft eben für gewisse Spaltalgen zu – desto weniger nützen sie der Bodenluft – gewisse Bakterien und Schimmelpilze erregen sogar immer wieder Übles, Fäulnis, die Vorbedingung von Krankheiten. Der Volksmund weiß das längst. Hier soll man sich ansiedeln, sagt er, hier ist die Luft gesund – an jenem Ort aber ist es ungesund, den soll man als Wohngegend meiden. In ganz naiver Weise, wie bei allen Volksurteilen, wird dadurch eine Tatsache angedeutet, die die Wissenschaft zwar mit vielen Begriffen und Einzelheiten umschreiben, aber letzten Endes auch nicht leugnen kann.

Gerade für den Siedelungsboden gilt es, daß der Mensch des Menschen Feind ist. Wo Menschen lange wohnen, da vergiften sie den Boden. Sie häufen die Abfälle ihres Daseins an, sie durchtränken die Erde mit Abfall- und Verwesungsstoffen, sie verunreinigen sie mit Kehricht, Bauschutt, mit toten Resten aller Art, in einem gesagt, sie verpesten sie mit Kulturdünger. Alle großen Städte sind in diesem Sinn

*) Ihr eigentlicher Name ist *Bacillariaceen.*

ein Schlachtfeld der Kultur, mit Respekt zu sagen: ein großer Misthaufen. Seht doch den armen, beschmutzten, durchwühlten Boden unter ihren Häusern! Wieviel Generationen haben ihr Unsauberes in ihm hinterlassen. Was ist nicht alles verfault und verwest in ihm! Wo man das Pflaster öffnet zu unseren Füßen, sieht man nur einen Sumpf der Zivilisation, und übelriechender Brodem quillt daraus empor. Ein wahres Tagebuch von Krankheit, Not, Verbrechen, Elend, Unsauberkeiten und Unwissenheiten aller Art ist solcher Boden, den man an seiner *natürlichen Selbstreinigung* hindert. Und so, ein einziger Leichenhaufen der Vergangenheit wäre die Erde überall, wo Menschen sind und Tiere hausen – wenn es nicht die kleinen Durchlüfter, die Entfäuler und Selbstreiniger, diese hygienische Polizei der Natur gäbe.

Die Selbstreinigungskraft des Bodens

Längst macht man Gebrauch von dieser Erkenntnis in der modernen Abwasserreinigung oder in der älteren *Rieselfelderwirtschaft* der großen Städte. Man bringt den Inhalt der Kanäle, diesen fürchterlichen Kloakenschlamm in Klärbecken und überläßt ihn den sanften und freundlichen kleinen Pflanzen, die sich dazu hergeben, das Unaussprechliche wieder zurückzuverwandeln in wertvolle, brauchbare Stoffe. Ein lieblicher grüner Schimmer durchleuchtet den Unrat; Tod, Verbrechen, Schmutz, alles zerlöst sich und wird wieder rein, jungfräulich, neu, unschuldig. Der Kanalinhalt versickert in grünen Wiesen, die als Entfäuler in das System der Abwasseranlagen eingesetzt sind.

Kraft seiner kleinen Bewohner reinigt sich jeder Boden ständig selbst, und als Krone dieser vielen kaum begreiflichen und erstaunlichen Vorgänge, die ich hier vorüberziehen ließ oder angedeutet habe, werden alle Sünden des Lebens gelöst und verziehen durch die Arbeit und den tiefen Sinn auch wieder des Lebens. Es verstrickt sich in Unheil und Schuld, sündigt, mordet, zerstört, verunreinigt, stirbt und lebt wieder auf, wird wieder rein, jung, lebensstark und bereit zu neuem Wirken und zu neuer Schuld.

So wird jedes Schlachtfeld wieder warme, begrünte, friedliche Erde; aus der Subura des alten Roms, und aus dem Kurfürstendamm des neuen Berlin wird eines Tages doch wieder ein unschuldiges stilles Stück Land, auf dem Rosen blühen und keusch, würzig der Atem der Erde geht, als sei es dort nie anders gewesen . . .

Wie Pflanzen wachsen und gedeihen

So ist der Boden beschaffen, aus dem sich die Pflanze nähren will. Will man verstehen, wie sie gedeiht, muß man nun beobachten, wie sie sich seine Eigenschaften zunutze macht und was sie von seinen vielen vorhandenen Stoffen brauchen kann.

Holt man irgendeine Pflanze – am besten kann man es mit einer Keimpflanze, die kaum erst richtig festgewurzelt ist – aus dem Boden, so wird man zunächst dadurch überrascht, daß sie mit ihm eine innige Verbindung eingegangen ist, und zwar gleich in zwei Beziehungen.

Die Rolle der Wurzelhärchen

Zunächst ist sie mit ihm verwachsen (Abb. 14). An den feinsten Wurzelhärchen hängt ein ganzer Pelz von mineralischen Körnchen, die sich davon nicht abwaschen lassen. Man erhält überhaupt einen ganz anderen Begriff von dem heimlichen, intimen Leben der Pflanze, wenn man sich einmal die feinsten Wurzelendigungen in ihrem Verhältnis zum Boden näher ansieht. Das Würzelchen selbst hat eine eigentümliche Kopfhaube um – sie heißt tatsächlich *Wurzelhaube* – die ihr zartes Ende vor Verletzung schützt, weil sie wie ein elastisches Polster wirkt. Die von dem Wurzelende ausstrahlenden Härchen sind sehr eigenwillig gekrümmt; folgt man aber ihren Krümmungen, so erkennt man leicht deren Ursache. Es rührt fast, zu sehen, wie vorsichtig so ein Wurzelhärchen jedem größeren Kieselchen ausweicht; höchst geschickt krümmt es sich darum. Dagegen weiß es mit untrüglicher Sicherheit die überall vorhandenen luft- und wassergefüllten Kanäle aufzusuchen, aus denen es die Atmungs- und Ernährungsbedürfnisse befriedigt. Denn in den Wasserröhrchen ist unter dem Einfluß der Bodenkohlensäure eine mineralische Lösung vorhanden, die von den Wurzelhaaren aufgesogen wird. Sie selbst sondern auch Stoffe – aus nach neuester Ansicht sind es ebenfalls Säuren – die gleichfalls Salze lösen helfen. Mit ihrer Hilfe ätzen sie selbst unmittelbar Quarz, Glimmer und Feldspatkristalle an, die dann, namentlich mit den Haarendchen verwachsen (vgl. Abb. 14).

Die Aufsaugung erfolgt unter dem Einfluß des allbekannten physikalischen Gesetzes, das man Osmose nennt. Osmose tritt immer ein, wenn zwei Lösungen von verschiedener Konzentration durch eine tierische oder pflanzliche Haut voneinander getrennt sind. Es wandern dann die konzentrierten Stoffe auf die andere Seite, bis ein Ausgleich hergestellt ist.

Aber – und hier zeigt sich die besondere Gesetzlichkeit des Lebens – *nicht alle Mineralstoffe wandern so in die Pflanze ein,* sondern nur ganz bestimmte, von der Pflanze ausgewählte. Warum das so ist, vermag man heute noch nicht zu beantworten, nur an der Tatsache selbst läßt sich nicht zweifeln.

Es hat sich durch Versuche feststellen lassen, daß (außer mit Kohlenstoff und Stickstoff) sich eine Getreidepflanze vollständig ernähren läßt, wenn man ihr die Salpeter-, Schwefel- und phosphorsauren Salze von Kali, Kalk, Magnesium und dazu etwas Eisen gewährt.[12]) Von diesen Substanzen sind besonders fünf die Hauptnährstoffe. Diese muß man sich merken: Kohlenstoff, Stickstoff, Phosphor, Kali und Kalk.

Eine ganze Wissenschaft ist aus dieser Erkenntnis emporgewachsen; die *Landwirtschaftschemie,* die in Tausenden und aber Tausenden von Versuchen eine Reihe von Erkenntnissen bis zur Sicherheit erhärtet hat, ohne die man heute gar keinen vernunftgemäßen Acker- oder Gartenbau treiben könnte.

Die fünf Hauptnährstoffe

Da ist zuerst die Einsicht, daß ohne den Kohlenstoff alle Tätigkeiten der Pflanze sofort eingestellt würden; ihr Lebensstoff ist eben eine Kohlenstoffverbindung, könnte daher ohne Kohle auch nicht einen Augenblick bestehen. Woher die Pflanze diese Kohle nimmt und was sie aus ihr macht, das wissen wir aber schon (vgl. S. 10). Die Phosphorsäure wieder dient der Getreidepflanze hauptsächlich zur Ausbildung der Körner, freilich nützt sie auch der Gesamtpflanze. Kali dient vornehmlich zur Zucker- und Stärkebildung, weshalb man im Zuckerrüben- und Kartoffelbau nicht versäumen darf, Kali zuzuführen. Die Rolle des Kalkes im Haushalt der Pflanze ist eigentümlich und noch nicht restlos durchschaut. Im allgemeinen dürfte man der Wahrheit ziemlich nahe stehen, wenn man sagt, daß der Kalk die im Boden vorhandenen übrigen Nährstoffe den Kulturpflanzen mundgerecht, sie gewissermaßen aufnahmefähig macht. Stickstoff endlich befördert besonders die Ausbildung der Blätter, überhaupt die der Vegetationsorgane.

Mit dieser Einsicht war sehr viel gewonnen, namentlich da es sich dazu noch herausgestellt hat, daß die einzelnen Kulturpflanzen sehr verschiedene Ansprüche an den Nährstoffgehalt des Bodens stellen. Es verlangen die Getreidepflanzen viel Stickstoff und Phosphat, die Hackfrüchte, worunter man in der Landwirtschaftssprache gewöhnlich Kartoffel und Zuckerrüben versteht, wollen außerdem noch viel Kali im Boden. Dagegen bedürfen wieder der Klee, ebenso die Erbsen, Bohnen, kurz also die Hülsenfrüchte einen besonders großen Vorrat an Phosphorsäure, Kali und Kalk,*) wie schon den Schülern erinnerlich seit dem artigen Lesestückchen von *Benjamin Franklin,* der durch Düngen auf dem Kleefeld die Worte sichtbar machte: Hier wird gegipst.

Diese Dinge sucht das Wurzelhaar, wenn es mit den kleinen Kristallen im Boden verwächst und die Salzlösung, die er ihr bietet, in sich hineinzieht.

In dem Augenblick, in dem man das zugegeben hat, besitzt man auch die Einsicht, daß und *warum der Acker- und Gartenbau den Boden ärmer macht.* Mit jeder Ernte führt man große Mengen von Kali, Phosphor, Kalk und Stickstoff weg, die früher im Boden waren. Die Ernten sind nicht etwa die Zinsen eines Kapitals, die man ruhig verzehren kann, sie sind vielmehr das Kapital selber.

Heute erscheint das durchaus einsehbar, ja selbstverständlich, es gab aber Jahrhunderte und viele Menschengenerationen, da niemand daran dachte und es

---

*) Eine Ausnahme macht aber die Lupine, die Kalk nicht verträgt.

glauben wollte, außer in einer sehr unbestimmten und aufs Geratewohl geübten Form, indem man nämlich einen Teil des geernteten Getreides in Gestalt von Stallstroh wieder auf die Felder brachte. Statt mit dem Rechenstift in der Hand sich zu sagen, ich habe in diesem Jahr so viel tausend Zentner Phosphor und Kali meinem Felde entnommen, ich muß ihm also im kommenden Jahr ebensoviel zurückgeben, verließ man sich nur auf eine beiläufige Düngung nach Urväter Art. Kein Wunder, daß alle Felder und alle Länder verarmten.

Das Wunder ist vielmehr, daß sie so langsam verarmten. So nüchtern und einfach erscheinen diese Tatsachen, und doch enthalten sie zwei Drittel aller Menschheitsgeschichte voll Blut und Elend, Krieg und Not, Völkerwanderungen, Revolutionen, Hungersnöte, Pestilenz und Seelenpein. In einer grauenhaften Hölle steckte die Menschheit, bloß weil sie diese einfachen Gesetze der Natur nicht kannte. Unwissenheit verurteilte sie zu jahrhundertelanger Qual. Schmerz durchzuckt das Herz des Menschenfreundes: So straft sich also Unkenntnis der Natur! Sollte da nicht auch jetzt die ganze Qual, unter der die Menschheit krampft, vielleicht wieder nur Strafe dafür sein, daß sie Gesetze der Welt nicht kennt oder nicht befolgt?[13])

Blickt man, erfüllt von diesen Gedanken, zurück auf den Lauf der Geschichte, so entdeckt man erst, wieviel von den Weltereignissen eigentlich die Folge der Bodenverarmung war. Solange es nur wenig Menschen gab auf der heimatlichen Scholle, war das freilich ohne Bedeutung. Der frühmittelalterliche Roder des Waldes konnte leicht aus dem Vollen wirtschaften. Ihm machte das gar nichts aus, wenn der Boden verarmte. Sank das Erträgnis, so wurde eben durch Rodung Neuland geschaffen, und der große Wald von Mitteleuropa schien unerschöpflich zu sein. Aber eines Tages erschöpfte er sich doch. Das war etwa der Fall in jener höchsten Blütezeit der deutschen Bürgerkultur, kurz vor dem Dreißigjährigen Kriege. Mancherlei läßt darauf schließen, daß damals, wenn nicht mehr, so mindestens das gleiche Gebiet kultiviert war wie jetzt, daß jedenfalls mehr Dörfer bestanden als heute. Wäre nicht die große Verwüstung des endlosen Krieges gekommen, der nur mehr vier Millionen Menschen lebend zurückließ auf einem Land, das vordem fünfundzwanzig ernährte, so hätte sich alles das, was nachher folgte, schon viel früher vollzogen. So aber war erst in der zweiten Hälfte des achtzehnten Jahrhunderts der Lebensraum Mitteleuropas erfüllt. Und die zunehmende Verarmung des Bodens setzte ein. Damals entstand allmählich die heute noch nachwirkende Überzeugung, daß Kultur ein Menschenfresser sei und die Länder verarmen.

Bodenverarmung, Auswanderung, Industrialisierung

Zuerst versuchte man der Verarmung auszuweichen. Die Auswandererzüge ergossen sich nach dem wenig besiedelten Osten. Das soeben von den Türken befreite Ungarn war Neuland. Der große Schwabenzug setzte ein. Hunderttausende der besten Deutschen (denn zum Auswandern gehört Intelligenz, energisches Wollen und Geld) verließen den Boden, den sie für verarmt hielten, weil sie seine Gesetze nicht kannten. In England begann der Hunger, desgleichen in Frankreich. Engländer und Franzosen wandten ihrer Artung entsprechende Mittel an. Die einen schafften Brot durch die Industrie. Die so viel Menschenleid nach sich ziehende Spekulation begann: Mein Acker trägt nicht genug, also mache ich Nähnadeln oder Webwaren, um für sie vom Nachbarn Brot zu kaufen. Die Franzosen dagegen wollten Brot durch Revolution schaffen. Daß Ludwig XVI. die große Revolution zunächst für eine der üblichen „Brotrevolten" hielt, sagt darüber alles.

Hätte man nicht um jene Zeit die Kartoffeln überall eingeführt, um den Ausfall an Brot zu decken, so wäre die schleichende Lebensmittelkrise noch viel gefährlicher geworden. Die Kartoffel half den armen Menschen etwas, aber immer deutlicher wurde es: Die Äcker tragen nicht genug. Die Unglücklichen suchten den Fehler in ihrer Lebenslust, und man erfand das Wort von der Übervölkerung. Der Reverend Malthus stellte seine eigentlich fürchterliche Theorie auf, die, als Darwinismus verkleidet, heute noch lebt. Ein noch schrecklicherer Gedanke kam auf. Nicht nur Zurückhalten sollten sich die Menschen in ihren natürlichsten Trieben, sondern auch abschlachten sollten sie den Überfluß an Menschen. Man begann mit der Predigt: Kriege müßten sein; der Krieg sei gottgewollt, um der Überbevölkerung vorzubeugen. Und von da war nur mehr ein Schritt zum Imperialismus. Man muß dünnbevölkerte, noch bodenreiche Länder erobern, um für seine Menschenmassen Brot zu haben, man muß das Land den Naturmenschen wegnehmen und sie arm machen unter der Bezeichnung Kolonie, denn der arme Boden daheim muß durch Kolonien ergänzt werden.

Das Zeitalter der Industrialisierung, der Auswanderung, der Proletariatsbildung, der Kriege, der Kolonisation, des Imperialismus, der Revolution und der Hungersnöte begann.

Versteht man nun, daß alle diese Höllen, diese wahre Büchse der Pandora, einen einzigen Ausgangspunkt hatten, alle auf eine Ursache zurückgingen: *auf die Verarmung des Ackerbodens, deren wahre Ursache man nicht kannte?*

Statt im Osten suchte man bald das Neuland im Westen und Süden. Amerika wurde das Auswandererparadies. In Scharen stürzten sich Deutsche, Franzosen (Kanada!), Italiener, Slowaken, Russen auf den jungfräulichen Boden, der noch volle Ernten gab; man ging nach Südafrika, nach Australien, überall hin, wo noch reiche Ernten lockten. Wo es den Menschen wieder gut ging, da war das neue Vaterland. Trotzdem wurde der Kampf ums Dasein überall ärger. Und die Armen, statt ihn als Krankheit zu erkennen und zu heilen, machten sich aus ihrer Geißel ein Gesetz der Geißelung. Man nahm es hin als Notwendigkeit und sagte, Kampf muß sein, Hunger, Übervermehrung muß sein, das ist naturgewollt. Aus dem entspringt sogar aller Fortschritt.

Aber trotz imperialistischer Kriege, Kolonien und der Verwandlung von ganz Europa in eine Fabrikkaserne wuchs der Hunger. Zwischen 1750 und 1850 ging in jedem Jahrzehnt mindestens einmal die Hungersnot durchs Land. Von dem großen Elend 1816 bis 1817 erzählten noch unsere Großeltern; der Mißwuchs von 1847 wurde allgemein als die unmittelbare Ursache des Ausbruches der Unruhen von 1848 gedeutet.

Da kam die Rettung. Von der einzigen Seite her, von der der Mensch dem Menschen beistehen kann in seinen Nöten: durch das Wissen.

Liebigs Lehre vom Ersatz der Nährstoffe

Justus von Liebig heißt der unvergängliche Wohltäter der gesamten Menschheit, der endlich erkannte, wo des Übels Wurzel steckt, daß alles das Strafe ist für den Raubbau, den die Menschen seit Jahrhunderten an ihrem Ackerboden treiben. Er lehrte endlich einfach rechnen, und ebensoviel Kali, Phosphore, Stickstoff und Kalk dem Boden zurückgeben, wie man ihm entnimmt, indem man ihn mit solchen Salzen künstlich düngt.

Durch die Schaffung und Anwendung des *Kunstdüngers* [14]) hat *Liebig* die Welternten rund um ein Drittel erhöht. Man hat berechnet, daß solches vor der großen Geldentwertung im Jahre rund drei Milliarden Goldmark bedeutete. Drei Milliarden Goldmark, das ist in einer Zeit, in der man den dreißigfachen Wert dafür hinlegen muß, eine unausdenkbare Mengen an Kulturerrungenschaften, an Spitälern, Schulen, Kunst und Wissenschaft, die sich die Menschheit gönnen kann, und für die ohne *Liebig* kein Pfennig vorhanden wäre. Statt dessen aber eine neue Hekatombe an Menschenleid, verschärftem Lebenskampf, Krankheit, Kindersterblichkeit, Wettbewerb, gegenseitigen Haß und Hartherzigkeit.

Zwischen den Jahren 1850 und 1880 hat sich die Kunstdüngung allgemein verbreitet, anfangs unter Widerstreben und langsam, dann, wenigstens in unserem Lande, allgemein. Kein Landwirt zweifelt heute im Ernst daran, daß hauptsächlich wegen der starken Anwendung von künstlichen Düngemitteln die deutschen Ernten in den letzten Jahrzehnten so gewaltig gestiegen sind.

Mit einem Schlag schien durch die Liebigsche Theorie und die Kunstdüngung die ganze Bedeutung des Humus gegenstandslos geworden, und tatsächlich setzte unter ihrem Einfluß zunächst auch eine starke Mißachtung des Humus in der Landwirtschaft ein. Das echt menschliche Schicksal ereignete sich auch hier wieder: vom einen Extrem fiel man ins andere. Nur erst langsam stellte sich das Gleichgewicht her, und das ging so zu:

Die kolloidale Natur des Humus

Es war zu erwarten, daß die Kunstdüngersalze im Boden durch den Regen gelöst werden und mit ihm in die Tiefe sickern, bis sie den Grundwasserspiegel erreichen. So wenigstens müßte man sich nach den physikalischen Gesetzen einen völligen Mißerfolg der Kunstdüngung vorstellen. In Wirklichkeit aber verläuft das anders, und das ist wieder ein Verdienst des Bodenlebens und des dadurch erzeugten Humus. Ohne Humus wäre die ganze Kunstdüngung wertlos.

Die gesamten Humusstoffe besitzen nämlich eine Eigenschaft, auf die man erst in neuester Zeit aufmerksam geworden ist. Während die Kunstdüngersalze, so wie die natürlichen Bodensalze Kristalle sind, ist dagegen der Humus *kolloidaler* Natur.

Was ist darunter zu verstehen? Von allen den merkwürdigen Eigenschaften der Kolloide, die die Wissenschaft, die heute kolloidales Eisen und Gold darzustellen gelernt hat, auf diese Weise erfuhr, hat nur eine einzige für den Landwirt Belang. Diese aber allerdings in allerhöchstem Maße. Und das ist ihre enorme *Adsorption.* Mit dem Fremdwort soll gesagt sein, daß sie gleich einem Leim*) auf das allerzäheste kleben und haften – mit anderen Worten, daß kolloide Stoffe im Boden festhalten und davor bewahren, daß sie ausgewaschen oder in die Tiefe gespült werden.

Die Fachwissenschaft[15]) drückt das so aus: daß der Ackerboden durch seine Hydrogele von Kieselsäure, Eisen und Aluminium sowie durch die kolloidalen Humussubstanzen die kolloidal gelösten Düngerstoffe adsorbieren kann.

Entkleidet man das der Fachsprache und übersetzt es in deutsches Denken, so ist damit gesagt, man habe gefunden, daß durch Fäulnis und Verwesung Kolloide, d. h. Substanzen, entstehen, die quellbar sind und dadurch bindende festhaltende Wirkungen ausüben. Auch die Kieselsäure im Boden zeigt durch Verwitterung manchmal eine ähnliche Wirkung wie der Humus, ebenso (in Roterden und Sanden) oft auch das Eisen. *Das alles, namentlich aber der Humus, sind nun die*

---

*) Collum = der Leim.

Ursachen, warum die in den Boden gebrachten Stickstoff-, Kali-, Phosphorsalze nicht weggeschwemmt, sondern dauernd in der Region erhalten bleiben, aus der die Pflanzenwurzeln schöpfen.

Es ist demnach vollkommen richtig, daß *ohne Humus auch die beste Kunstdüngung versagen würde,* und daß nach wie vor der Landwirt größten Bedacht nehmen muß, daß sich der Humus in seinem Acker nicht vermindre, eher denn vermehre.

Die alte Erfahrung der Praktiker, daß der Humus mit größter Kraft die Pflanzennährstoffe gegen das Auswaschen zurückhalte,[16]) hat so nur eine neue, tiefer dringende Erklärung erfahren, und nach wie vor strahlt als goldenes und oberstes Gebot des Landwirts und Gärtners der Satz:

Die Erhaltung und Vermehrung der Humusmenge im Boden ist eine der wichtigsten Aufgaben der Bodenkultur.

Nachdenklich stimmt diese uralte und neubegründete Einsicht, wenn man sie nur erst einmal in ihrer ganzen Tiefe erfaßt hat. So sonderbar ist also dieser Zusammenhang der Dinge geordnet, daß die Toten mit segnender Hand die Nahrung für die Lebenden festhalten da drunten in dem Dunkel ihres Grabes? Denn was ist denn Humus anderes als die Toten? Alle Toten: die Wälder, die da rauschten unseren Voreltern, die Blumen, die für sie blühten, die heiteren Vögel, die ihnen sangen, die Kornfelder, die ihren Sommer mit würzigem Brotgeruch erfüllten und sie selber auch, die vor uns gingen und liebten und ernst und fröhlich waren in ihren dunklen und guten Tagen. Ein oder einige Jahrhunderte gehen über die Welt, und sie alle sind dunkler, feiner Humus voll Erdgeruch und neuem Leben. Die Handvoll da, die ich davon aufnehme, war eine Welt und ist wieder eine, die mir und uns allen das tägliche Brot mit allen Freuden und Reichtümern, die daran hängen, zubereitet und erhält. Ist das nicht eine der sinnigsten, ehrwürdigsten Vorstellungen? Hat da nicht der Tod jeden Schrecken verloren? Und muß es nicht dem, der mit solchem Wissen auf einen so gewohnten Gegenstand wie die Heimatscholle blickt, ein lieber und vertrauter Klang sein, wenn er zu ihr sagt: Mutter Erde, meine Mutter Erde, aus der wir kamen und zu der wir werden . . .

Und doch war auch mit der Erkenntnis der Kunstdüngung und der Bodenkolloide noch nicht alles entschleiert von den Geheimnissen der Ackerkrume, so wie auch die *Liebig*sche Tat dem grenzenlosen Bodenhunger der Menschheit nur auf kurze Zeit Einhalt gebot.

Maschinen, Bodenwirtschaft, Pflanzenernährung

Es wäre eine Untersuchung für sich, wie weit der ungeheuer rasche Aufschwung des Volkswohlstandes und der Zivilisation von 1850 bis 1900 mit den Verbesserungen der Landwirtschaft zusammenhängt, die durch *Liebig* eingeleitet worden sind; Tatsache ist, daß seit 1900, wenigstens in .Mitteleuropa, die Ernte wieder nicht mehr der unter dem Einfluß jenes Wohlstandes außerordentlich stark angeschwollenen Kopfzahl genügte und damit neuerdings eine schleichende Ernährungskrise begann, die ihren erschrecklichen Abschluß in der mitteleuropäischen Hungersnot von 1916–1919 hatte. Hand in Hand damit ging die Ländergier, der Imperialismus, die Industrialisierung und Proletarisierung, die Unterernährung und die revolutionäre Gesinnung weiter. Schon vor dem Kriege mußte Deutschland rund ein Drittel seiner notwendigen Lebensmittel aus dem Ausland einführen, und heute ist das Mißverhältnis noch ärger.

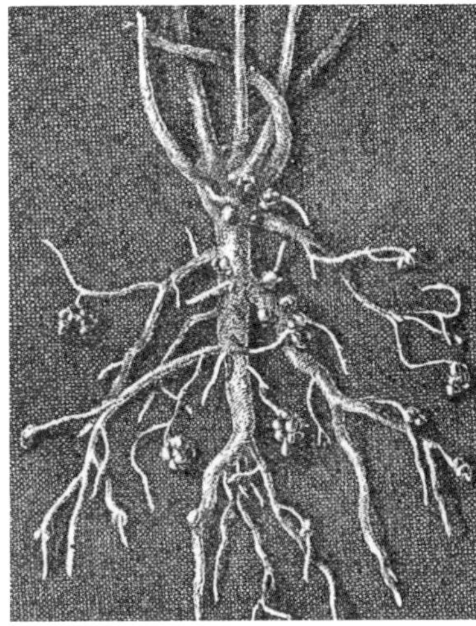

Abb. 15. Knöllchenbakterien an den Wurzeln einer Lupine. Schwach vergrößert.

Wieder schreit das Leben unseres Volkes – und mehr oder minder das aller europäischen Völker – danach, auf unserem Boden nochmals *Liebigs* Großtat zu leisten und die Ernte neuerdings um ein Drittel zu steigern.

Das ist die brennende Aufgabe von heute, es ist das eigentliche Zeitproblem, dessen Lösung alle anderen, sowohl die sozialen, wie die wirtschaftlichen, kulturellen und politischen Probleme in sich schließen würde.

Und rastlos arbeiten Forschung und technisches Können daran, dieses Problem zu lösen. Der eine Weg ist die Verbesserung der landwirtschaftlichen Maschinen und Methoden, und die Praktiker wissen, daß er nicht ohne Aussicht ist. Der andere ist eine rationellere Ausnützung des vorhandenen Bodens durch richtige Erkenntnis seiner besten Eignung,[17]) der dritte Weg führt wieder in den Boden hinab und knüpft an Liebigs Lebenswerk an.

Pilzwurzel: Mykorhiza

Da wäre zunächst der kleine Satz, der am Eingang dieses Abschnittes (S. 33) wohl sicher jedem meiner Leser entgangen ist. Es hießt dort, die Pflanze gehe, wenn man eine Keimpflanze daraufhin untersucht, mit dem Boden in zweifacher Beziehung eine innige Beziehung ein. Die eine führte zur Erkenntnis der Ausnützung der Mineralsalze und im Verfolg dieser Einsicht zur Notwendigkeit der Kunstdüngung, von der die Menschheit solange sie Ackerbau treibt, auch niemals mehr wird lassen können.

Die andere Beziehung wird man am besten erkennen, wenn man nicht einen Getreidekeimling, sondern eine junge Buchenwurzel aufmerksam betrachtet. Man wird dann finden, daß ihre Endchen mit Pilzfäden verwachsen, sie selbst mit den feinen Pilzfäden in innigem Zusammenhang ist, die allenthalben den Boden durchziehen und aus sich auch alle die bunten Pilzhütchen hervorbringen, die bald eßbar, bald giftig jedermann bekannt sind als Schmuck des Wald- und Wiesenbodens (Abb. 16).

Dem einigermaßen botanisch Gebildeten ist nichts Neues damit gesagt. Die altbekannte Pilzwurzel *(Mykorhiza)* ist's, die sich an fast alle wurzelnden Gewächse anheftet, mit ihnen in Gemeinschaft lebt und ihnen so unentbehrlich wird, daß sie eingehen, wenn man sie in einem pilzfreien Boden erziehen will. Diese Mykorhizen sind im innigsten Zusammenhang mit den Pilzmassen des Humusbodens. Namentlich der Waldboden ist keineswegs bloß ein Trümmerhaufen einstiger Pflanzen- und Tierbestandteile, sondern oft zum wesentlichen Teil eine lebende Masse von Pilzfäden, die mit den Wurzelpilzen zusammenhängen. Deshalb hat der Förster auch alles Recht – wie er es neuerdings tut – sich gegen das unbekümmerte Zerstören und Zertrümmern der Pilzhütchen im Walde zu wehren. Sie gehören zu seinem Kapital und nicht bloß zu seinem Schmuck; wer sich an ihnen versündigt, stört den großen Stickstoffhaushalt des Waldes, ohne den bald die Waldrente auf das Empfindlichste sinken würde.

Denn das ist – mag man im einzelnen über den Wurzelpilz auch noch immer im unklaren sein – doch ganz unzweifelhaft, daß er die grüne Pflanze mit Stickstoff bereichert.

Der Stickstoffhaushalt des fruchtbaren Bodens

Und dieser Stickstoff ist der einzige dunkle Punkt im ganzen sonst so wunderbar geordneten Haushalt der Kulturpflanze. Der Getreidehalm ist in der Lage des auf dem Floß dahintreibenden Schiffbrüchigen, der wohl ein Faß Heringe und Brot gerettet hat und dadurch vom Hungertode bewahrt ist, nicht aber vom Verdürsten, trotz der Wasserwüste, die ihn umgibt. So wiegt sich der Halm in einem Meer von Stickstoff (zwei Drittel der Luft sind Stickstoff), kann es aber ebensowenig nützen, wie unserem Körper das Salzwasser. Man hat den Versuch gemacht und eine Pflanze unter einer Glasglocke gezogen; man konnte den Versuch noch so lange fortsetzen und fand dennoch keine Änderung im Stickstoffgehalt der eingeschlossenen Luft.

Es ist aber die Getreidepflanze darauf angewiesen, ihren sehr großen Stickstoffbedarf irgendwie aus dem Boden zu entnehmen. Und die Jahrtausend alte Erfahrung der Landwirtschaft sagt, daß ihr das auch gelingen muß, denn sonst gäbe es schon längst keine Ernten und damit auch keine Menschen mehr.

Schon die ersten und einfachsten Erwägungen dieser Tatsache führten zu einem merkwürdigen und zunächst unverständlichen Ergebnis.

Betrachtet man den Stickstoffhaushalt eines Stückes Naturboden, z. B. eines Waldes, so wird man finden, daß dieser niemals Stickstoffmangel leiden kann. Denn der Humusgehalt in seinem Boden nimmt ständig zu. Humus aber ist, wie wir schon wissen, stickstoffreich. Humus vermehrt also den Nährstoffvorrat; eine Erde aber, die alle Jahre bearbeitet wird, verarmt, gleichgültig wie reich die Düngerzufuhr ist.

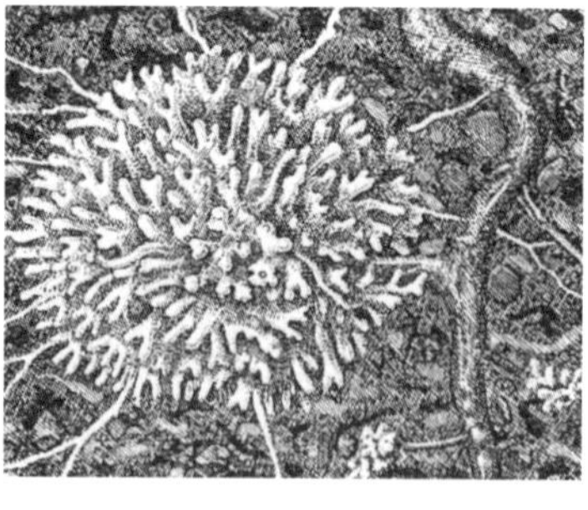

Abb. 16. Pilzwurzel (Mykorhiza) an einer Buche im Boden, zugleich ein Bild für die gröbere Struktur eines fruchtbaren humusreichen Bodens. Von dem Wurzelpilz gehen Stränge von Bodenpilzen aus, die mit Hutpilzen (Steinpilz, Erdstern, Fliegenschwamm u.a.) in Verbindung stehen. Originalzeichnung.

Erfahrung, diese beste und sicherste aller Wissenschaften, hat dem Menschen längst gezeigt, daß er nicht jedes Jahr das gleiche anbauen darf, sondern abwechseln muß mit der Besiedelung seiner Grundstücke. Jedermann weiß davon und kennt es als *Dreifelderwirtschaft.* Trotzdem würde sehr bald ein merklicherErnterückgang eintreten, wenn man nicht im vierten Jahr eine Ruhezeit einschieben würde. Das ist die *Brache.* Wenn diese den Boden auch kräftigt, so wird er doch müde, man mag ihm Kunstdünger geben, so viel man will.

Es gibt also irgendwo ein Defizit, und da es nach dieser Erfahrung nicht in der mineralischen Ernährung liegen kann, muß es im Stickstoffhaushalt gefunden werden.

Leicht ist es heute, darüber gelehrt zu sprechen. Wer aber hat dem Menschen Anno tausend vor Christus das Richtige gesagt? Geschehen ist es, denn der Mensch hat schon damals das Richtige getan als Zeichen dessen, daß er darum wußte. Er hat mit Mist gedüngt, wie prähistorische Reste beweisen.

Im Stallmist wird Stickstoff in den Boden gebracht, in einer Form und unter Umständen, die der Pflanze ermöglichen, ihren Stickstoffhaushalt immer wieder in Ordnung zu bringen. Deshalb ist der Düngerhaufen die „Seele der Landwirtschaft".

Einmal soweit, sind die Folgerungen Schlag auf Schlag leicht zu ziehen. Was ist der Düngerhaufen, was ist Kompost? Es sind Abfälle von Tieren und Verwesungsstoffe. Diese Stoffe sind im Wald nie weggeführt worden. Seine Bodenstreu ist ein natürlicher Düngerhaufen, der sich in .Humus verwandelt. Deshalb ist sein Stickstoffhaushalt völlig unangetastet, so lange man ihn nicht der Streu beraubt. Der Förster weiß sehr wohl, warum er sich dagegen wehrt, zu viel Streu abzugeben.

Diese natürliche „Streu" muß man nun auch den Feldern verschaffen, dann sind auch für sie. die natürlichen Verhältnisse hergestellt. Das ist der wahre Sinn der Stalldüngung; nichts anderes als die Wiederherstellung der Naturgesetzlichkeit.

Der Bauer und Gärtner macht dadurch den durch den einseitigen Feldbau und Gartenbau entnatürlichten Boden wieder schlecht und recht natürlich.

Das ist einzusehen, ohne alle Wissenschaft. Das lag auch unausgesprochen, aber durch die Tat befolgt, seit Urzeiten im Wissen des Volkes und wurde zur ehrwürdigen Tradition. Aber nur zu einer, die bloß annähernd, nicht aber vollständig das Naturgesetz erfüllte. Darum blieb immer noch ein Defizit. Jenes, auf das in dem Vorstehenden immer wieder hingedeutet wurde, und das sich darin ausdrückt, daß die Stickstoffversorgung der Felder immer ein Sorgenkind ist und Ackerbau den Boden langsam ärmer macht, während ihn natürliche Vegetation bereichert.

Daraus war der zwingende Schluß zu ziehen, daß wir irgendwelche Naturgesetze in der Bodenkultur nicht erfüllen.

Und an diesem Punkte, wo die reine Erfahrung nicht mehr half, setzte nun seit einer Generation die wissenschaftliche Forschung ein.

Sie fragte sich zunächst, welche Art von Stickstoffverbindungen denn die Pflanze aus dem Boden aufnehmen kann. Und da stellte sich heraus, daß es nur wasserlösliche Verbindungen der Salpetersäure sind, für die sich als handliche Bezeichnung der Ausdruck *Nitrate* eingeführt hat. Es müssen daher alle stickstoffhaltigen Verbindungen, die Eiweiße, der Harnstoff, die Substanz der Haare und Nägel, die Hauptbestandteile der Verdauungsabfälle in irgendeiner Weise nitriert, d. h. in salpetersaure Salze umgewandelt werden. Der Chemiker kann das, indem er sich diese Arbeit in drei Etappen zerlegt. Zunächst bereitet er Ammoniak, jedermann bekannt durch seinen starken und stechenden Geruch und dessen Verbindungen. Dann macht er daraus salpetrige Säure und deren Kreis. Und diese werden dann noch oxydiert zu den Nitraten, die von der Pflanze gewünscht werden.

Unter den natürlichen Verhältnissen im Boden finden sich nun aber auch die Anfang- und Endstadien dieses Vorganges. Im Laufe jeder Fäulnis entsteht durch die Fäulnisbakterien und Pilze Ammoniak; stets sind aber auch die Nitrate da. Also muß jemand auch die Umwandlungsarbeit leisten.

Da ist auch schon die ganze so ungeheuer verwickelte Angelegenheit auf eine einzige Frage vereinfacht. Wer ist dieser Jemand im Boden?

Es ist jetzt rund ein Menschenalter her, seit man unter dem Einfluß der damals alle Gemüter in Bewegung setzenden Bakteriologie durch Pasteuer auf den Gedanken verfiel, auch im Ackerboden nach Bakterien zu suchen. Natürlich fand man sie (denn wo sind keine Bakterien!) und unterschied bald viele Arten von *Bodenbakterien*[18]) und ihrer Wirkungen, womit die Arbeiter der oben erwähnten Umwandlungen entdeckt waren.

Heute gibt es eine ganze Mikrobotanik des Bodens. Man kennt Spaltpilze (die Nitritbakterien), die mit Hilfe des Sauerstoffes der Bodenluft das Ammoniak von den Fäulnisbakterien übernehmen und zu salpetriger Säure verbrennen, wobei Wasser frei wird. Dann greifen in diese Nitrite die Nitratbakterien ein, die wieder unter Verwendung von Luft eine höhere Oxydation einleiten, und die von der Getreidepflanze gewünschte Salpetersäure in Nitratform zubereiten. Außer dieser gibt es aber auch Spaltpilze, die einfach den Stickstoff der Bodenluft aufarbeiten. Man kann sie ohne Vergrößerungsglas und Laboratorium in jedem Augenblick sehen, wenn man eine Lupine oder sonst eine Hülsenfrüchtlerpflanze aus dem Boden zieht (Abb. 15). Auf den Wurzeln sitzen zahlreiche Knöllchen, die nichts anderes als Behälter für ganze Spaltpilzkolonien sind, die freien Stickstoff aufnehmen, sich aber von den Leguminosen einfangen lassen gleich dem Wurzelpilz und dann von ihnen gleich aufgenommen werden. Und schließlich gibt es auch für den Stickstoffhaushalt des Ackerbodens schädliche Spaltpilze, die „denitrifizieren", d. h. aus den Nitraten wieder freien Stickstoff abspalten und die ganzen Vorgänge zunichte machen und umkehren.[19])

Die Gründüngung

Von alledem war und ist dem praktischen Landwirt nur eines bekannt, und da er gewöhnt ist, alle seine Kenntnisse sofort in lebenden Nutzen umzugestalten, hat er sich daraus auch sofort eine Methode der Verbesserung seiner Ernten zurechtgelegt. Das ist die sog. *Gründüngung.*

Nichts anderes ist das, als grünen, gesunden und lebensfrohen Pflanzen ein Erdgrab zu bereiten, indem man sie einackert und verfaulen läßt. Man wählt dazu

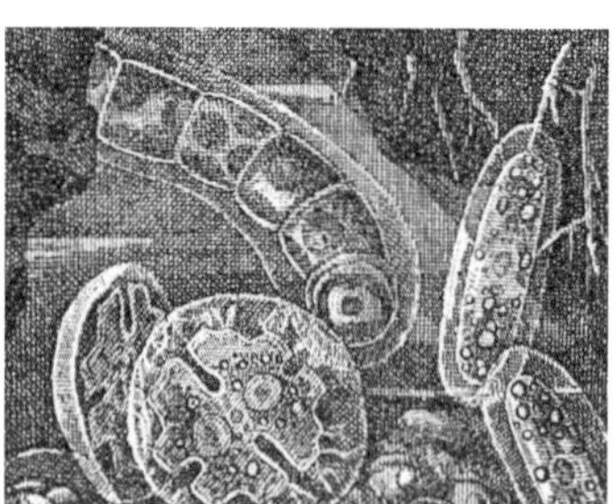

Abb. 17. Erdalgen in den obersten Regionen des garen Ackerbodens, bei sehr starker Vergrößerung gezeichnet. Aus der Erde dringen die Wurzelfäden einer Botrydiumalge. Davor stehen zwei grüne Zellen von Mesotaenium mit vielen Stärkekörnchen. Neben ihnen liegen Vertreter der Alge Stichococcus. In durchsichtige Gallerthüllen gehüllt sind die zwei Euastrumze\len, hinter denen ein Fadenende der Kraushaaralge *(Ulotbrix)* sichtbar wird. Nach der Natur.

fast ausschließlich schmetterlingsblütige Pflanzen und Hülsenfrüchte, Klee, Luzerne, Lupinen. Längst wußte man, daß solche Gründüngung den Stalldünger, vielmehr noch die teuren Kunstdünger ersetzt und den Boden mit Stickstoff bereichert. Der Zusammenhang ist sonnenklar. Die Knöllchenbakterien sind es, die die unschuldigen Hülsenfrüchtler ins Verderben ziehen. Das Mittel ist zwar barbarisch, Landwirtschaft aber ist keine Beschäftigung für sentimentale Gemüter. Was hier primitiv geschah, das ist nun aber im Licht der neuen Kenntnisse zu einer wahren Wissenschaft erhoben.

Die Stickstofffrage ist damit plötzlich von einer chemischen zu einer biologischen Frage geworden und hat dadurch zwar von ihrer mathematischen Exaktheit verloren, aber neue Möglichkeiten gefunden, zu der so gewünschten neuerlichen Erntesteigerung zu gelangen.

Stickstoffzehrer und Stickstoffmehrer

Indem man unter dem Einfluß dieses Gedankens dem heimlichen Bodenleben erhöhte Aufmerksamkeit zuwendete, hat man entdeckt, daß der Stickstoffhaushalt des Bodens nicht von den Heinzelmännchen der Spaltpilze allein besorgt wird, sondern auch noch von vielen anderen Mitarbeitern.

Das ist die neueste Einsicht der Bodenkunde, die sich ihre allgemeine Anerkennung freilich erst erringen, ihre Nutzanwendung erst erarbeiten muß. [20])

Es gibt doch im Ackerboden, wie wir schon wissen, eine Fülle von Leben tierischer und pflanzlicher Natur, das selbstverständlich sich an dem Umsatz stickstoffhaltiger Substanzen beteiligt.

Die einen davon verzehren Stickstoff. Das sind zunächst einmal alle Tiere. Die anderen stellen geeignete Verbindungen von Stickstoff her. Und das kennen wir ja bereits von den Mykorhizapilzen.

Hier hatte die Forschung einzusetzen. Und sie setzte auch ein mit dem Ergebnis, daß sie eine ganz neue Welt eröffnete.

Um sie kennenzulernen, hat man seit mehr denn zehn Jahren rastlos Bodensorte um Sorte erforscht. Aus allen Tiefen, in die noch Pflanzenwurzeln hinabreichen, hat man Krümelchen um Krümelchen unter dem Vergrößerungsglas durchmustert, die gefundenen Tiere und Pflanzen in ihrem Leben und Treiben beobachtet, sie gezüchtet, ihre Zahl und Bedeutung ergründet, auf ihre gegenseitigen Zusammenhänge achtgegeben, ihr Verhältnis zu der großen Stickstofffrage der Landwirtschaft besonders beachtet. Zu allen Jahreszeiten ist das geschehen, in alle Klimate ist man ihnen gefolgt, unter allen Höhenlagen, soweit Pflanzen wachsen, hat man sie beachtet. Ich habe mehr als 600 solcher Bodenuntersuchungen angestellt im ganzen Bereich der deutschen Land- und Forstwirtschaft, in der bayrischen Kornkammer des Reiches, auf den Zuckerrübenböden der Provinz Sachsen, im dürftigen altpreußischen Kartoffelland und in den fetten Marschen Niedersachsens. Im Garten Deutschlands, im gesegneten Schwabenland, bin ich umhergezogen mit Bodenbohrer und Sammelglas, auf den Hochbergen der Alpen bin ich darob umhergeklettert bis zu den Firnen des Montblanc und den schmalen Rasenbänken der Tiroler Kalkalpen, in Holland, Österreich, in Italien und Frankreich habe ich Böden analysiert, für Ungarn den besten Weizenboden, für die damals noch kaiserliche russische Regierung neuerschlossenen Ländereien in Turkestan; den altheiligen Boden des Niltales habe ich bodenbiologisch erforscht, in afrikanischen und arabischen Wüsten gearbeitet, den Urwaldhumus des zentralen Afrikas habe ich kennengelernt. Und so erstand langsam eine neue Wissenschaft: die *Edaphologie,* d. h. die Kunde von den Lebewesen des Bodens, die ein Gegenstück zur Planktonkunde ist, aber im Dienste weit größerer materieller Interessen als diese steht.

Wunderbare Dinge kamen dadurch zutage. Zunächst Tiere der allermerkwürdigsten Art. Besondere Erdinsekten, Stutzflügler, winzige Käferchen[21]) mit besonderen Anpassungen an die unterirdische Lebensweise, dann die barocke Welt der Erdwürmer, von denen ich schon gesprochen habe, jene der Rädertiere (Abb. 11) und unterirdischen Milben und Spinnen. Dazu die drolligen Bärtierchen, die unbehilflich unter Moosen hausen und nur im Notfall mit ihren plumpen krallenbewehrten Beinchen zappeln.

In Hunderten der schönsten und merkwürdigsten Gehäuse sitzen namentlich im Waldhumus die Wurzelfüßler (Abb. 9 u. 10), deren Biotechniken allein ein ganzes Buch füllen könnten.

Wie eine Spinne im Netz, so krabbelt eine *Erdgromia* im Gefädel ihrer feinen blitzenden Scheinfüßchen und spinnt und zieht leise in den engen Gängen ihres unterirdischen Wohnortes. Weithin strecken sich die glasklaren Fäden, in denen der Lebensstoff Körnchen um Körnchen rollt. Ein stetes Wandern und Fließen verbindet das letzte der ausgestreckten Füßchen mit der inneren Kammer, in der wohlgeschützt das eigentliche Tier haust. Es ist wie ein winziger Minotaurus, ein Schreckenswesen in unterirdischer Höhle, das ununterbrochen Opfer fordert und den Tribut auch herbeizieht in Gestalt von gefangenen kleinen Kieselalgen und Schwingfäden. Wäre so ein Tier groß, etwa von der Größe der Riesentintenfische, mit denen es gestaltlich ein wenig Ähnlichkeit hat, dann wäre die Welt erfüllt von grausenmachenden Erzählungen über seine Untaten und seine Gefährlichkeit.

So hockt es verschwiegen und klein wie ein Sandkörnchen unter unseren Füßen im Garten und erfüllt nur die Welt der Schiffchenalgen mit Gefahren und Schrecken.

Oder da sind die Mosaiktierchen (Abbildung 10), unzählbar häufig in jeder Handvoll Fichtenwalderde, die die erstaunliche Kunst verstehen, die kleinen Glimmerplättchen und Quarzkörner ihres Aufenthaltsortes mit ihrem schneckenfußklebrigen „Füßchen" heranzuziehen und sich auf der Schale anzukitten, in der sie wohnen. Prachtvolle Mosaike stellen diese kleinsten aller Kunstgewerbler dadurch her, die ihr Entstehen wohl nicht einem Schönheitssinn, sondern vielmehr dem Bedürfnis verdanken, das schwanke und hauchzarte Schneckenhäuschen, das so ein Wurzelfüßler mit sich schleppt, widerstandsfähiger zu machen.

Das alles sind die Stickstoffzehrer. Aber viel wichtiger als sie sind die Stickstoffmehrer, ausschließlich Kleinpflanzen von abenteuerlicher Form und Lebensweise.

Einige davon sind schon genannt, wie die Kieselalgen und Schwingfäden, aber es gibt noch viel mehr und ganz andere.

Da sind die Protococcuskugeln, die man schon vor vielen Jahren *humicola (= Cystococcus humicola),* d. h. die Humusbewohnenden nannte, weil man eben fand, daß sie nirgends im Humus fehlen. Mit ihnen zusammen finden sich wunderschön grüne *Zieralgen.* Gewöhnlich kennt diese der Forscher nur vom Grund der Teiche, der stillen Waldweiher und namentlich der Moortümpel. Viele Menschen gibt es, die sie lieben, weil sie so überaus hübsch anzusehen sind. Das deuten schon ihre Namen an; einzelne hat man den „Schönen Stern" *(= Euastrum),* die anderen den Kleinstern *(= Micrasterias)* oder auch das Malteser Kreuz genannt, wieder andere würden verdienen, die Mondsichel oder der geschmückte Stab oder der Morgenstern zu heißen, denn in allen diesen Formen treten die Desmidieen auf, wie man die *Zieralgen* wissenschaftlich nennt. Dazu kommt, daß ihr Blattgrün das allerschönste Grün verwirklicht, das es gibt; es ist schöner als das Maienlaub der

Buche, weil es von einem inneren Glanz durchzittert ist, als leuchte es von innen heraus und dazu noch ausgesprochen sonnengoldig, kurz wahrhaft edelsteinprächtig (vgl. Abb. 17).

Und solche, gleichsam aus Licht geborene und für das Licht bestimmte Wesen gibt es auch im dunklen, traurig grauen Reich der Hel. Man kann das gar nicht verstehen und muß es doch in seine Erinnerung eintragen, da gewisse Zieralgengattungen mit einer gewissen Regelmäßigkeit gerade den Ackerboden beleben. In ihrer Gesellschaft finden sich auch grüne Fadenalgen[22]) und sehr drollige, wie winzige Gnomen anzusehende strotzend dunkelgrüne Pflänzchen, die freilich immer wieder Gelegenheit suchen und auch finden, an das Tageslicht emporzudringen.

Man könnte sich die Existenz solcher assimilierender, auf das Licht angewiesener Pflanzen im dunklen Schoß der Erde gar nicht zusammenreimen, hätte sich nicht (vgl. Anmerkung 2) herausgestellt, daß diese Kleinwesen auch im Dunkeln assimilieren. Es ist das offenbar eine Anpassung an ihren Aufenthaltsort, sowie auch der Umstand, daß sie alle echte und wichtige Stickstoffsammler sind. Die Untersuchungen der französischen Edaphologen[23]) haben hierüber gar keinen Zweifel gelassen, und so hat sich ein uralter Glauben der Landwirte durch neuestes Naturwissen auf einmal aufs schönste gerechtfertigt.

Sicher haben viele aus der praktischen Landwirtschaft, denen dieses Büchlein vor Augen kommt, von ihren Eltern her schon den Erfahrungssatz gekannt, daß „grüne Schimmel" in den oberflächlichen Schichten der Erde ein Anzeichen guter Ackergare sind, werden daher das oben Gesagte nun besonders gut verstehen, namentlich, wenn sie bedenken, daß diese Grünalgen auch die allerbesten „Durchlüfter" sind und als solche von Abwasseringenieuren schon seit langem hochgeschätzt werden.

Algen und Pilze im Stickstoffhaushalt

Ihnen schließen sich aber auch die edaphischen *Kieselalgen* (Abb. 12) und *Bodenpilze* (Abb. 16) an, von denen die mit ihnen angestellten Versuche ebenfalls mit jeder Gewißheit ergeben haben, daß sie sich an Stickstoffumwandlung und Bereicherung des Bodens beteiligen. Gewisse Schimmelpilze sind Ammoniakbildner; die Pilze der Mykorhiza (und dazu gehören wohl letzten Endes sämtliche Bodenpilze) dagegen sind der gleichen Stickstoffassimilation fähig, wie die darob berühmten Bodenbakterien.[24])

Diese Kieselalgen und Bodenpilze aber sind im Acker und Garten in geradezu unschätzbarer Menge vorhanden. Meine Zählungen haben ergeben, daß 80 000 Kieselalgen in einem Kubikzentimeter guter Blumentopferde nichts Außergewöhnliches sind. Wenn man also den Wurzelraum eines mittleren Baumes mit 25 Kubikmeter Erde sicher zu gering als zu hoch einschätzt, so kann man ruhig sagen, daß die unvorstellbare Zahl von zwei Billionen Kieselalgen sich im Dienste eines einzigen Baumes ständig um dessen Stickstoffhaushalt bemüht. So wie die Unermeßlichkeit des Sternenhimmels zu unseren Häupten von je das Herz erschauern ließ im Gefühl, wie nichtig doch der einzelne Mensch ist gegenüber der Größe des Kosmos, so ist unserem Empfinden auch in der Richtung des kleinsten Raumes eine Unendlichkeit aufgetan, nicht weniger erhaben als das schimmernde Gewölbe da droben.

Es ist nur bloße Gewohnheit und Einstellung auf die grobe *„Zoësis"* der Menschen, auf die Beziehungswelt, die er unmittelbar zu seinem Leben braucht, wenn er die Genossenschaft der Bäume, die Rasen der Gräser und Blumen, die

Polster der Moose, wenn er Wald, Erdschollen, Steine, Felswände, Berge und Auen, die Tiere, die darin umherlaufen und fliegen, Sonne und Mond, dazu die köstlichen Himmelslichter, die des Nachts funkeln, für die eigentliche Natur hält. Man prüfe sich nur auf sein eigenes, von innen her bestätigtes Empfinden hin, und man wird zugestehen, daß man eigentlich auch keinen anderen Naturbegriff gehabt hat. In Wirklichkeit aber ist das falsch.

Unser Dasein wird von Faktoren beherrscht, zu deren Erkenntnis unsere natürlichen Sinne nicht ausreichen. Der Hefepilz ist die wichtigste Pflanze, denn ohne ihn gäbe es kein Brot, die Kieselalgen des Meeres erhalten die gesamte Lebewelt der Ozeane, also gut drei Viertel der gesamten irdischen ,,Lebensmasse" im Dasein, und die scheinbar unbelebten grünen Meereswogen bergen mehr Nahrungs- und Lebensstoff in sich als eine üppige, mahdreife Wiese. Der Bazillen unsichtbares Heer ist für Leben und Tod des Menschen verhängnisvoller als alle andere Pflanzen zusammengenommen. Ohne die Verwesungspilze gäbe es keine grünende, ewig erneute Welt, nur einen eklen Leichenhaufen. Und ohne die im Dunkeln hausende Heerschar der Bodenorganismen wäre kein Wald, noch Au, es grünten keine Felder noch Gärten, und alles Land wäre Wüstenei. Der Mensch aber wäre dann nie zum Leben gekommen.

Und dennoch fällt es uns so schwer, einen wirklichen erlebten Begriff davon zu haben, daß alles zu unseren Füßen da drunten lebt und mit diesem Leben an einem Webstuhl von tausend feinen Fäden hineingreift in den Alltag, ins tägliche Brot, die Gewebe, in die man sich kleidet, das Holz der Häuser und Geräte und das Papier, ohne das heute des Menschen Geist verdorren würde.

Der Kreislauf des Stickstoffs

Ein Wunder ist schon die Welt der sichtbaren Dinge, die man betasten und damit auch „begreifen" kann. Ein noch viel größeres Wunder aber ist die kaum sichtbare oder ganz dem natürlichen Auge entrückte Welt des *„Edaphons"*,*) und ganz sicher sind wir uns trotz aller Forschungsmühe ihrer wahren Bedeutung immer noch nicht bewußt.

Nur das eine weiß man schon mit jeder Bestimmtheit, daß alle diese Erdlebewesen, die ich hier vorüberziehen ließ, die kleinen Insekten, die Erdwürmer und Milben, Bärtierchen, die Spaltalgen und Spaltpilze, die Bodenpilze und Kieselalgen, die Grünalgen jeder Art eine in sich geschlossene, miteinander durch zahllose Beziehungen verknüpfte Lebensgemeinschaft bilden, die eben ihre Sonderbezeichnung *Edaphon* ebenso rechtfertigt wie der „Wald", das Plankton, das Moor oder die Heide, die auch solche Lebensgemeinschaften geschlossener Art darstellen. Eines lebt in solchen Gemeinschaften (*Biozönosen* nennt sie die Wissenschaft) von dem anderen, soweit nicht die Pflanzen, die auch hier die Grundlage des ganzen Kreislaufes bilden, für sich allein bestehen, denn sie leben von den reinen, immerdar vorhandenen Gasen der Luft und Mineralien der Erde. Aber von den Algenpflanzen lebt das Heer der Wurzelfüßler und Infusorien, von diesen wieder die kleinsten Erdwürmer und Rädertiere. Das kleine Wurmzeug wird gefressen von den Insekten und Larven, alles Edaphon zusammen von dem Regenwurm, und wenn die Großen sterben, dann haben wieder die Kleinen zu leben. Die Kleinpflanzen schaffen Atemluft für die Tiere, diese wieder Stickstoffnahrung für die Gewächse.

---

*) Edaphon (griech.) = das im Boden Lebende.

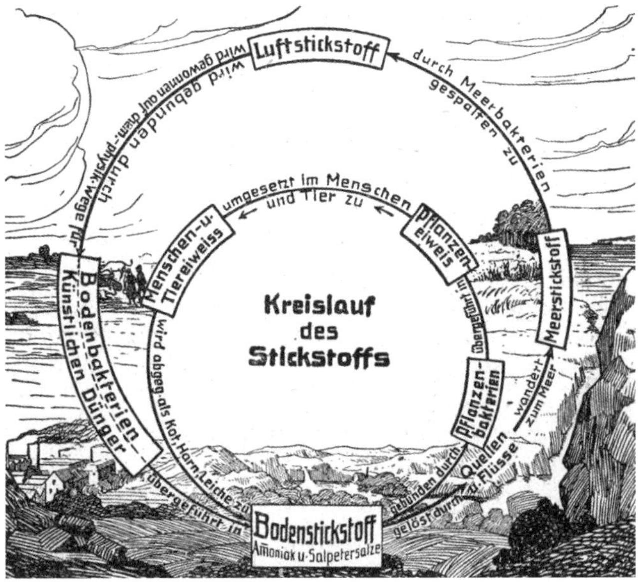

Abb. 18. Der Kreislauf des Stickstoffes in der Natur. Näheres siehe im Text.

In einem prachtvollen Kreislauf (Abb. 18) wandert so der Stickstoff durch belebte Hüllen aus und ein auf Erden. Im Luftmeer breitet er sich unermeßlich, von dort reißen ihn die kleinen Bakterien und Algen und Bodenpilze hinab zu sich und verwandeln ihn in Ammoniak und Salpetersalze. Vom Boden holt ihn sich die Pflanze, verwandelt ihn in ihr Eiweiß. Mit der Pflanze gerät er in das sich von ihr nährende Tier, schließlich in den Menschen.

Im Menschen erlebt der Stickstoff für kurze Jahre das große Wunder des Bewußtseins, dann aber wird er wieder hinabgerissen an der Kette des Geschehens zur Erde, gerät wieder in die Macht des Edaphons, soweit er nicht den Seitenweg einschlägt, gelöst vom Quellwasser zum Meer verfrachtet zu werden, in dem neue - Denitrifikationsvorgänge ihn doch wieder eines Tages zur Allmutter Luft zurückbringen.

Der zentrale Punkt, in dem sich aller Stickstoff immer wieder sammelt, ist dabei das Edaphon, die Lebewelt des Bodens, die dadurch erkannt wird als eine der großen Grundlagen des Lebens unserer Erde überhaupt. Und niemand kann sagen, daß er einen klaren Begriff von den Gesetzen des Lebens habe, der nicht von diesem geheimen Bodenleben und seiner Bedeutung weiß.

Es ist von einer Ausdehnung und Macht, von der man sich gar keine anschaulichen Begriffe machen kann. Man hat berechnet, daß ein Hektar Ackerland durchschnittlich zwanzig Zentner Edaphon enthält.[25]) Das bedeutet, daß in jedem Gramm Erde mehrere Millionen der kleinen Bodenwesen leben, in der fruchtbaren Schicht der Erdrinde aber solche Mengen, daß man wohl den Ausspruch wagen kann, in dem Boden werde mindestens ebensoviel Leben ernährt, als auf ihm in Gestalt von Pflanze, Tier und Mensch.

Und was ist das für ein merkwürdiges, alle unsere Phantasien überbietendes seltsames Leben da drunten in den kleinen wasser- und luftgefüllten Erdspalten! Ich versuchte, in den hier eingestreuten Bildern einigermaßen das Bild der Wirklichkeit herzustellen, die sich einem Auge bieten würde, das, die Dinge viele hundertmal größer sehend, in die ewige Nacht unter uns blicken könnte. Diese Lebensweise hat ebenso sonderbare Anpassungen mit sich gebracht, wie sie auch das Dasein mit bizarren und unerhörten Gefahren bedroht. Von undurchdringlichem Dunkel kann zwar kaum gesprochen werden, und es ist nicht unwahrscheinlich, daß ultraviolettes Licht noch viel tiefer hinabdringt als die übrigen Strahlen des Tageslichtes, das nach in meinem Institut angestellten Versuchen ohnedies erstaunlich weit, mindestens einige Dezimeter tief, wenn auch nur verloren hinabreicht. Damit erklärt sich auch wohl das so reichliche Vorhandensein von assimilierenden Grünpflanzen, wenn auch deren Blattgrün meist in eigentümlicher Weise verändert mit braunen (Kieselalgen) oder blauen (Spaltalgen) Farbstoffen vermengt oder farblos geworden ist. Eine viel ärgere Gefahr als das „Verhungern" also ist da drunten das Verdursten. Wohl sind hauptsächlich die mit Wasser gefüllten Ritzen der Aufenthaltsort für das Edaphon, aber wie oft sperrt Bodenfrost diese Wasserleitung, wie lange dörrt und dürstet in den Sommerwochen der Boden nach dem belebenden Naß!

Der amerikanische Dichter *Poe* hat in seinen Höllenphantasien sich einmal eine Erzählung von einem Kerker ausgedacht, dessen Wände sich ständig von allen Seiten verengen. In solchem Gefängnis aber leben die Kieselalgen und Wurzelfüßler des Ackerbodens dauernd. Wenn der Boden austrocknet, schwindet nicht nur das Naß, sondern die kleinsten Spalten werden auch zusammengedrückt, und ihre unglücklichen Bewohner sind einem für ihre Verhältnisse ungeheuren Erddruck ausgesetzt. Die größeren, die Insekten und Würmer, können entfliehen, sie flüchten auch vor dem Austrocknen entweder in die Höhe oder hinab in die feuchteren Gründe. Die Kleineren aber sind zwar beweglich,[26]) aber sie marschieren langsam und kommen dadurch nicht heraus. Also heißt es, sich der schrecklichen Änderung in den Verhältnissen der Umwelt anpassen. Und sie haben das auch mit einer wahren Meisterleistung vollbracht. Anpassung an Austrocknen ist es, wenn alle Erdalgen durchgängig große gallertige Hüllen (man vgl. besonders Bild 13 u. 17) um sich legen, die Wasser auf das zäheste festhalten und dadurch das kleine zarte Leben in sich auf das trefflichste schützen, zugleich aber auch durch ihre Elastizität vor dem Zerdrücken bewahren. Anpassung ist es, wenn die Erdkieselalgen (vgl. Abb. 12) durchgängig sehr starke Schalen aus Quarz (Kieselsäure) um ihr verletzbares Inneres bilden und Festigungseinrichtungen besitzen,*) die geradezu ideale technische Leistungen nach dem Satz: Größte Leistung beim kleinsten Materialaufwand sind.

Anpassung sind auch die aus festem Material erbauten Häuschen der Erdwurzelfüßler (Abb. 9 u. 10) und vor allem die Gabe aller dieser dem Edaphon angehörigen Tiere und Pflanzen, bei langandauernder Trockenheit, oft kugelig zusammengezogen und in selbstausgeschiedener Hülle wohlverpackt, sonst aber ganz starr und scheintot in einen Ruhezustand verfallen, in dem sie Jahre zubringen können.

Als man die Fähigkeit dieses Scheintodes *(Anabiose)* vor reichlich dreihundert Jahren entdeckte, erregte das maßloses Aufsehen unter den Gebildeten, und man gab sich den lächerlichsten Fabeleien darüber hin. Unter anderem tauchte auch der Gedanke auf, ob nicht der Mensch auch einen solchen „ewigen Kern" besitze, in dem er der Auferstehung des Jüngsten Tages entgegenharrt.

Unser Geschlecht ist heute nicht mehr so phantasievoll, dafür ist aber die Wirklichkeit noch viel phantastischer, als man es damals wußte oder auch nur ahnte. Denn die anabiotischen Rädertiere, die eingekapselten Infusorien und Amöben, die

---

*) Vgl. darüber mein Kosmosbändchen von 1920: Die Pflanze als Erfinder.

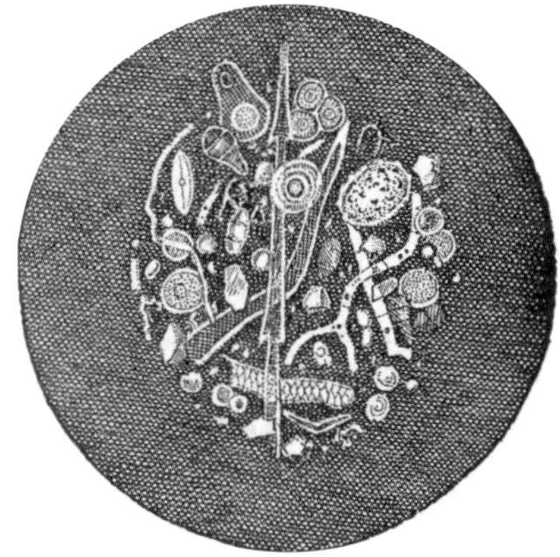

Abb. 19. Die Bestandteile des Staubes. Ein Häutchen Staub der städtischen Straßen unter dem Mikroskop, schwache Vergrößerung. Man erkennt: Mineralkörner, Schimmelpilzfäden, Pflanzen- und Tierhaare, Wollfaden, Rußflöckchen, öltropfen (aus dem Rauch der Fabriken), Zysten, Pilzsporen, Hefezellen *Cystococcus*-Zellen (vgl. Abb. 13). Schale von Trinema (s. Abb. 9) mit Zyste, Rädertierchen, Kieselalgen. Nach der Natur gezeichnet vom Verfasser.

in Sporen verwandelten Bakterien, die Pilzsporen und, in ihren gläsernen Särgen erstarrten, Kieselalgen erheben sich aus dem trockenen Boden sogar in die Lüfte bis Montblanchöhe und reisen mit den Winden um die ganze Welt.

Wenn das Erdklümpchen, in dem sie leben, austrocknet, erheben sich mit jedem Windstoß daraus Staubwolken und mit diesen auch die zahllosen *„Zysten"*, Sporen, Eier und trockenstarren Mumien der Bodenwesen. Mit jedem Atemzug schlucken wir solche; überall, in den Stadtstraßen, auf dem freien Lande, in der Stube so gut, wie im angeblich vom „reinen Äther" umfluteten Berggipfel oder auf dem freien Meere, fern von jedem Land, schweben diese kleinen Wesen. Wo immer man Staub mikroskopisch untersuchte, hat man auch sie gefunden (Abb. 19). *G. Chr. Ehrenberg*[27]) ein deutscher Naturforscher der Biedermeierzeit, hat 14 Jahre lang sich solchen Untersuchungen hingegeben und eine Allverbreitung der Kieselalgen, Wurzelfüßler und sonstigen Einzeller, der Rädertiere und Fadenwürmer festgestellt. Andere haben die Weltreise der Bodenbakterien untersucht und bestätigt gefunden. In den westafrikanischen Staubströmungen beobachtete Ehrenberg 308 verschiedene organische Formen; der Passatstaub auf den großen Ozeanen enthielt 49 Spezies; auf dem Monte Rosa saßen die Edaphonformen ebensogut wie auf dem ewigen Schnee der Polarnacht. Und in jedem Boden kommen sie so weit zum Leben, als er Feuchtigkeit enthält. Den reinen Sand der Sahara fand ich vollkommen frei von Edaphon; allerdings ernährte er dort auch nicht eine einzige Pflanze. Im tief schwarzen Humus der tropischen und der heimischen Urwälder unter erstickender und höchster Vegetationspracht fand ich auch das reichste Bodenleben.

Mit diesen Erkenntnissen schloß sich dann der Kreis. Was die uralte Sprichwortweisheit von China bis Bagdad überall sagt, daß die Länder durch fremde Erde von oben befruchtet werden, das hat nun die Wissenschaft bestätigt und auch verständlich gemacht.

Kompost – eine Kultur von Edaphon

Ganz klar ist es nun auch geworden, weshalb der *Stalldünger* dem Landwirt unentbehrlich ist und wahrhaft Mittelpunkt und Seele der Landwirtschaft. *Auch er enthält Edaphon, er und der Kompost ist nichts anderes als eine wahre Kultur von Edaphon, eine Massenzüchtung der Bodenlebewesen.*

In dem Augenblick, in dem einem das klar wird, eilt man auch schon zum Untersuchungstisch. Auf Abbildung 20 zeigt sich ein Bild aus der Welt des Düngerhaufens. Und was sieht man? Die altvertrauten Formen aus dem Edaphon.

Man hat Stalldünger und Jauche in den letzten Jahren auf das eingehendste untersucht und kennt heute eine besondere Düngerfauna-und flora. Sie besteht hauptsächlich aus den Spaltpilzen der Fäulnis- und Bodenbakterien, aus Sproß- und Schimmelpilzen, sowie Infusorien. Manche von den bekannten Bodenpilzen sind darunter. Dazu sind Nitrite und Nitrate da, ferner Ammoniak, die Eiweißstoffe aus den Abfällen, Humus in seinem ersten Vorstadium. Manches aber fehlt. Es fehlen viele wertvolle Bodenpilze, die Durchlüfter und die Durchschaufler. Grünalgen, Kieselalgen, Kleintiere, alles das ist nur in Spuren vorhanden. Mist ist eigentlich nur eine Mischkultur von Bakterien und Pilzen.

Und da erkennt man nun die Lücke im Ring; hier dämmert die Möglichkeit, hier beginnt der Weg zur neuen Liebigtat.

So wie der Mensch gelernt hat, die Kleinarbeit des Edaphons im großen zu verrichten, indem er pflügt, eggt, den Boden umgräbt und hackt und gießt, so muß er auch lernen, seinem Kulturboden stets die ganze Kleinarbeit, die dieser braucht, um seine Kreisläufe optimal zu verrichten, zuzuführen.

Was die mechanische Bodenbearbeitung in Wirklichkeit ist, das versteht nun jeder, der dieses Büchlein gelesen hat.

Das Ackern ist ein Durchlüften, ebenso das Durchschaufeln. Das Hacken und Eggen ist ein grobes Krümeln und Mengen. Alles, um die Verwitterung zu beschleunigen, die Humifikation einzuleiten. Aber alles das ist Grobarbeit gegenüber den Feinvorgängen, auf die es letzten Endes ankommt. Es ist so, wie wenn Elefanten Taschenuhren zusammensetzen wollten. Sie schaufeln nur die Zahnrädchen und Federn und Unruhen zuhauf und die Uhrmacher dazu. Diese gehören dem Edaphon an und können unter der einseitigen Ausnutzung, die der Acker- und Gartenbau dem Boden zumutet, nicht richtig gedeihen. Wohl gönnt man, wenn die Erschöpfung merkbar wird, ihnen die *Brache.* Und jeder versteht nun auch, warum die Brache der Fruchtbarkeit nützt. Sie ist eben eine Pause, während deren der Boden wieder natürlicher werden darf; das Edaphon vermehrt sich während der Brache, wie die Untersuchungen nachgewiesen haben.[28]) Wohl bringt man mit der Stalldüngung und dem Kompost auch immer wieder kleine Bodenarbeiter herein.

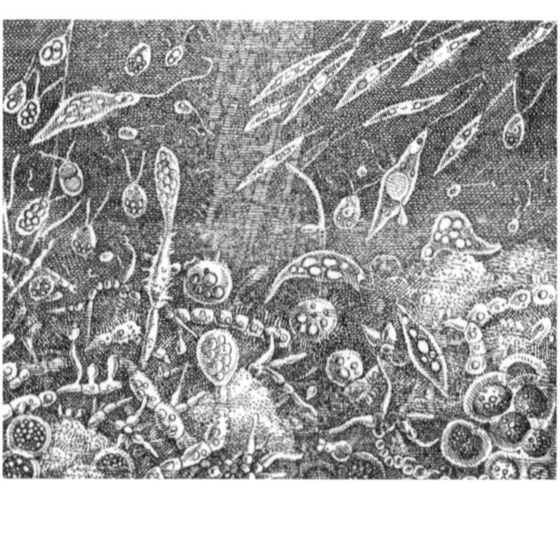

Abb. 20. Die Lebewelt in der Jauche. Der Bodensatz einer Mistpfütze ist eine Reinkultur von Mikroorganismen. Zu unterst sind zahllose Schimmelpilze *(Oidium, Mucor*hefen, Moniliaformen u. s. w.) untermengt mit Zoogloeen von Bakterien, Dauersporen und Palmellen von Änderungen (namentlich rechts vorn). In der Jauche schwimmt ein ganzer Zug der Flagellatengattung *Cercidium,* vereinzelt Änderlinge *(Euglena stagnalis*), die von Pilzen befallen werden, viele Jauchealgen *(Polytoma)* in allen Stadien der Vermehrung, Monaden und zahllose Fäulnisbakterien, unter denen die schraubenförmigen großen Vibrionen sichtbar sind. Das Gebilde im Hintergrund ist das Flöckchen eines Stohhalmes. Bei starker Vergrößerung gezeichnet und zusammengestellt vom Verfasser.

Aber, erstens gibt es nicht so viel Stalldünger, wie die deutsche Landwirtschaft brauchte.

Zweitens ist der Stalldünger keineswegs die vollkommene Edaphonkultur, wie sie der Boden braucht, sondern nur ein urprimitiv zurechtgemachter, annähernder Stoff von Urvaters Zeiten her.

Und endlich und allerwichtigst: *auch der ideale Stalldünger entbehrt einer Reihe wichtiger „Mitarbeiter" für den Bodenhaushalt.*

Hier sind Möglichkeiten zur Ernteverbesserung, hier kann die Forschung einsetzen, hier hat sie anzugreifen und hier hat sie auch eingesetzt.

Es ist gelungen, Methoden zu finden, um den Boden immer wieder mit passendem Edaphon aufzufrischen, ihm neben der Kunstdüngung mit ihren Salzen und ihrem Stickstoff auch die notwendige Mumifikation um die Sache in einem Wort zu sagen – zu sichern. Durch diese Methoden sind bei feldbaumäßigem Anbau in der Praxis mit den verschiedensten Kulturpflanzen bei minimalen Kosten Ertragssteigerungen von 30–50 Prozent erreicht worden.[29]) Diese Methoden sind in Ausarbeitung. Wie jede große Sache, bedarf auch diese tausendfältiger Erfahrung und Erprobung und langjähriger Versuche nach allen Richtungen hin. An dem Prinzip aber ist nicht mehr zu zweifeln, daß es gelingen wird, die Tat *Liebigs* nochmals zu wiederholen und, auf seinem Wege weiterschreitend, durch richtig angewandte *Bodenbiologie* den heimischen Boden noch ertragsfähiger zu machen als er heute ist.

Verwirklicht die Naturgesetze des Bodens!

So wächst, so entsteht die Ernte der Felder. Das ist die Geschichte des keimenden Getreidekorns, so ist das geheime Leben des Ackerbodens beschaffen, so wird aus Erde und Mist die Vorbedingung aller Kultur und Geistigkeit, das Notwendige, ohne das wir nicht leben könnten, das, worum die Menschheit seit ihrem ersten Tage betet und arbeitet: unser tägliches Brot.

Wenn der junge und unerfahrene Mensch hinaustritt ins Leben, so erscheint ihm das Können und Tun der Menschen überwältigend und in seiner maßlosen Verwicklung undurchschaubar und imponierend, wenn aber der erfahrene Mann zurückblickt auf den langen Weg derer, die vor ihm waren und arbeiteten, dann vereinfachen sich die Linien, und das Wesentliche ist eigentlich nur gering und leicht begreiflich. Viele Jahrtausende hindurch hat der Mensch im Ackerbau, in dieser Urbeschäftigung aller Beschäftigungen, das Richtige getan, ohne es zu wissen. Er hat den Boden zerkleinert, gelockert, durchlüftet. Und dann hat er ihn gedüngt in einer Weise, daß sich Humus bildete. So wie es heute noch der Patriarch am Sinai tut, so hat es auch schon der Urmensch der Pfahlbauzeiten getan, und nie wird man, so lange man ernten will, etwas anderes dem Wesen nach tun können. Denn man hat damit den Weg der Natur beschritten, ihr Gesetz erfüllt und im großen das wiederholt, was ihre Geschöpfe im kleinen und feinsten gleichfalls tun. Was die Wissenschaft inzwischen geleistet hat, das war nur das Bewußtwerden unserer Handlungen; sie erklärt uns, *warum* wir so handeln mußten und nicht anders handeln können, wenn wir nicht Schaden erleiden wollen.

Zunächst hat sich dieser Vorgang des Bewußtwerdens und Erklärens auf die stofflichen Änderungen beschränkt, die im Boden vor sich gehen. Das war die Zeit der Bodenchemie, und sie führte zur Kunstdüngung. Dann hat man die Aufmerksamkeit den Erregern dieser chemischen Vorgänge zugewendet, und damit begann die *Bodenbiologie,* die jetzt ebenbürtig neben die Bodenchemie tritt und ihre neuen Methoden soeben ausarbeitet. Ihre ganze Lehre und Methode reduziert sich auf den einzigen Satz:

Verwirklicht die Naturgesetze des Bodens vollständig, dann erhaltet ihr ihn auch dauernd jung, gesund und fruchtbar!

Der Patriarch am Sinai tat also, zwar primitiv, aber doch das Richtige; auch der moderne Mensch kommt nicht über sein Gesetz hinaus. Aber in einem unterscheidet er sich dennoch; er versucht es nicht schlecht und recht zu verwirklichen, sondern auf das Bestmögliche, nämlich optimal.

Das aber ist der Leitstern des Lebens von heute überhaupt. Es hat Zeiten gegeben, da der Mensch, im Innersten davon überzeugt, nur ein flüchtiger Gast auf dieser trüben Erde zu sein, das ganze irdische Dasein unterschätzt und mißachtet hat; er hat Perioden durchlebt, in denen er sich wieder wie ein allwissender Gott seiner Welt dünkte und allen Ernstes glaubte, er könne die Natur beherrschen, sich unterwerfen, und sein Aufstieg in zahllosen Entwicklungen sei grenzenlos. Jetzt aber dünkt es mich, als hebe eine Zeit an, da er sich bescheidet darauf: ein Lebendiger unter vielen Lebendigen zu sein mit dem Wissen, daß auch er nichts anderes könne, als sein Leben ganz und gar auszuspannen. *Mehr als optimal leben, kann auch der Mensch nicht!*

Wir leben in einer gedemütigten, kummervollen und entbehrungsreichen Zeit. Es ist auch an der Zeit, daß wir bescheiden werden. Die Generation vor uns versuchte das Weltall zu bezwingen und vermaß sich, die Welträtsel zu lösen. Wenn es unserem Geschlecht gelingt, die Ernten wieder um ein Drittel zu heben, dann hat es, trotz aller seiner Sünden, für die Kultur und alle Ewigkeit genug getan, denn es öffnete damit wieder der neuen Generation das Tor zu Licht, Lebensfreude, Entfaltung und Erfüllung.

Anmerkungen und Erläuterungen

[1]) Zu S. 7. *R. Willstätter* und *Stoll* haben neuestens nachgewiesen, daß das Chlorophyll (Blattgrün) chemisch als ein Ester, also ein zusammengesetzter Äther aufzufassen sei, in dem, ganz im Gegensatz zu einer langgehegten Meinung kein *Eisen*, wohl aber als unentbehrlicher Bestandteil Magnesium enthalten sei.

Es gibt nach diesen Forschern zweierlei Chlorophyll (A und B), deren Formeln jetzt endlich festgestellt sind und lauten:

Chlorophyll A = $[MgN_4\, C_{32}\, H_{30}\, O]\, CO_2\, CH_3 \bullet CO_2\, C_{20}\, H_{39}$.

Chlorophyll B = $[MgN_4\, C_{32}\, H_{28}\, O_2]\, CO_2\, CH_3 \bullet CO_2\, C_{20}\, H_{39}$.

Vgl. *R. Willstätter,* Untersuchungen über das Chlorophyll. (*Liebigs* Annalen 1906.)

2) Zu S. 8. Diesen für alles weitere höchst wichtigen Nachweis führte *K. Bittner* für Algen. Vgl. *Bittner,* Über Chlorophyllbildung im Finstern bei Kryptogamen. (Österreichische botanische Zeitschrift, Band LV.)

3) Zu S. 8. Die Formel, nach der sich die Assimilation vollzieht, lautet theoretisch:

$$6\, CO_2 + 5\, H_2O = C_6\, H_{10}\, O_5 + 6\, O_2\, .$$

[4]) Zu S. 10. Gesteine, die nach der Verwitterung Ackerboden bilden, sind vor allem der Granit, Gneis, Glimmerschiefer, aus denen die so wichtigen Silikate des Ackerbodens, die Feldspate und der Glimmer hervorgehen. Der Feldspat enthält Kieselsäure, Tonerde und Kali (Kalium, Aluminiumsilikat), der Glimmer außerdem Wasserstoff. Der Apatit enthält den für den Landwirt so wertvollen Phosphor. Die Sande bestehen vorwiegend aus Quarz als Kieselsäure (einem Oxyd des Siliziums), die imstande ist, in einen kolloidalen Zustand überzugehen. Wenn dies mit Aluminiumsilikaten geschieht, bleibt fester Ton zurück (ein fester Komplex von Tonerde, Kieselsäure und Wasser). Ton, Sand, Kalk sind die wesentlichsten mineralischen Bodenbestandteile; doch ist der Ton niemals frei von Eisenoxyden. Auch ist Magnesia stets reichlich vorhanden.

Ackerkrumebildend sind ferner natürlich auch die Sandsteine (Quarz), Schiefer, die Kalke, Gips, Mergel und die vulkanischen Gesteine (Metaphyr, Porphyr, Basalte, Laven, Tuffe, Aschen), die überaus rasch verwittern und die große Fruchtbarkeit vulkanischer Gegenden (Vesuv) erklärlich machen.

[5]) Zu S. 14. Besonders wichtige Leichentiere sind die Nematoden, die namentlich an der Zerlösung von menschlichen Leichen sehr eifrig mitarbeiten *(Pelodera, Rhabditis* u. a.). Neuere Forschungen ergaben, daß sich die einzelnen Tierformen dabei fast gesetzmäßig in einzelnen Gruppen ablösen, entsprechend den Zersetzungsphasen. Der Rhythmus scheint hierbei der folgende zu sein: Als erste melden sich Fliegen *(Musca domestica, Curtoneura stabulans, Calliphora vomitoria),* Anthomyaarten, die ungeheure Mengen von Eiern legen. Dann erst folgen *Lucilia* und *Sarcophaga,* von denen schon *Linné* schrieb, daß eine Leiche von drei Fliegen ebenso schnell aufgezehrt werde wie von einem Löwen. Käferarten dieses Stadiums sind *Rhizopbagus* und *Philontus ebeninus.*

Dann kommen mit eintretender Buttersäuregärung des Fettes Käfer und Motten, vor allem *Dermestes lardarius* und die Raupen der Gattung *Aglossa,* die sich an allen Mumien finden.

Die Käsegärung der Eiweißstoffe zieht die Käsefliegen: *Pyophila cases, P. petasianis,* Anthomyidenlarven, Käfer *(Necrobia* u. a.) herbei.

Dann folgt die ammoniakalische Gärung, wobei viel Flüssigkeit entsteht und der Körper schwarz wird. Das ist die Zeit, in der sich die Phorafliegen an der Zerlösung beteiligen. Nun dringen auch die Totengräber und Aaskäfer *(Necrophorus, Silpha, Hister)* in die Gräber ein. In Gräbern, die etwa zwei Jahre alt sind, finden sich Myriaden solcher Larven und Tiere.

Die letzten Reste von Flüssigkeit vor der Mumifizierung holen sich die Milben *(Gamasiden, Sarcoptiden, Tyroglypbus siro* u.a.).

An den trockenen Leichenresten sind noch die Pelzmotte *(Tinea pellionella* und *T. biselliella)* und der Museumskäfer *Anthrenus museorum* in Mengen tätig.

Nach drei Jahren etwa beschließen noch Käfer *(Tenebrio obscurus, Ptinus brunneus)* den Reigen.

Leichen, die in Särgen bestattet sind, werden von den gleichen Tieren verzehrt, wenn diese auch in geringerer Anzahl vorhanden sind. *Calliphora, Curtoneura, Phora* erreichen alle Kadaver.

Vgl. *P. Mégnin,* La faune de tombeaux. Paris 1888 – La faune des cadavres. Paris 1895. 8°. - *L. Freund,* Zoologie und Kriminalistik. (Lotos Band 67/68.) Prag 1919/1920.

6) Zu S. 19. Vgl. *Ch. Darwin,* The formation of vegetable mould through the action of worms, 1881 (auch deutsch), und *V. Hensen* in den Landwirtschaftlichen Jahrbüchern 1882. Auch *C. Bretscher,* Zur Biologie der Regenwürmer. Biologisches Zentralblatt 1900.

[7]) Zu S. 20. Vgl. Arbeiten aus dem Biologischen Institut München Nr. 4 *R. v. Aichberger,* Untersuchungen über die Ernährung des Regenwurmes. (Auch erschienen: Kleinwelt. Zeitschrift der deutschen mikrol. Gesellschaft 1914.)

[8]) Zu S. 20. Vgl. *E. Wollny,* Forschungen aus dem Gebiet der Agrikulturphysik, Band 13; auch Mebmed Djentil. Untersuchungen über den Einfluß der Regenwürmer auf die Entwicklung der Pflanzen, Halle 1896.

[9]) Zu S. 24. Die maßgeblichen Unterscheidungen hierüber stammen von *P.E. Müller,* Studien über die natürlichen Humusformen, Berlin 1887.

[10]) Zu S. 25. Vgl. *F. Falger,* Die erste Besiedlung der Gesteine. (Arbeiten aus dem Biologischen Institut, München Nr. 3.) Auch erschienen: Kleinwelt 1914.

[11]) Zu S. 27. *K. Haushofer* (Journal für praktische Chemie) zeigte, daß von tausend Teilen pulverisiertem Granit in chemisch reinem Wasser 0,062 Teile gelöst wurden. In kohlensäurehaltigem Wasser dagegen 0,172 Teile, also fast dreimal so viel. Andere Untersuchungen ergaben, daß kohlensäurehaltiges Wasser von Basalt 18mal, von Lehm doppelt so viel löst.

[12]) Zu S. 32. Das Rezept einer solchen Nährlösung lautet: In einem Liter destillierten Wasser löst man ein Gramm salpetersaures Kali (KNO_3), je ein halbes Gramm Gips ($CaSo_4$), schwefelsaures Magnesia ($MgSO_4$) und phosphorsauren Kalk ($Ca[PO_4]_2$) und mische dann noch ein paar Tropfen Eisenchloridlösung dazu. In einer solchen öfters erneuerten Lösung kann man ganz ohne Erde aus einem angekeimten Getreidekorn eine vollständige Getreidepflanze großziehen.

[13]) Zu S. 33. Wer über diesen Zusammenhang zwischen den Gesetzen der Welt und der Lebensführung nach Klärung sucht, den verweise ich auf meine Werke: *R. Francé,* Die Wage des Lebens. Ein Buch der Rechenschaft. 2. Auflage, Prien (Anthropos-Verlag) 1922 und Bios, Die Gesetze der Welt. Zwei Bände. München (F. Hanfstaengl) 1921.

[14]) Zu S. 34. Als Kunstdünger bezeichnet man gegenwärtig vier Kategorien von chemischen Präparaten, von denen die wichtigsten sind der Chilesalpeter (jetzt inländischer Natronsalpeter), das schwefelsaure Ammoniak, der Kalkstickstoff, das salpetersaure Ammoniak, ferner die Superphosphate, Thomasschlacke, die kalihaltigen Dünger, wie Kainit, das 40prozentige Kalisalz, schließlich auch Ätzkalk.

[15]) Zu S. 35. Diese Kolloidchemie des Ackerbodens ist von dem Holländer van Bemmelen begründet worden (s. näheres in *H. Leiser,* Die Welt der Kolloide 1914, 8 °), der auch nachwies, daß Ton Kolloideigenschaften besitzt. Vgl. auch *W. Thaer,* Der Einfluß von Kalk und Humus, 1910.

[16]) Zu S. 36. Diese Verhinderung der Auswaschung der löslich gewordenen Mineralstoffe gilt aber nur für den milden, gar gewordenen Humus (also Mull) voll reichem Bodenleben, nicht aber für Rohhumus, in dem die Auswaschung beschleunigt stattfindet, weshalb da der Boden arm wird und verhärtet. Deshalb sind die Rohhumusbildungen vom Förster und Landwirt mit Recht gefürchtet. Auch übermäßige und fortgesetzte künstliche Düngung führt durch das Mißverhältnis zwischen natürlichem Humus und den Mineralstoffen zu Nachteilen. Vielfach wird dann die Krümelung gehindert. (Vgl. *E. Wollny,* Die Zersetzung der organischen Stoffe und die Humusbildungen mit Rücksicht auf die Bodenkultur, Heidelberg 1897, S. 294.) Salpeterdüngung macht den Boden leicht zu dicht. Kalidünger verursachen nachträglich gerne Dichtschlämmen. Es treten dann bei künstlichen Düngungen leicht die auch von *Wollny* bis zu 120 kg Stickstoff pro Hektar errechneten Stickstoffverluste durch Auswaschung ein.

[17]) Zu S. 37. Gemeint ist hier ein erst gelegentlich beschrittener Weg, die Rentabilität der Grundstücke dadurch zu steigern, daß man sie auf optimale Eignung hin bonitieren läßt. Eine bodenchemische und namentlich eine edaphologische Analyse wird Anhaltspunkte ergeben, ob Zuckerrüben-, Garten-, Weizen-, Korn- und Kartoffelböden, Wiesen usw. als solche auch am besten ausgewertet sind, oder nicht besser in andere Kategorien vorrücken könnten. Die gegenwärtige Bestimmung hierüber wird nur annährend, aus reiner Praxis heraus vollzogen, ist durchaus unvollkommen und man kann, namentlich bei großen Gütern, wie Erfahrung ergeben hat, die Erträgnisse um 10 Prozent und mehr steigern.

[18]) Zu S. 40. Die gesamten Kenntnisse auf dem Gebiet der Bodenbakteriologie sind zusammengefaßt in dem monumentalen Werk von *F. Löhnis,* Handbuch der landwirtschaftlichen Bakteriologie Berlin, 1910, 8 ° (907 S.). Für praktische Zwecke genügt Migula, Bakterienkunde für Landwirte, 8°.

[19]) Zu S. 40. In dem sehr reichen Bakterienflor des Ackerbodens sind die wichtigsten Spaltpilzformen die Gattungen *Azotobacter, Clostridium* und *Nitrosomonas,* die Nitrate bereiten. Der kräftigste Ammoniakbildner, der die pflanzlichen und tierischen Eiweißstoffe (Kasein, Fibrin, Gelatin, Glutin, Legumin, Myosin, Pepton, Asparagin, Seroalbumin, Leucin, Tyrosin, Kreatin u. a.) zersetzt, scheint *Bacillus mycoides* zu sein. Als freie Stickstoffsammler betätigen sich außer den erwähnten Knöllchenbakterien (Rhizobium = *Bacillus radicicola)* namentlich *Azotobacter chroococcum* (der aber vielleicht eine Alge ist) und *Radiobacter,* von denen eine

Azotobacterkolonie in 20 Tagen nicht weniger als 125 Milligramm Luftstickstoff umsetzt. Denitrifizierende, also der Landwirtschaft schädliche Spaltpilze sind *Bacterium denitrificans,* das Nitrite zersetzt, *Bacterium stutzeri* verwandelt Nitrate in Nitrite, ebenso *B. pyocyaneum.* Wichtig sind auch *Bacterium agreste, Bac. ellenbacbensis, Streptothrix odorifera.*

Der Vorgang der Nitrifikation, den diese Organismen bewirken, ist stets eine Sauerstoffbildung, die das Eiweiß angreift, wobei Kohlensäure, Schwefelsäure und Wasser entstehen und Ammoniak übrigbleibt. Ammoniak wird dann zu salpetriger Säure nach folgender Formel oxydiert: NH_3 (Ammoniak) ± O_3 = HNO_2 (salpetrige Säure) ± H_2O. Der weitere Vorgang ist HNO_2 + O = HNO_3 (Salpetersäure), wobei eine intensive Erwärmung eintritt. Im Dünger entstehen dadurch Temperaturen bis zu 72 °C. Im mit Stalldünger beschickten Boden ist die Erwärmung freilich nur gering und übersteigt nicht 0,1—0,4 °C.

Mit den genannten Formen ist allerdings die Spaltpilzflora des Bodens noch keineswegs erschöpft.

[20]) Zu S. 41. Das folgende fußt auf meiner Arbeit: Das Edaphon. Untersuchungen zur Ökologie der bodenbewohnenden Mikroorganismen, Zweite Auflage, Stuttgart 1921 (Franckh' scher Verlag). Auf diesem Werk, das auch die gesamte bodenbiologische Literatur zusammenfaßt, baut sich die Gesamtarbeit der Untersuchungen auf, die aus dem unter meiner Leitung stehenden Biologischen Institut München hervorgingen.

Es sind dies folgende sechs Arbeiten aus dem Biologischen Institut München von 1912–1917:

Nr. 2: *R. Francé,* Das Edaphon (s. oben).
Nr. 3: *Dr. F. Falger,* Die erste Besiedlung der Gesteine. (Erschienen in Kleinwelt. Zeitschrift der Deutschen mikrol. Gesellschaft 1914.)
Nr. 4: *A. Himmer,* Die Rhizopodenfauna des Schwarzsees in Tirol. (Zeitschrift der Deutschen mikrol. Gesellschaft 1914.)
Nr. 5: *R. v. Aichberger,* Untersuchungen über die Ernährung des Regenwurmes. (Zeitschrift der Deutschen mikrol. Gesellschaft 1914.)
Nr. 6: *C. Küstner,* Neue Bacillariaceen aus dem Edaphon. (Zeitschrift der Deutschen mikrol. Gesellschaft 1915.)
Nr. 7: *R. Francé* und *C. Küstner,* Untersuchungen über tropisches Edaphon. (Zeitschrift der Deutschen mikrol. Gesellschaft 1914.)

[21]) Zu S. 42. Vgl. *A. Razzauti,* Contributo allo Studio dell'Edafon. Pisa 1913.

[22]) Zu S. 43. Zu dieser Grünalgenflora der Ackerböden gehören außer den schon genannten Zystokokken, einer der gemeinsten aller edaphischen Kleinpflanzen, von den Desmidiazeen besonders Vertreter der Gattungen *Mesotaenium, Desmidium, Euastrum, Pleurotaenium Calocylindrus,* dann von Chlorophyzeen merkwürdigerweise auch Chlamydomonaden, *Gloeococcus* und *Gloeocystis, Scenedesmus, Raphidium,* als „Leitformen", dann ferner die fädigen *Ulothrix* und *Microspora.* Von Siphoneen (übrigens schon altbekannt) die Gattungen *Vaucheria* und *Botrydium.*

[23]) Zu S. 43. *Bouilhac, Guistiniani* u.a., ebenso *B. Frank* in Berlin, haben nachgewiesen daß die edaphischen Algen sowohl für die Ammonassimilation im Boden in Betracht kommen wie namentlich für die Stickstoffbindung so enorm wichtig sind, daß *Dehérain* und *Demoussy* z.B. in den obersten Schichten des Ackerbodens eine 20fach höhere Stickstoffbindung durch Grünalgen fanden, als in 25 cm Tiefe durch Bodenbakterien. Vgl. *Comptes Rendus* 1888, 1900, ferner Landwirtschaftliche Jahrbücher 1892; auch *Stoklasa* im Zentralblatt für Bakteriologie 1900.

[24]) Zu S. 43. Vgl. hierzu die Arbeit von *Chemetz* in den Berichten der Deutschen Botanischen Gesellschaft 1904.

[25]) Zu S. 45. Vgl. *Löbnis,* Bodenbakterien und Bodenfruchtbarkeit 1914, 8 °. Von diesen Mengen entfallen etwa im Hektar Erde 400-500 kg auf Bakterien, 400-500 kg auf Bodenalgen, Pilze und Kleintiere, bis 1000 kg auf die Regenwürmer. Die Zahl derr Bodenbakterien ist dabei ungeheuer. Nach dem Schweizer Landwirtschaftlichen Zentralblatt von 1901 leben im Gramm Erde in einem Dezimeter Tiefe:

in Gartenerde	4,3	Millionen lebendige Keime
in Wiesenerde	3,8–16	Millionen lebendige Keime
in Ackererde	9,5	Millionen lebendige Keime
in Walderde	1,1–33,4	Millionen lebendige Keime.

[26]) Zu S. 46. Diese Beweglichkeit, vorhanden bei Kieselalgen, Oszillatorien und Desmidiazeen, Rhizopoden, Flagellaten, Ziliaten, fast allen Bodenbakterien, bei sämtlichen Fäulnisbakterien, ist namentlich bei den edaphischen Kieselalgen erstaunlich.

[27]) Zu S. 47. Vgl. *G. Chr. Ehrenberg,* Mikrogeologie, 1 °, Berlin 1854. Mit großem Atlas; über städtische Staubanalysen s. *E. Nestler,* Städtische Anlagen und Stadtluft 1905; auch mein Hauptwerk über das Edaphon mit vielen Angaben, S. 87–89.

[28]) Zu S. 48. Es werden durch das Brachliegen, namentlich in milden Humusböden, von selbst erhebliche Stickstoffmengen aus der Luft festgelegt, die neue Ernten ermöglichen. Nach *Wagner* (vgl. Arbeiten der Deutschen Landwirtschaftlichen Gesellschaft 1907) 30 kg pro Hektar und Jahr. In warmen Klimaten noch mehr. Dadurch ist z. B. in Griechenland und Indien Getreidebau auf die Dauer ohne Düngung nur durch Einschalten von Brachweiden möglich.

Im besonderen stellt die Brache das Optimum der Bodenfeuchtigkeit (bei 60-80 Prozent der Wasserkapazität) her, ferner eine fast vollkommene Gare mit allen ihren guten Wirkungen: Rohhumus verwandelt sich in Mull, die Bodenkolloide werden günstig beeinflußt, die Kohlensäureproduktion nimmt zu. Die Stickstoffassimilation ist besonders lebhaft.

Dagegen stellt andauernd bestellter schwerer Boden seine „Tätigkeit" trotz aller Düngung ein; das wird nur durch die leider vielfach aufgegebene Brache behoben, die daher Caron (Landwirtschaftliche Versuchsstation 1895) in ihrer Wirkung auf schwere Böden direkt einen Ersatz für Gründüngung nennt.

[29]) Zu S. 49. Im Vegetationsjahre 1921 angestellte Versuche mit einem nach den dargelegten Prinzipien annähernd hergestellten Material hatten in fränkischen Sandböden bei Gemüsepflanzen (Rote Rüben, Möhren) Gewichtssteigerungen von 40–60 %, bei Zuckerrüben Gewichtssteigerungen von 21–24 %, in Oberösterreich bei feldbaumäßigem Anbau von Gerste Erträgnissteigerungen von 40 bis 100 Prozent, bei Gemüse (Weißkraut, Tomaten, Radieschen) solche quantitative und qualitative Steigerungen zur Folge, daß mit dem Versuchsmaterial sofort auf den Gartenbauausstellungen zu Linz, St. Polten und Wien Preise erzielt wurden.

Sachregister

* Abbildung

Das Edaphon

Untersuchungen zur Ökologie der bodenbewohnenden Mikroorganismen

Von

R. H. Francé

Mit 30 Abbildungen und zahlreichen Tabellen

Unveränderter Nachdruck der zweiten Auflage 1921

Inhaltsverzeichnis

I. Einleitung.

Die Bezeichnung Edaphon[1]) habe ich im Jahre 1912 zum erstenmal angewendet, um damit auszudrücken, daß auch im Erdboden tierische und pflanzliche Organismen (Geobionten) zu einer biocoenotischen Lebensgemeinschaft nach Art des Planktons zusammengeschlossen sind, für die folgenden Merkmale gemeinsam zutreffen :

1. Alle Mitglieder des Edaphons bewohnen dauernd die Verwitterungsrinde des Erdballs (im Sinne der landwirtschaftlichen Bodenkunde von der Ackerkrume (Waldkrume) bis zum Untergrund).

2. Sie sind in ihrer Ernährung vollständig und dauernd entweder auf die Nährstoffe des Bodens und der Bodenluft, im besonderen auf dessen Stickstoffgehalt, oder auf andere Glieder der biocoenotischen Kette angewiesen.

Durch diese Bestimmungen unterscheidet sich der Begriff des Edaphons nicht unwesentlich von dem der Bodenfauna, wie ihn K. Diem[2]) aufgestellt hat. Er schließt sowohl die Pflanzen, die nur zeitweilig oder teilweise unterirdisch leben (also die Phanerogamen, im besonderen damit auch die Kulturpflanzen und Waldbäume), aus, wie auch die erdbewohnenden Tiere nach Art der Wiesel oder der Maikäfer. Die ersteren fallen völlig aus der Lebensgemeinschaft, die zu den ausschlaggebenden Bestimmungen des Edaphons gehört, heraus, die letzteren verbringen nur einen gewissen Teil ihres Lebens, nämlich das Larvenstadium im Boden. Dagegen müssen heute, da sich der Begriff Edaphon durch vielseitige Untersuchungen längst geklärt hat, z. B. die Maulwürfe ebensogut wie die Regenwürmer dem Edaphon beigezählt werden, da sie sowohl dem Kriterium der Geocolie genügen, wie auch in ihrer Ernährung auf die anderen Mitglieder des Edaphons angewiesen sind. Die Regenwürmer leben nach den Untersuchungen des Biologischen Institutes München von anderen Geobionten und die Maulwürfe von Regenwürmern und Insektenlarven; sie schließen also beide die biocoenotische Kette.

Es umfaßt demnach heute der Begriff des Edaphons folgende Organismengruppen:

1. Bodenbakterien
2. Bodenpilze [3])
3. Algen
4. Protozoen
5. Rotatorien
6. Oligochaeten
7. Nematoden
8. Enchytraeiden
9. Tardigraden
10. Spinnen.
11. Insekten
12. Mollusken
13. Säugetiere.

---

[1]) Gebildet nach edaphisch = den Boden betreffend.

[2]) K. Diem (Untersuchungen über die Bodenfauna in den Alpen, 1903) unterscheidet zufällig im Boden lebende Tiere wie Nemathelminthen, Mollusken, Arthropoden, von dauernd im Boden lebenden (Lumbriciden); ferner nur im Boden lebende (Enchytraeiden, Nematoden, Bakterien) und gewöhnlich im Boden vorhandene (Rindenenchytraeiden oder gewisse Lumbriciden). Der Bodenfauna im engeren Sinne zählt er nur Nematoden, Oligochaeten und Myriopoden bei. Diese Unterscheidung vernachlässigt die ausschlaggebenden Merkmale, ist also demgemäß ganz unorganisch.

[3]) Zweifelhaft geblieben ist hierbei noch immer die Rolle der Mykorrhiza und durch deren längst festgestellte Verbindung mit den Hutpilzen des Waldbodens auch deren Zusammenhang mit dem Edaphon.

II. Vorläufer der Edaphonforschung.

Das Edaphon in dem hier präzisierten Sinne war noch niemals Gegenstand einer wissenschaftlichen Untersuchung vor seiner Behandlung als „Lebensgemeinschaft" in der ersten Auflage des vorliegenden Werkes. Dagegen sind die geocolen Vertreter der hier verzeichneten Organismengruppen relativ gut, manche (Tardigraden, geocole Rhizopoden) sogar ausgezeichnet bekannt; für einzelne, wie die Bodenbakterien, und seit dem Erscheinen meines ersten Werkes über Edaphon auch die Bodenpilze, ist deren außerordentliche Bedeutung für die Landwirtschaft sogar schon zum Gemeingut der Wissenschaft geworden.

Es kann aber nicht die Absicht dieser noch immer vorwiegend der Darstellung eigener Forschung gewidmeten Arbeit sein, eine vollständige Geschichte dieser Vorarbeiten aufzurollen.

Aber immerhin sei in den Hauptzügen wenigstens das erwähnt, daß die Entdeckung der ersten edaphischen Organismen mit der der Mikroorganismen überhaupt zusammenfällt, da die von Leeuwenhoek aus dem Dachrinnensand seines Hauses beschriebenen Rotatorien typische Geobionten sind, deren anabiotische Fähigkeiten das ganze XVIII. Jahrhundert hindurch das Interesse der Wissenschaft wach erhielten. Dadurch mag auch der unermüdliche G. Chr. Ehrenberg die Anregung erhalten haben, dem im „Passatstaub, in der Dammerde, auf Bergesspitzen u. a. a. O. wirkenden unsichtbaren Leben" nachzuforschen und die erlangten Grundkenntnisse mustergültig in seinen verschiedensten Schriften aufzuzeichnen[1]). Ehrenberg gelangte dadurch zur Einsicht einer Allverbreitung der Mikroorganismen und es dämmerte ihm sogar ein sehr klarer Begriff von der Bedeutung der Bacillariaceen und Rhizopoden im Humus bzw. im Ackerboden; er gelangte aber doch nicht, wie dies nach den Kenntnissen der Zeit auch nicht möglich, zur Einsicht der letzten Zusammenhänge, namentlich auch nicht zur Erkenntnis, daß hier eine besondere Lebensgemeinschaft entdeckt sei, die für die mechanische Durcharbeitung, Selbstreinigung, Verwitterung, Durchlüftung, Humifikation und den Stickstoffhaushalt des Bodens von grundlegender Bedeutung ist. Da er seine Entdeckung auch noch mit der von Kieselgurlagern konfundierte, ist es nicht unbegreiflich, daß sie kein Fundament einer allseitigen fruchtbaren Entwicklung wurde, namentlich seitdem eine Gruppe der Geobionten, nämlich die Bodenbakterien in ihrer Bedeutung erkannt und diese so hoch eingewertet wurde, daß man darüber die anderen an den physikalisch-chemischen Umsetzungen im Boden beteiligten Organismen übersah. Ehrenbergs Hauptwerk über die edaphischen Organismen ist seine 1854 erschienene „Mikrogeologie", in der das Resultat 14jähriger Arbeit niedergelegt ist. Nicht weniger denn 836 Erde- und Gebirgsarten hat der unermüdliche Berliner Forscher analysiert, wobei ihm als Material Aufsammlungen von Reisenden, aber auch die Herbarpflanzen anhaftende Erde und die Materialien von Moossammlungen als Unterlage dienten.

Aber, trotzdem er darin ausdrücklich auf die Bedeutung tierischer und pflanzlicher Kleinwesen für die Bildung der Dammerde hinwies und damit für kurze Zeit großes Aufsehen erregte, geriet sein Werk, namentlich im Kreise der landwirtschaftlichen Praktiker, vollkommen in Vergessenheit. Trotzdem inzwischen die Chemie selbständig zu der Überzeugung gekommen war, daß der „Reichtum" des fruchtbaren Bodens erst durch eine „Tätigkeit" darin zur Geltung

[1]) G. Chr. Ehrenberg, Mikrogeologie. Das Erden und Felsen schaffende Wirken des unsichtbar kleinen, selbständigen Lebens auf der Erde. Leipzig. 1854. (Atlas von 41 Tafeln mit 4000 Figuren); s. a. Ehrenberg, Die fossilen Infusorien und die lebendige Dammerde. Berlin 1837.

komme – was in anderer Sprache nichts anderes als das Hauptresultat der modernen Edaphologie ist –, trotzdem Berzelius schon 1840 (also vor Ehrenberg) meinte, der Boden berge organische Bestandteile, welche katalytisch wirkten und Mulder in seiner hochberühmten „Chemie der Ackerkrume“ (1863) von einem im Boden verborgenen „Leben“ organischer Stoffe sprach, die in ihm Vermittler zwischen Tod und Leben seien – wußte man keine Brücke zwischen Chemie und Biologie, zwischen Praxis und der Ehrenberg'schen Entdeckung zu schlagen.

Gelegentlich taucht noch[1]) eine Bemerkung auf, die Ackerkrume (vgl. Abb. 1) verhalte sich wie ein lebendiges Wesen, im allgemeinen aber bleibt

Abb. 1. Tertiäre Sandablagerungen. Edaphonhältig ist in diesem Aufschluß nur die oberste, dunkel erscheinende Schicht. Die Sandbänke darunter enthalten nur eingeschwemmte Geobionten. (Original)

v. Rosenberg-Lipinsky ganz vereinzelt, der noch im Jahre 1869[2]) auf Ehrenberg zurückgeht und die Humusbildung in erster Linie auf seine „Infusorien“ zurückführt.

Es mußte erst das Gebiet von ganz anderer Seite aus betrachtet werden, bevor man sich wieder des Zusammenhanges zwischen dem Boden und seinem Leben bewußt wurde. Ehrenbergs nur systematische Art der Behandlung hatte zur notwendigen Folge, daß mit dem Verlassen der systematischen Forschungsrichtung auch seine Entdeckung rein mechanisch verlassen und allmählich vergessen wurde.

Erst Louis Pasteur war wieder der Erste, der nun vom Gesichtspunkt der neuentstandenen Bakteriologie auf die Wichtigkeit mikrobiologischer Forschungen auf dem Gebiet der Landwirtschaft hinwies und auf diesem Felde selbst arbeitete.

---

[1]) Z. B. bei Fraas in seinem „Wurzelleben der Kulturpflanzen“. 1870. 8.

[3]) v. Rosenberg-Lipinsky, Der praktische Ackerbau. 3. Auflage. 1869. 8.

Allerdings hat ein deutscher Landwirt (W. Kette) schon im Jahre 1865 auf die Bedeutung der Mikroorganismen im Boden aufmerksam gemacht, und Duclaux (1851), dann Laurent (1886), das auch experimentell bewiesen.

Von wieder anderer Seite hat der auch um das Mykorrhizaproblem so hochverdiente B. Frank[1]) als erster entdeckt, daß in einem Boden, der ein Gemisch von Spalt- und Grünalgen (Oscillatoria, Chroococcus, Nostoc, Ulothrix, Pleurococcus) beherbergt, eine Stickstoffbindung erfolge, was der erste maßgebliche Schritt zur Begründung einer praktischen Edaphologie war. Schlösing und Laurent[2]) zeigten dann im Experiment mit Nostoc ansehnliche Stickstoffgewinne und seitdem hat die physiologische Erforschung der Bodenorganismen in Frankreich nicht mehr geruht und ist von dort auch auf den englischen Kulturkreis übergegangen. Laurent, Berthelot, Bouilhac, Giustiniani, Charpentier, Déherain, Demoussy u. a. bilden dort eine ununterbrochene Kette, welche die Führung der westlichen Kultur auf diesem Gebiete an sich riß, mit Arbeiten, die im nachfolgenden einzeln aufgeführt sind.

In der deutschen Forschung schuf zwar schon der hochverdiente Wollny im Jahre 1897 (!) eine Art landwirtschaftlicher Bakteriologie, wodurch wenigstens das allerdings nur einseitige Studium einer der 13 Gruppen von Geobionten angebahnt war. Aber noch 1905 lehnt eine landwirtschaftliche Autorität von dem Gewichte Rümkers diese neue Wissenschaft ab.

Und so entstand auch auf diesem Gebiete in Deutschland erst später als anderswo Verständnis für eine vitale Frage und Löhnis hat durchaus recht, wenn er in seiner großen Bakteriologie für Landwirte[3]) sagt, die landwirtschaftliche Bakteriologie stehe unter allen Ländern gerade in Deutschland am weitesten zurück. Dies gilt für die gesamte Bodenbiologie und hat sich in den Jahren, da die Fruchtbarkeit des Heimatbodens die grundlegende Bedingung des gesamten Kulturlebens geworden ist, bitter gerächt.

An diesem Punkte meine Arbeit einzusetzen, dünkte mich, trotz einer inneren Berufung zu mehr denkerischen Aufgaben, eine Pflicht gegenüber dem Volksorganismus, dem ich angehöre, und so unterzog ich mich der mich doppelt drückenden Aufgabe, dieses bereits längst vergriffene Werk, das die Möglichkeit bietet, die Ernteerträgnisse durch sachgemäße Anwendung seiner Erkenntnisse dauernd zu steigern, neu zu bearbeiten, unter Einbeziehung der vielen, ungemein zerstreuten, Arbeiten, die seit meinen ersten Veröffentlichungen über den Gegenstand, großenteils auch angeregt durch sie, im Inland und Ausland erschienen sind.

Die langsam werdende Bodenbiologie hat sich übrigens nicht ausschließlich auf die, allerdings ihren Kernpunkt bildende Bodenbakteriologie beschränkt.

Schon sehr frühzeitig erwachte auch Verständnis für die große Bedeutung der Regenwürmer für die Landwirtschaft, die zuerst klargelegt zu haben, ein Verdienst von Ch. Darwin[4]) und V. Hensen[5]) ist, wodurch sich die Tätigkeit der Bodenspaltpilze restlos zu erklären schien.

Allerdings verhinderte die bakteriologische Methodik, die dem Boden das Organismenmaterial durch Schütteln von Bodenproben in Wasser und Überführung der sich in dem so „infizierten“ Wasser entwickelnden Bakterienkolonien

[1]) Berichte der Deutschen botan. Gesellschaft 1889 und Landwirtschaftl. Jahrbuch 1892.

[2]) In Annales de l'Institut Pasteur VI. (1892).

[3]) F. Löhnis, Handbuch der landwirtschaftlichen Bakteriologie. Berlin. 1910. 8°.

[4]) Ch. Darwin, Die Bildung der Ackererde durch die Tätigkeit der Würmer. Stuttgart 1882.

[5]) V. Hensen, Die Tätigkeit des Regenwurmes für die Fruchtbarkeit des Erdbodens (Ztschr. f. wiss. Zool. 1877 — Landwirtschaftl. Jahrb. 1882).

in Reinkulturen zu entziehen trachtete, geradezu die Entdeckung, daß die Erde durchgängig auch mit zahlreichen anderen Mikroorganismen durchsetzt sei und erst der Umstand, daß ich eine andere Untersuchungsmethode, nämlich die der direkten Durchsuchung der mit Wasser verriebenen Bodenkrümchen anwandte, mag die Hauptursache sein, warum die von mir im Jahre 1911 mitgeteilten Tatsachen nicht schon vor mehreren Generationen entdeckt wurden.

Zwar war durch die Tätigkeit der landwirtschaftlichen Versuchsstationen in mehrfacher Hinsicht ein Fortschritt in der Erkenntnis des edaphischen Lebens auch außerhalb der sieh mächtig entwickelnden Bodenbakteriologie angebahnt. Die Untersuchungen von Schloesing und Laurent[1]), sowie von Kossowitsch[2]) und Hellriegel[3]) klärten die Rolle der sich in der Überflutungsvegetation des Ackerbodens findenden Algen. Desgleichen wurden die im Erdboden lebenden Schimmelpilze und Hefen systematisch aufgenommen und vor allem die sehr wichtige Rolle des Cladosporium-Pilzes bei der Humifikation geklärt durch die sehr schönen Untersuchungen von P. E. Müller[4]) über die natürlichen Humusformen. Bei dieser Gelegenheit findet sich auch wieder der erste Hinweis auf die Rolle, die Difflugia und Arcella und andere Organismen aus dem „Reiche der Moneren" (!)[5]) bei der Humifikation im Rohhumus spielen, ohne daß aber hierfür näheres beigebracht oder der Hinweis auf fruchtbaren Boden gefallen wäre. So blieb auch die Arbeit von R. Greeff[6]) über die in der Erde lebenden Amöben anfangs vereinzelt, wie auch aus der neuerdings eifriger erwachten Moosfaunaforschung sich ebensowenig Früchte für eine nach allgemeinen Gesichtspunkten durchgeführte Geobiologie ergaben, desgleichen aus der wachsenden Kenntnis von in „feuchten Erde" lebenden Algen[7]).

Einen prinzipiellen Fortschritt in dieser Richtung bedeutete nur die Feststellung der Rolle der Saprobien durch Kolkwitz und Marsson, die eine biologische Bonitierung der Rieselfelder nach den in ihnen gefundenen Mikroorganismen anbahnten und hierbei auch Geobionten in ihre Verzeichnisse als „Durchlüfter des Bodens" aufzunehmen begannen[8]), ebenso wie K. Diem[9]), der schon unter dem Gesichtspunkt einer allgemeinen Ökologie wenigstens Teilgruppen der Bodenfauna sein Augenmerk zuwandte.

In diese Atmosphäre traten 1911 die ersten Arbeiten[10]) und 1912 die Erstauflage des vorliegenden Werkes, das außer methodischen ökologischen Untersuchungen aller praktisch in Betracht kommenden Gruppen von Lebewesen und Bodenarten auch noch das einigende geistige Band zu knüpfen versuchte und mit der Schaffung einer Bodenbiologie (Edaphologie) als Wissenschaft die im Boden wirkenden Pflanzen und Tiere als Lebensgemeinschaft

---

[1]) Th. Schloesing jun. und E. Laurent in Comptes Rendus de l'Academ. 1891 und 1892.

[2]) P. Kossowitsch in Botanische Zeitung 1894.

[3]) Hellriegel, Untersuchungen über die Stickstoffnahrung der Gramineen und der Leguminosen. 1888.

[4]) P. E. Müller, Studien über die natürlichen Humusformen. Berlin 1887.

[5]) op. cit. p. 56.

[6]) Greeff, Über in der Erde lebende Rhizopoden, Archiv f. mikr. Anat. 1866.

[7]) Als solche führt H. v. Schönfeldt (Diatomaceae Germaniae) an: Navicula atomus, Pinnularia Brebissonii, P. borealis var. scalaris, P. alpina, Cymbella rupicola, Hantzchia amphioxys, Nitzschia Palaea var. fonticola usw.

[8]) Vgl. Thumm, Sonderkatalog für Städtereinigung. Dresden 1911.

[9]) K. Diem. op. cit.

[10]) R. France, Das Edaphon – eine neue Lebensgemeinschaft (Die Kleinwelt 1911) und R. France, Neue Untersuchungen auf dem Gebiete der Bodenkunde (Monatshefte f. Landwirtschaft 1912).

erfaßte und sie in das Gesamtleben der Natur und seine ewigen Zusammenhänge einordnete.

Dieses Bemühen blieb auch nicht ohne Erfolg. Mit dem fast gleichzeitig erscheinenden Werk von Löhnis zusammen schuf es die neue Disziplin, welche seitdem in Deutschland, England, Italien, Ungarn u. a. durch zahlreiche Arbeiten gefördert und sogar zu praktischen Ergebnissen entwickelt wurde.

Es ist hierbei namentlich der Untersuchungen zu gedenken, welche von meinen Schülern in den „Arbeiten des Biologischen Institutes München" (von 1912–1917) veröffentlicht wurden über die erste Besiedelung der Felsgesteine, die Bacillariaceenformen des Edaphons, über tropisches Edaphon, die Ernährung des Regenwurmes[1]) usw.

In Italien wurde auf dem italienischen Zoologenkongreß zu Pisa im Jahre 1912 vereinbart, im Sinne der von mir geprägten Begriffe das Edaphon zu studieren[2]). Als Folge dessen setzte dort eine immer mehr um sich greifende Bewegung ein, welche schon unser Wissen mit neuen Resultaten bereicherte[3]).

In England wurde neuestens namentlich das Studium der Bodenpilze erfolgreich in Angriff genommen[4]), kräftige Förderung erfuhr außerdem die Kenntnis der erdbewohnenden Nematoden und jene Sondergruppe des Edaphons, welche als Moosbewohner schon seit Ehrenbergs vorangehenden Untersuchungen das Interesse auf sich gezogen hatte.

Schließlich stehen gegenwärtig, namentlich seit dem bahnbrechenden Vorgehen von J. Simon in Dresden, die Möglichkeiten, die Ernteerträgnisse durch Kulturen bzw. Impferde mit Bodenbakterien und sonstigem Edaphon zu steigern, im Vordergrund des Interesses.

Allen diesen neuen Resultaten soll im Nachstehenden ebenfalls ausführlich Rechnung getragen werden.

III. Methodik der Untersuchungen.

Die nachstehenden Untersuchungen wurden ausgeführt in dem meiner Leitung unterstehenden Biologischen Institut München, nach Vorarbeiten, die im Jahre 1903 begannen. Sie erstrecken sich systematisch auf die Jahre 1910 bis 1919 und zogen in ihren Kreis außer dem Boden des Gartens im Biologischen Institut und Münchens noch Bodenproben aus fast ganz Deutschland, aus Österreich, der Schweiz, Frankreich, Holland, Italien, Rußland, Turkestan, Zentralafrika und auf besonderen Studienreisen auch Ägypten und Arabien.

Zur Feststellung der edaphischen Organismen wurde der Weg direkter mikroskopischer Untersuchung des, wenn angängig, frisch entnommenen Bodenmaterials gewählt, und davon gleichgroße Proben mit destilliertem Wasser angerührt und durchgezahlt. Dadurch wurden natürlich nicht verläßliche absolute zahlen, aber eine sehr erwünschte Vergleichsmöglichkeit erlangt. So sind die auf den Kubikmillimeter bezogenen Zahlen im Text zu deuten. Ein Teil der Kieselalgen wurde auch durch Ausschlämmen des Materials und Auskochen der Schalen festgestellt. Der Vergleich mit der direkten Untersuchung zeigte bald, daß auf diese Weise die edaphische Bacillariaceenflora viel vollkommener fest-

[1]) Vgl. F. Falger, Die erste Besiedelung der Gesteine. (Zeitschr. d. D. Mikrol. Gesellschaft. Die Kleinwelt. 1914) usw.

[2]) R. Issel, Per lo studio degli organismi umicoli (Bios. Rivista di Biologia) Nr. 3. – R. Issel, Proposta relativa all' Edafon. (Rendiconti X. Ass. e Convegno dell' Un. Zool. Ital. in Pisa 1912.)

[3]) Conf. A. Razzauti, Contributo allo studio dell' Edafon. I. Una nova forma di Stafilinide edafico. Pisa 1913.

[4]) Eliz. Dale, On the Fungi of the Soil. (Ann. Mycol. X. 1912).

gestellt werden kann. Da es aber für die Beurteilung ökologischer Verhältnisse, worauf es bei der vorliegenden Untersuchung vor allem ankam, wichtig war, alle edaphischen Organismen nach gleicher Methode festzustellen und das biologische Bild nicht einseitig zu Gunsten einer Organismengruppe zu verrücken, wurde an der Methode direkter Untersuchung festgehalten, um so mehr, als die systematische Spezialaufnahme der edaphischen Bacillariaceen auch gesondert in die Wege geleitet war.

IV. Systematik des Edaphons.

Die große Reichhaltigkeit der für scheinbar dauernd wasserbedürftige, in einem für Wasserorganismen meist ungünstigen Medium ständig Gefahren ausgesetzten Mikroorganismen unbewohnbaren Ackerkrume und Humuserde, ja, mit Ausnahme von reinem Dünensand, jedweder Bodensorte, sogar der humuslosen Verwitterungskruste der Felsen an verschiedensten Algen, Rhizopoden und höheren Tieren, die mir bei meinen im Jahre 1903 begonnenen, systematisch jedoch erst seit dem Jahre 1910 bis heute fortgesetzten mikrobiologischen Untersuchungen des Erdbodens entgegentrat, läßt es als sicher vermuten, daß jede neue Untersuchung die Zahl der hier erwähnten Bodenorganismenarten nur als Grundstock einer Bodenfauna und -flora erkennen läßt, die ständig vermehrt, vielleicht an Reichhaltigkeit ihr Gegenstück im Wasser: das Plankton übertreffen wird.

Ich erblicke daher in der nachstehenden Liste, trotzdem sie seit ihrem ersten Erscheinen wesentlich vermehrt wurde, immer erst die Vorläufer einer wirklichen Systematik des Edaphons.

Unter diesem Vorbehalt erlaube ich mir die nachfolgende Liste von edaphischen Organismen vorzulegen:

1. Klasse: Schizophyceen

1. Aphanothece saxicola
Borzia triloculans
Clostridum Pasteurianum
„ gelatinosum
Azotobacter chroococcum
Bacillus amylobacter
„ megatherium
„ myocoides
5. „ subtilis
„ mesentericus
„ radicicola
„ Ellenbachensis
Bacterium coeruleus
10. „ agreste
„ radiobacter
„ herbicola
Spirillium spec.
Nitrosomonas europaea Winogr.
15. Nitrosococcus
Nitrobacterium
Proteus vulgaris
Streptothrix odorifera
Proteus mirabilis Haus.
20. „ vulgaris Haus.
Cladothrix sp.
Chroococcus sp.
Stichococcus bacillaris
Gloeocapsa punctata
25. „ sanguinea
Cylindrospermum majus
Synechococcus
Dactylococcopsis
Microcystis
30. Chamaesiphon convervicola
Lyngbya vulgaris
Oscillatoria tenuis (Abb. 6)
„ tenerrima
Hypheothrix tenuissima
35. Stigonema sp.
Nostoc humifusum
„ muscorum
„ sphaericum
„ punctiforme
40. Isocystis infusionum (Abb. 2)
Rivularia haematites

2. Klasse: Bacillariaceen

A. Centricae

Cyclotella comta
Coscinodiscus
Gallionella (Melosira) sp.

B. Pennatae

45. Fragilaria Harrisonii
„ construens var. pusilla
„ dubia Grun.
„ mutabilis Grun.
Synedra Ulna Ehrb.
50. „ amphicephala
Eunotia gracilis Ehrb.
„ arcus curta Grun.
„ tenella Grun.
„ exigua
55. Odontidium hiemale Grun.
Denticula tenuis Kütz.
Pleurostauron parvulum Grun.
„ Smithii Grun.
Frustulia vulgaris Thir.
60. Achnanthidium lineare Sm.
Achnanthes minutissimum
„ gracillima
„ coarctata
„ microcephala
65. „ elliptica Kust.
„ hauckiana Grun.
Navicula minima Grun.
„ atomoides
„ magis stauroneiformis
70. „ lepidula Grun.
„ Rabenhorstii
„ contenta var. biceps.
„ radiosa var. tenella v.H.
„ cryptocephala Kütz.
75. „ pachycephala
„ protacha Kust.
„ borealis Ehrb. (Abb. 3)
„ var. scalaris Grun.
„ affinis
80. „ atomus Naeg.
„ sima Ehrb.
„ interrupta W. Sm.
„ mutica ventricosa Kütz.
„ Cohnii subsp.
85. „ producta
„ constricta
„ Göppertiana Bl.
„ subundulata Gr.
Navicula undulata Hilse
90. Cymbella microcephala Grun.
„ parva W. Sm.
„ ventricosa Kütz.
„ leptoceros Kütz.
„ n. sp.
95. Diatoma vulgaris
Stauroneis Smithii
„ n. sp.
Gomphonema gracile
„ olivaceum Lyngb.
100. Amphora borealis
Gyrosigma sp.
Rhoicosphenia curvata
Cymbella sp.
Suriella birostrata Hust.
105. „ angustata Bril.
„ ovalis var. minuta Bril. (Abb. 3)
Hantzschia amphioxys (Abb. 3,4)
„ vivax Grun.
„ n. sp.
110. „ pusilla Dippel
„ intermedia Grun.
Pinnularia appendiculata Ag.
„ moralis Grun.
„ viridis Grun.
115. „ var. commutata Grun.
„ Brébissonii Kütz.
„ var. diminuta v. Heurek
„ microtoma Ehrb.
„ subcapitata Grun.
120. „ var. paucistriata Grun.
„ naveana
„ n. sp.
Nitzschia sigmoiden
„ palea Kütz.
125. „ acicularis?
„ communis
„ microcephala
„ amphibia Grun.
„ var. thermalis
130. „ Kützingiana Hilse
„ subtilis Grun.
„ frustullum Grun.

3. Klasse: Conjugaten

Mesotaenium Endlicherianum (Abb. 7)
Mesotaenium caldariorum
135. Desmidum sp.
Euastrum sp. (Abb. 5)
Calocylindrus sp.
Pleurotaenium sp.
Chorella sp.

4. Klasse: Chlorophyceae

140. Chlamydomonas tingens
Gloeococcus sp.
Pleurococcus vulgaris
(= Cystococcus humicola, Abb. 7)
Gloeocystis botryoides
Raphidium polymorphum
145. Scenedesmus acutus
Ulothrix sp.
Microspora sp.

3. Ordnung: Siphonae

Vaucheria terestris
Botrydium granulatum

4. Klasse: Fungi

150. Cictydium cernuum
Aspergillus terricola (Abb. 9)
„ niger v. Tiegh
„ candidus Pers.
„ repens D. By
155. „ glaucus
Mucor rufescens Fisch.
„ mucedo L.
„ Ramaninanus Moell.
„ racemosus Fres.
160. „ circinelloides v. Tiegh
„ sphaeroporus Hagem.
„ plumbens Bon.
„ stolonifer
Rhizopus arrhizus Fisch.
165. Absidia orchidis Hagem.
Monilia Koningi Oud.
Trichoderma Koningi Oud.
„ album Preuss
Penicillium (?) intricatum Thom.
170. „ (?) ungulosum Thom.
Citromyces (?) glaber Wehm.
Botrytis einerea Pers. (Abb. 8)
Verticillium albo-atratum Reinke (Abb. 8)
Nematogonum humicola Oud.
175. Trichothecium roseum Link.
Basisporium (?) gallarum Moll.
Dematium sp.
Dematium pullulans (Abb. 8)
Sordaria humicola
180. Pyrenochaeta humicola
Sporotrichium roseolum
Epicoccum sp.
Helminthosporium interseminatum Berk.
Alternaria humicola Oud.
185. Chaetoniella sp.
Macrosporium cladosporium Desm.
Fusarium sp. (Abb. 8)
„ solani Mont.
Ozonium (?) esoceum Pers.
190. Stempylium botryosum Wallr.
Mycogone puccinoides (Preuss) Sacc.
Pyronema sp.
Stachybotrys sp.
Oidium lactis
195. Saccharomyces sp.
Debryomyces globosus Klöck.
Schwanniomyces occidentalis Klöck.
Cladosporium humifaciens P.E.M. (Abb. 8)
Cladosporium herbarum Pers.
200. „ epiphyllum Pers.

Protozoa.

1. Klasse: Flagellata

Phytoflagellata

Euglena velata Kl.
Petalomonas mediocanellata St.
Astasia proteus St.

2. Klasse: Rhizopoda

Amoeba guttula Duj.
205. „ limax Duj. (Abb. 25)
„ proteus Rosel
„ verrucosa Leidy (Abb. 14, 25)
„ velata Pers.
„ terricola Ehrb. (Abb. 25)
210. „ sphaeronucleolus Greeff
„ striata Pen.
Difflugia lucida Pen.
„ globulosa Duj.
„ constricta Ehrb. (Abb. 11,14)
215. „ urceolata Cart.
„ arcula Leidy
„ Craterella Francé (Abb. 12)
„ lobostoma Leidy
„ pyriformis
220. Phryganella nidulus Pen.
„ hemisphaerica Pen.
Difflugiella sp.
Nebela collaris Leidy (Abb. 23)
„ flabellum Leidy
225. „ lageniformis Pen.
„ bigibbosa Pen.
Parmulina obtecta
Geococcus vulgaris Francé (Abb. 14, 15-16)
Hyalosphenia cuneata Stein
230. „ elegans Leidy
„ papilio Leidy
Hyalosphenia tincta
Heleopera petricola Leidy (Abb. 13)
„ picta Leidy
235. „ rosea Pen.
„ silvatica Pen.
Campascus sp.
Pamphagus hyalinus Ehrb.
Pseudochlamys patella Cl. u. L.
240. Arcella vulgaris Ehrb.
„ asenia Greeff
Pseudodifflugia gracilis
Assulina seminulum Ehrb.
„ minor Pen.
245. „ muscorum
Sphenodina lenta Schlumb.
„ dentata Pen.
Euglypha alveolata Duj.
„ laevis Perty.
250. „ strigosa Leidy
„ globosa
„ ciliata Ehrb.
„ mucronata Leidy
Corycia flava Du.
255. Corythion dubium Tar.
Quadrula symmetrica Fr. E. Sch.
„ globulosa Pén.
Placocysta spinosa
Trinema acinus Duj. (Abb. 10)
260. „ complanatum Pén.
„ lineare Pen.
Gromia mutabilis

3. Klasse: Ciliata (Abb. 18)

Genus incertus (Abb. 18)
Vaginicola terricola Greeff
265. Stylonchia mytilus Ehrb.
Cothurnia doliolum Pen.
Phacodinium muscorum Prow.

Nematoda

Dorylaimus Carteri Bast.
„ macrolaimus Dc. M.
270. Bunonema Richtersi Jäg.
„ reticulatum Richt.
Tripyla setifera Bütschli
Diplogaster (inermis?) Bütschli
Aphanolaimus sp.
275. Leptodera curvicaudata Schn.
Mermis nigrescens Duj.

Rotatoria

Rotifer tardigradus
„ vulgaris
Philodina erythrophthalma
280. „ aculeata
„ vorax
Adineta vaga
Callidina papillosa
„ Ehrenbergii
285. Habrotrocha angusticollis
Diaschiza semiaperta
Chaetonotus macrotrichus
Callidina multispinosa

Tardigrada

Macrobiotus macronyx
290. „ Hufelandi C.F.Sch.
„ intermedius Plate
Macrobiotus coronifer Richt.
Milnesium tardigradum Doy.

Acarina

Cepheus ocellatus Mich.

Harpacticidae

295. Moraria muscicola Richt.
Canthocamptus cuspidatus Schm.
„ rhaeticus Schm.
„ monticola Menzel
Canthocamptus subterraneus
300. „ typhlops Mraz.
„ Zschokkei Mraz.

Enchytraeidaea

Enchytraeus Perrieri Vejd.
Fridericia sp.
Anachaeta bohemica Vejd.

Planaria

305. Nurmis sp.

Lumbricida

Eisenia rosea Sav.
Lumbricus terrestris L.
„ rubellus Hoffm.
Allolobophora aporata Bretschn.
310. Holodrilus D. octaëdrus Sav.

Myriapoda

Glomeris sp.
Polydesmus sp.
Julus nigrofuscus Derh.
Lithobius forficatus

Arachnoidea

315. Geophilus subterraneus

Insecta

Isotoma viridis L.
„ fimetaria Tullb.
Entomobrya lanuginosa Nic.
Podocerus tridentiferus Tullb.
320. Sminthurus sp.
Cylindropsis Doderoi Razz

Mollusca

Carychium minimum
Helix aculeata

Mammalia

Talpa europaea L.
325. „ coeca Savi
Sorex vulgaris L.
327. „ minutus L.

Diese Liste von 327 Organismen schließt allerdings sowohl die von mir nicht dem eigentlichen Edaphon zugerechneten felsbewohnenden Formen (Lithobien), wie die auf überfluteter Erde lebenden Mikroorganismen (vgl. S. 41), desgleichen die unter Moosen gefundenen Formen in sich und nur die später wiederholt angeführten Arten beziehen sich auf das eigentliche Edaphon. Da aber das Verhältnis der Organismenwelt überrieselter Lokalitäten zu den typischen Geobionten noch der Untersuchung bedarf, ist es wohl vorteilhafter, vorläufig hier alles Ermittelte gemeinsam vorzubringen.

Zweifelsohne wird diese seit 8 Jahren verdoppelte Liste der Geobionten sich noch vergrößern, namentlich in bezug auf Pilze, Kieselalgen, Insekten und Nematoden. Von den ersteren lebt eine große Zahl Arten auf der Erdkruste des Ackerbodens, sowie in der Verwitterungsrinde der Felsen. Die Kieselalgen des Acker- und Wiesenbodens enthalten eine außerordentliche Fülle von Navicula-, Nitzschia-Arten und sehr kleinen Formen, deren systematische Sonderung schon deswegen großen Schwierigkeiten begegnet, da die meisten von ihnen noch gar nicht beschrieben sein dürften. Da im ersten Stadium der Untersuchungen die Klärung der Bedeutung und der ökologischen Beziehungen natürlich diesen feineren systematischen Darstellungen voranging, mußten diese Fragen noch vielfach ungeklärt bleiben.

Zur Verbreitung und Lebensweise der einzelnen Formen kann ich folgende Bemerkungen vorausschicken:

Chroococcus sp. Selten in ganz winzigen (3–4 μ) Exemplaren in Ackererde von Dinkelsbühl (Bayern 27. VII. 13). Um so häufiger (7 Arten) unter den Lithobionten von Dr. Falger [1]) gefunden.

Stichococcus bacillaris. Diese wohl nur als Wuchsform von Chroococcaceen anzusprechende Spaltalge fand sich als häufiger Bewohner der oberen Erdschichten im Ackerboden im Garten des Biologischen Instituts München und in Wiesenboden von Dinkelsbühl (Bayern, 23. Juli 1910). In Mengen und lebhaft vegetierend trotz langer Trockenheit in schwarzem Spaltenhumus am Gipfelplateau des Pendling (Tirol, 13. X. 10). Ebenso sehr große Zellen (28 μ lang) in Spaltenhumus vom Heimgartengrat (Bayern, 26. X. 10) in ca. 1500 m Höhe, in Tintenstrichen vom Roger (Tirol, 30. X. 10) in unzählbarer Menge unter Alpenrosen in der Latschenregion in 1550 m Höhe (1. VI. 1911). Auch in frisch geackerten Feldern von Ebenhausen (Bayern, 13. XI. 10) waren solche Zellen mit vielen Exkretkörnchen zu finden. Desgleichen zu Wasserburg a. I. (Bayern, 25. IV. 1912).

Gloeocapsa punctata. Aus der Verwitterungsrinde (graugrüner Überzug) des Elbsandsteins an den Affensteinen bei Schandau (Sachsen) in großer Menge (Juli 1912).

Gloeocapsa sanguinea. Große violette und siemafarbige Ballen bildend in Tintenstrichen am Wettersteinkalk des Roger (Kaisergebirge, Tirol, 30. X. 1910) und seine Lebenskraft in lufttrockenem Zustande bis Mai 1913 bewahrend.

Chamaesiphon confervicola. In Massen aufsitzend auf Algenfäden an einer nassen Felsenwand mit Lyngbyen und Rivularien am Bergleskopf (Kochel in Bayern, 25. IX. 1907). Gehört zur Tintenstrichvegetation.

Lyngbya vulgaris. Wie bei Stichococcus. Außerdem in der Überflutungsvegetation eines Waldweges bei Dinkelsbühl (Bayern, 25. VII. 1910) mit farbloser Hülle. Oberfläche von Weizenacker bei Dinkelsbühl (27. VII. 1910) in lebhafter Bewegung, kriecht gern aus der Scheide.

Oscillatoria tenuis. Überall häufig, am meisten jedoch in Ackerboden, zu dessen Charakterformen diese und eine Anzahl noch nicht davon unterschiedener Oscillatoriaarten gehört. Jedoch stets in vereinzelten Fäden, nie zusammenhängende Lager bildend. Sowohl in Wald, wie Wiesen und Ackererde, in letzteren jedoch häufiger. Geht bis zu 3 dm Tiefe. Lebend auch in Regenwurmexkrementen und im gefrorenen Boden (1915) (Abb. 6).

Oscillatoria tenerrima. Fäden 7–8 μ dick, fast so lang als breit. Häufig an der Oberfläche der „grauen Düne“ zwischen Calamagrostiswurzeln auf Norderney (Preußen) bei der Wilhelmshöhe (VII. 1912).

---

[1]) F. Falger, Die erste Besiedlung der Gesteine. (Arbeiten a. d. Biolog. Institut München. Nr. 3. Kleinwelt 1914).

Hypheothrix tenuissima. In der Tintenstrichvegetation (Roger, 30. X. 1910).

Nostoc humifusum. Schleimige, bohnengroße Lager bildend zwischen Moosrhizoiden und farblosen Mycelien in Buchenmull auf felsigem Boden in 1200 m Höhe. (Petersberg bei Fischbach a. Inn, Bayern, 5. I. 1913.) (leg. R. v. Aichberger.)

Nostoc sphaericum. In kleinen, humösen Spalten an den Felsen des Lainbachfalles bei Kochel (Bayern, 18. IX. 1907) zusammen mit Tausenden von Gomphonema gracile.

Nostoc punctiforme. Aus 50 cm Tiefe unter einem Münchener Grasgarten (Konradstraße) aus einer dünnen Erdschicht unter Schotter, mit lebenden Euglyphen und Cladosporium. Die lebhaft blaugrünen Zellen des winzigen Lagers hatten 4 µ Durchmesser. Die Erdprobe bestand aus schrotkorngroßen, ganz festen und so harten Krümchen, daß sie nur zum Teil zerkleinert werden konnten. Auch am Roger (30. X. 1910).

Isocystis infusionum (Abb. 2). Eine sehr häufige Spaltalge des Edaphons, die ich nur mit Zweifel hierher bringen konnte, mangels Heterocysten und aller auf Nostocaceen verweisenden Schleimbildungen. Die Zellen haben 2 bis 3 1/2 µ im Durchmesser, sind ganz blaß bis ausgesprochen blaugrün und geradezu eine Charakterform der Ackerböden. Als besondere Vorkommen sind erwähnenswert: Wiesenboden bei Kufstein (Tirol, 30. X. 1910), Ackerfeld bei Wangen (O.-Bayern) am 19. II. 1912, sehr reichliches Vorkommen in Ackerboden bei Wasserburg (O.-Bayern, 25.IV.1912). Isocystisähnliche Fäden fanden sich auch im Dünensand von Norderney (Preußen, VII. 1912) und in der Moosflora bei Miesbach (16. II. 1913) (Abb. 2).

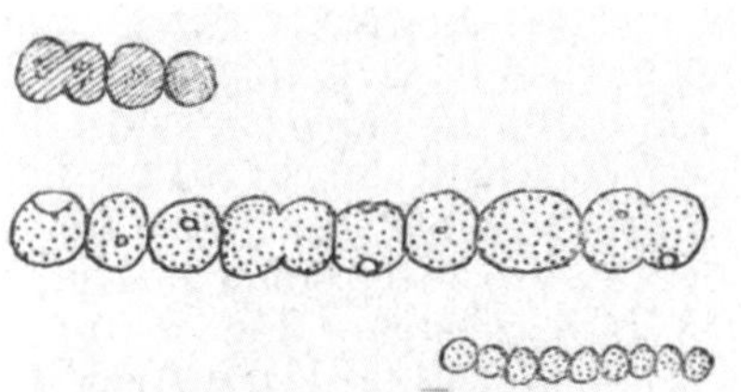

Abb. 2 Isocystia-Arten des Edaphons. 700fache Vergr.

Cylindrospermum sp. Eine unbestimmbare Cylindrospermumart mit Zellen von 3 µ Durchmesser fand sich in der Überflutungsvegetation eines Waldweges bei Dinkelsbühl (Bayern, 25. VII. 1911), in der Tintenstrichvegetation vom Roger (Tirol, 30. X. 1910), in einer trockenen Regenrinne an der Landstraße bei Schäftlarn (Bayern, 26. III. 1911), sie scheint also zur typischen Überflutungsvegetation zu gehören.

Cylindrospermum majus fand Dr. F. Falger an unbesiedelten Felsen.

Rivularia haematites Ag. In linsengroßen Ansätzen zu „Tintenstrichen" am Bergleskopf bei Kochel (Bayr. Alpen, 25. IX. 1907) mit Chamaesiphon, Lyngbyen und Gomphonemen.

Selbstverständlich erschöpft diese Liste der beobachteten Schizophyceen, von denen nur Chroococcus, Stichococcus, Oscillatoria, Lyngbya und Isocystis für das Edaphon von Bedeutung sind, erst einen Bruchteil der Spaltalgenerdflora, wie schon die von Graebner[1]) mitgeteilte Liste der auf dem Sand der Lüneburger Heide beobachteten Formen beweist, sowie die Angabe von R. Kolkwitz über die Mikroflora der Rieselböden[2]) zeigt, wonach in 15 Jahre lang berieseltem Ackerland eine nicht näher bezeichnete Phormidiumart, in 25 Jahre lang berieseltem Grasland Oscillatoria splendida gefunden wurden.

---

[1]) Studien über die norddeutsche Heide, Englers Botan. Jahrbücher, Bd. XX. 1895.

[2]) K. Thumm, Sonderkatalog f. d. Gruppe Städtereinigung der wissenschaftl. Abteilung der Internat. Hygieneausstellung, Dresden. 1911. S. 111–112.

Von außerordentlicher Bedeutung scheinen sie als Überflutungsorganismen (vergl. hierzu Seite 41) auch auf Neuland für die erste Humusbildung zu sein, desgleichen in der Verwitterungsrinde der Felsen (Tintenstriche) und insofern wird man bei pedologischen Fragen an sich den Überflutungsorganismen mehr Aufmerksamkeit zu schenken haben, als ihnen bisher zuteil wurde.

Cyclotella comta. Wurde nur in zahllosen korrodierten Exemplaren einmal in Erde (Heideboden) aus der Lüneburger Heide bei Ülzen (Hannover), neben lebender Navicula borealis, Enchytraeus usw. gefunden; scheint aus einer Art Kieselgurlager zu stammen (März 1911) und das legt in Anbetracht dessen, daß Navicula borealis in 2780 m Höhe an den abgedachten Hängen des Gorner Grates (Schweiz) in ganzen Lagern in einer Situation gefunden wurde, die die vormalige Existenz eines Sees ausschließt, ein eingehendes Studium der Beziehungen zwischen Edaphon und Kieselgurbildung nahe.

Coscinodiscus sp. In Meeressand und Schlick an der Nordseeküste bei Wittmund (30. Juni 1912 Friesland).

Stammt wie die dabei gefundenen Foraminiferen aus der Überflutung (leg. G. Hibben). Marine Diatomeen (Coscinodiscus, Isthmia, Amphitetras) wurden übrigens auf antarktischen Inseln auch in der Moosfauna gefunden (Richters vorl. Bericht und antarkt. Moose 1904).

Gallionella (Melosira sp.) In sehr vielen Proben finden sich Bruchstücke melosiraartiger, jedoch unbestimmbarer Kieselschalen, die provisorisch zu diesem Begriff zu stellen sind.

Fragilaria (Staurosira) Harrisonii W. Sm. Diese ausgezeichnete Form ist der Kleinheit der Frustein halber (10 μ) wohl der für Bayern angegebenen var. dubia Grün, beizuzählen; fand sich nur einmal in der Gartenerde des Alten Botanischen Gartens in München (12. III. 1911). Von da ab oft in allen möglichen Böden. (Von C. Küstner.)

Fragilaria construens (Ehr.) Grun. Auch kleiner als die Süßwasserform (10 μ lang) in der var. pusilla Grun. lebend wie 18.

Synedra Ulna Ehr. Fand sich in Bruchstücken in Blumentopferde, in der var. genuina im schlammigen Sand von Carolinensiel bei Wittmund (30. Juni 1911. Friesland) (leg. G. Hibben). Von Dr. Falger auch als erste Vegetation an Felsen gefunden.

Eunotia sp. (Abb. 3 Fig. VI). Eine winzige, variable, unzweifelhaft zu Eunotia gehörige, aber nicht identifizierbare Form, fand sich zahlreich im Almboden unter der Lägerflora der Hirschtalalpe b. Lenggries (13. IX. 1910, 11. VII. 1911). Eunotia arcus tenella und E. exigua fanden sich in Kameruner Edaphon (1915).

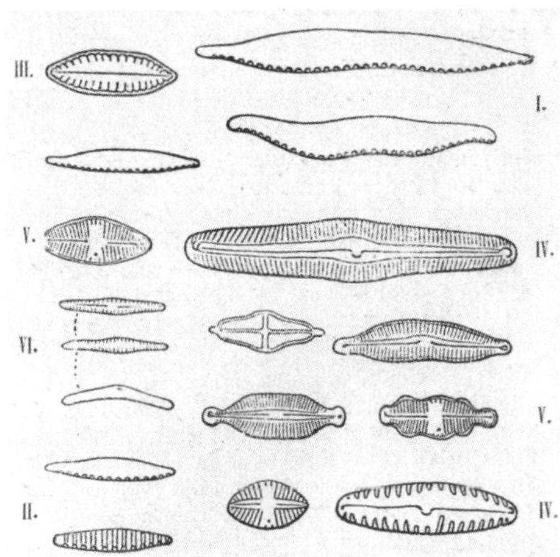

Abb. 3 Die wichtigsten edaphischen Kieselalgen-Gattungen, Hantzschia (I), Nitzschia (II), Surirella (III), Pinnularia (IV), Navicula (V), Eunotia (VI).

---

[1]) M. Schawo, Beiträge zur Algenflora Bayerns. (Bacillariaceae.) XIV. Bericht des Botan. Vereins in Landshut 1895.
Francé, Das Edaphon.

Achnanthes minutissima. Mit Achnanthidiumarten an Nostocfelsen beim Lainbachfall bei Kochel (Bayer. Alpen. 18. IX. 1907).

Achnanthidium lineare Sm. Zu dieser von Schawol) auch für München angegebenen winzigen Form (10 μ) bringe ich die wiederholt gefundenen Frustein und lebenden Kieselalgen unter Moosen bei Aying (Bayern IV. 1913).

Achnanthidium exile Heib. Reichlich lebend aus 3 cm Tiefe aus Wiesenboden bei Ohlstadt (Bayer. Alpen 26. X. 1910). Frustel 22 μ lang.

25. Navicula borealis. Ehr. (Pinnularia borealis.) (Abb. 3 Fig. IV). Ist nebst Hantzschia die wichtigste und häufigste Kieselalge des Edaphons, die auch meist für „feuchte Felsen und Mauern" angegeben, ein typischer Bodenorganismus zu sein scheint. (Schawo z. B. kennt sie um München, wo sie sich in jeder Erdprobe zu Hunderten finden, nur als selten.) Es gibt kaum eine Bodenprobe, in der sich N. borealis nicht fände.

Bemerkenswertere Vorkommen waren:

Spaltenhumus an der Benediktenwand (Nordwand in 1650 m Höhe 21. X. 1910). Mit kurzem Rasen bedeckter Almboden auf dem Gorner Grat (2780 m, Schweiz, Monte Rosagruppe) enthielt zwischen Schnee am 29. VI. 1912 pro mm^3 37 Individuen und zahllose Bruchstücke, sonst nur Nematoden, also eine wahre Kieselgur dieser Art. Häufig findet sie sich auch im Wiesenboden des Chamonix-Tales (Frankreich. Juni 1912). Desgleichen gehört sie der Moosflora und der Verwitterungsrinde an (schon von H. v. Schönfeldt erwähnt). Wird in der Erde bis 54 μ lang. Charakterform auch in den Tropen (Kamerun 1915).

Mit ihr vergesellschaften sich zahlreiche andere Naviculaarten, deren Bestimmung ob ihrer Kleinheit (vgl. Fig. 3) große Schwierigkeiten bereitet. Die bei allen Geobionten wahrnehmbare Reduktion der Maße macht sich hier besonders geltend und kleinste Formen aus den Gattungen Navicula und Nitzschia reichen nicht über 2–6 μ, also nahezu Bakteriengröße.

Von den vorläufig gesonderten Formen seien hervorgehoben:

Navicula affinis Ehr. als sehr verbreitete Form des Edaphons, sowohl im Humus der Auwälder, wie in der Ackerkrume und unter Wiesenvegetation, ebenso in der Verwitterungsrinde des Eibsandsteins (Affensteine, Juli 1912, Sachsen). Die oft sehr kleine Form (5 μ!) ist außerordentlich widerstandsfähig, wurde mit Chromatophoren im Münchener Englischen Garten unter 10 cm Schnee am 6. 1. 1911 bei 6 Grad Kälte, am Tage darauf sogar lebend gefunden. Desgleichen lebt sie in staubtrockenem Ackerboden (Holzhausen [Ob.-Bayern], 19. IV. 1911) reichlich, sogar in reinem zusammengebackenem, vegetationslosem, lehmigem Sand (Scheyern, Waldblöße [Ob.-Bayern], S.V. 1911).

Navicula atomus Naeg. (Abb. 3 Fig. V). Eine wahrhaft incerte Form, die ihren Namen im Edaphon allerdings wegen ihrer Kleinheit verdient. Sie wird mit 4–8 μ Länge von anderen Autoren auf feuchtem Felsen angegeben, findet sich aber ebensogut in feuchtem Wiesenboden, auf feuchtem Almboden (Neuhaus bei Schliersee 5. X. 1910), in Gartenerde, wie im Waldboden (Landgrafenschlucht bei Eisenach, Thüringen, 7. VII. 1912); auch in sibirischer Steppenerde (Tschimsche Expedition).

Navicula sima Ehrb. Schon von Ehrenberg in seiner Mikrogeologie angegebene höchst unsichere Art, die ich in Rasenerde vom Brentenjoch (Tirol, 1250 m Höhe, 28. V. 1911) in Buchenhumus und Gartenerde von Dinkelsbühl (Bayern, Juli 1910) wiederzuerkennen glaubte.

Navicula interrupta W. Sm. Diese herrliche Kieselalge fand sich nur einmal im Material aus dem Wattboden von Carolinensiel (Friesland, 30 cm, 1912, leg. G. Hibben).

Navicula mutica (Abb. 3 Fig. V). Eine sehr häufige, wahre Charakterform der Äcker und Wiesen von außerordentlicher Variabilität. Eine nov. var. africana fand C. Küstner[1]) im Edaphon von Kamerun (1915).

Stauroneis Smithii. In der Erde des alten Münchener Botanischen Gartens (12. III. 1911). Daneben gibt es aber edaphisch noch eine ganze Anzahl sehr kleiner Stauroneisarten, die sogar zu den häufigen Erscheinungen des Edaphons gehören und namentlich in den Ackerböden (Schwaz in Tirol, 2. VII. 1911) und in der Wiesenerde verbreitet sind.

Pinnularia viridis. Große Pinnularien erscheinen geradezu als „edaphische Leitformen“ feuchter Wiesen und des Moorbodens. Die „schwarze Tenn“ bei Tegernsee, offenbar ein verlandeter Teich, enthält als Beleg hierfür eine wahre Kieselgur schönster Pinnularien nebst zahlreichen Desmidiaceen und Rhizopoden, auch im schwarzen Humus des Wiesenbodens noch lebend. Desgleichen wird hoher Grundwasserstand sicher durch sehr große lebende Pinnularien angezeigt (Wiesen im Überschwemmungsgebiet des Kocher bei Schwäbisch-Hall, Württemberg, 18. VII. 191).

Merkwürdigerweise fanden sich Bruchstücke großer, grobriefiger Pinnularienschalen auch im Verwitterungshumus des Eibsandsteins bei Schandau (Sachsen, Juli 1912).

Pinnularia mesolepta fand sich lebend auch in einem Waldacker im Leitzachtal (Bayern), Schalen auch in 1 1/2 dm Tiefe (23. III. 1913).

Kleine Pinnularien sind häufig im Edaphon feuchter Standorte (unter Farnen in der Landgrafenschlucht bei Eisenach, Thüringen, 8. Juli 1912), feuchte Wiese im Kiental bei Herrsching (Bayern, 16. III. 1911), feuchte Wiese bei Dinkelsbühl (26. VII. 1913), in überdüngtem, üppigem Lägerboden auf der Hirschtalalpe (3. IX. 1910, Bayr. Alpen) — scheinen also auch ein Feuchtigkeitsindikator zu sein. (Vgl. Abb. 3 Fig. IV).

Eine neue Pinnularia geophila beschrieb Küstner[2]) aus dem Edaphon als nicht selten.

Nitzschia sigmoidea (Nitzsch) W. Sm. Auch diese größte Nitzschia kennzeichnet wasserreiche Bodensorten (in der Landgrafenschlucht bei Eisenach lebend gesammelt, 8. Juli 1912). Sonst nur noch auf moosigem Wiesenboden bei Ebenhausen (Ob.-Bayern, 13. XI. 1910) und feuchtem Wiesenboden (bei Dinkelsbühl, 26. VII. 1910) bekannt.

Kleine und allerkleinste Nitzschien aus dem Formenkreis der N. palaea und N. acicularis, der N. microcephala und N. communis sowie noch undeterminierte Arten bevölkern zahlreich Böden aller Qualitäten: Blumentopferde, feuchte Wiesenerde, Überflutungszone im Walde, im allgemeinen feuchte Orte.

Hantzschia amphioxys Kütz (Abb. 3 Fig. I, Abb. 4). Diese sehr veränderliche Untergattung von Nitzschia ist geradezu die edaphische Leitform der Kieselalgen. Es gibt nur wenig Orte, wo man sie in der Erde vergeblich suchen wird. Sie ist im Boden vorzugsweise an feuchten Stellen durch die var. elongata Grun, an trockenen durch die var. intermedia Grun, und var. vivax Grun, vertreten.

Bemerkenswertere Vorkommen sind:

In einem Weizenfeld bei Dinkelsbühl (27. VII. 1910) fanden sich bis 3 dm Tiefe Hantzschiaschalen.

---

[1]) R. Francé und C. Küstner, Untersuchungen über tropisches Edaphon. Arbeiten a. d. Biolog. Institut München Nr. 8. (Kleinwelt 1915).

[2]) C. Küstner, Neue Bacillariaceen aus dem Edaphon. (Kleinwelt 1915.)

Sehr große Hantzschien (bis 84 μ) fanden sich im überdüngten Boden der Hirschtalalpe, auf Wiesen bei Starnberg (Bayern, 8. VI. 11), in der Landgrafenschlucht bei Eisenach, Thüringen.

Die Form ist auch frosthart. Sie fand sich lebend am 26. I. 1911 unter Rasen bei Schäftlarn (Bayern) in hart gefrorener Ackererde, bei Weßling (Bayern, 3. II. 1911), sogar im Münchener Straßenschmutz am 15.11.1911 in lebhafter Zellteilung, und im anderen Extrem im staubtrockenen Boden der Kartoffeläcker bei d. Komburg (Württemberg, nach dreiwöchentlicher Dürre, 18. Juli 1911). Von Dr. Falger auch als Felsenbesiedlerin konstatiert.

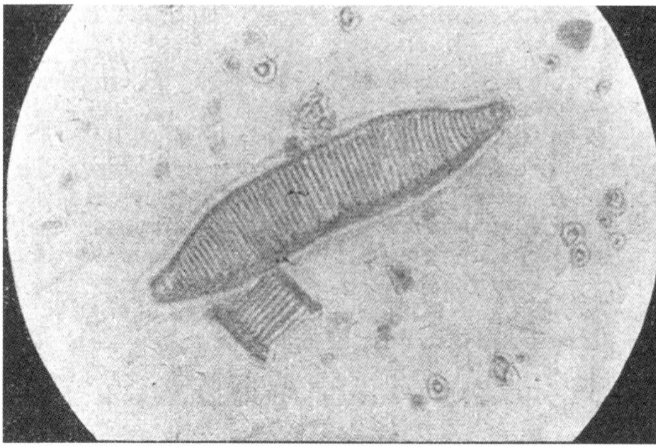

Abb. 4. Hantzschia amphioxys. (Original)

Hantzschia kennzeichnet namentlich den Acker- und Wiesenboden, in dessen feinsten wassergefüllten Poren sie mit erstaunlicher Schnelligkeit kriecht. Sie übertrifft an Beweglichkeit noch die ohnedies schon nicht trägen sonstigen edaphischen Bacillariaceen und behält ihre zwei, durch ein längliches Pyrenoid zusammengehefteten Chromatophorenplatten auch dann frisch, wenn sie der Frost oder die Trockenheit in eine Art „Starre" versetzt. Ihre Widerstandsfähigkeit gegen Austrocknung ist enorm. Um diese zu prüfen, wurde in Kulturgefäßen gezogenes Hantzschienmaterial von Anfang Oktober bis 2. Dezember 1912 lufttrocken gehalten. Am 2. Dezember war der Erdoberfläche entnommene Hantzschia voll Öl, mit schönen Chromatophoren in lebhafter Vermehrung.

Eine Eigenart der edaphischen Hantzschien sind die merkwürdigen Kiele oder Flügel, welche sie manchmal bis zur Unkenntlichkeit verändern (von C. Küstner als nov. sp. bezeichnet), wie denn überhaupt der Bau von Hantzschia zur Nachuntersuchung auffordert.

Mastogloia minutissima Küst. Diese nur aus dem Edaphon bekannte Art beschrieb C. Küstner 1915 aus Kamerun.

Gomphonema gracile. In der Überflutungsvegetation an Felsen bei Kochel (Bayr. Alpen, 18. IX. 1907).

Gomphonema sp. Sehr kleine Gomphonemen fanden sich in Wiesenerde von Les Bossons (Frankreich, Haute Savoie, 27. VI. 1912) mit Navicula borealis.

Cymbella edaphica Küst. Diese neue Art ist nur aus dem alpinen Edaphon (Kaisergebirge Tirol) bekannt.

Amphora sp. Eine winzige Amphora von nur 15 – 12 μ Länge mit einem Chromatophor aus 4 rundlichen Lappen an der Rückseite der Frusteln, also zur Untergattung Clevamphora Mereschkowsky's gehörig, fand sich zu Tausenden in Regenwurmexkrementen aus dem Garten des Biologischen Institutes München (22. IV. 1912) in lebhaftester Bewegung.

Gyrosigma sp. im Watt von Carolinensiel (Friesland, 30. VI. 1912, leg. G. Hibben), offenbar aus dem Meer eingespült, desgleichen.

Rhoicosphenia curvata.

Surirella birostrata Hust. (Abb. 3 Fig. III). Nach Schmidt's Atlas (neu bearbeitet von F. Hustedt) kann ich eine in Moosrasen von Glonn (Bayern, 27. II. 1913) häufig vorkommende Surirella nur für die obbezeichnete Art halten.

Kleine Surirellen sind im Edaphon sehr verbreitet. Nach meinem Untersuchungsjournal wurden solche gefunden in Bodenproben aus Gartenerde von Dinkelsbühl (25. VII. 1910), Hirschtalalpe b.Tegernsee, Lägerflora (3. IX. 1910), Hohenburg b. Lenggries (Bayern), Wiesenboden (3. IX. 1910), Kufstein (Tirol) Wiesenboden (15. XII. 1910) mit Chromatophoren, Rietzalm i. Kaisergebirge (Tirol, 15. XII. 1910), in Blumentöpfen, Wiese b. Wolfratshausen (31. III. 1911), Ackerboden b. Degerndorf (Bayern, 31. III. 1911) in 3 1/2 dm Tiefe, Roggenfeld b. Reichertshausen (Ob.-Bayern, 3. V. 1911), Landgrafenschlucht b. Eisenach (Thüringen, 8. VII. 1912).

Dies läßt vermuten, daß Surirellen überhaupt ein Indicium größerer Bodenfeuchtigkeit sind.

Achnanthes elliptica Küst. Nur aus dem Edaphon der Alpen von C. Küstner beschrieben (1915).

Mesotaenium caldariorum (Abb. 7). Diese aus Glashäusern angegebene Erdalge nebst M. Endlicherianum findet sich sowohl in der Überflutungsvegetation, wie im Felsenhumus der Alpen (Heimgartengrat, 26. X. 1910, dort 28 µ lang), im Almboden (Rietzalm i. Kaisergebirge, 15. XII. 1910) und in der Ackererde (Kornfeld am Berg bei Schwaz [Tirol], 2. VII. 1912).

Desmidiaceen sind sonst nur in Moorerde zu finden (z. B. Schwarze Tenn bei Tegernsee) mit Ausnahme einer kleinen undeterminierbaren **Euastrum sp.** (Abb. 5) im Wiesenboden der Rietzalm (15. XII. 1910). 3 Arten von Mesotaenien werden von Dr. Falger auch als erste Felsbewohner angegeben.

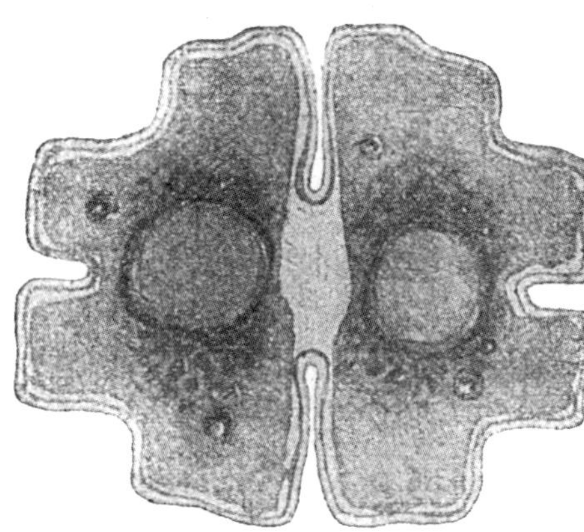

Abb. 5. Euastrum sp. aus dem Wiesenboden. (Originalzeichnung des Verfassers.)

Die Chlorophyceen der Liste beziehen sich sämtlich auf Überflutungsstandorte, wie Oberfläche von Waldwegen (Chlamydomonas, Raphidium, Scenedesmus, auch Euglena), Regenrinnen (Vaucheria) oder Äcker (Ulothrix und Microspora), die sich allerdings auch in 2–4 cm Tiefe in einem frisch gepflügten Ackerfeld bei Glonn (Ob.-Bayern, 21. III. 1911) nebst Schwärmsporen fand. Auch **Pleurococcus vulgaris (Cystococcus humicola)** (Abb. 7) ist aus Ackererde bei Dinkelsbühl (VII. 1910), Almboden bei Schliersee (5. X. 1910) (Zellen 8 µ Durchmesser) und Weizenackerboden bei Schwäbisch-Hall (Württemberg, 20. VII. 1911) verzeichnet. Desgleichen von Dr. Falger auf Felsen.

Azotobacter chroococcum. Dieses häufigste aller Bodenbakterien – fehlt in Wüstenboden (arabische Wüste, III. 1914) – libysche Wüste, III. 1914) – scheint zugleich auch das Wichtigste zu sein. Es ist in Europa überall verbreitet, nach Ramann im Hochgebirge ebenso häufig wie in der Ebene und wird von Heinze (Zentralblatt f. Bakteriologie II. Abt. 1904) mit Granulobacterformen und Flechten zusammen für den Initiator der Humusbildung im Hochgebirge gehalten.

Sonst ist es der bedeutsamste der freilebenden, stickstoffixierenden Geobionten, vorausgesetzt, daß es sich nicht noch erweist, daß Azotobacter nicht durch eine Symbiose mit Erdalgen diese Wirkung erzielt, wofür H. Fischer (Zentralblatt f. Bakteriologie II. Abt .1904) Material beibringt, da er Azotobacter reichlich an Oscillatoria gefunden hat. Über Bodenimpfungen mit Azotobacter s. S. 93.

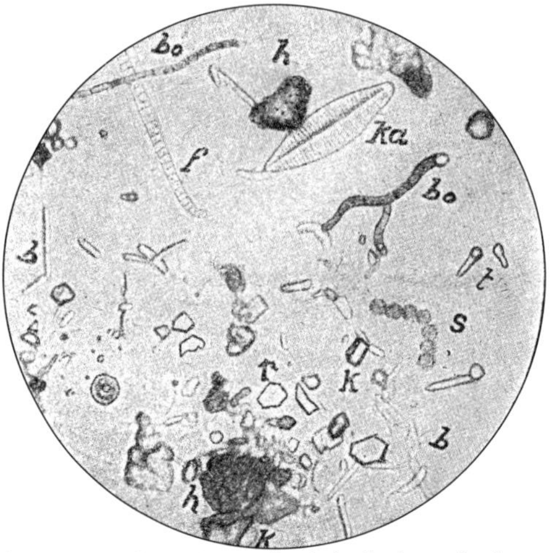

Abb. 6. Die Organismen des Ackerbodens. Stark vergr. *b't* = Bodenbakterien, *bo* = Bodenpilze, *K* = Kieselalgenschale, *t* = Oscillatoria

Aspergillus terricola (Abbildung 9). Farblose, offenbar diesem Schimmelpilze zugehörige Mycelien finden sich namentlich im Waldboden sehr verbreitet und Pilzsporen der verschiedensten Form und Färbung sind in jedem Boden vorhanden (Abb. 8). Namentlich in den Wintermonaten wird man sie nie vergeblich suchen. Brandsporen (Ustilaginae) fanden sich im Almboden des Kaisergebirges (Rietzalm) am 15. XII. 1910; auffällige Mengen farbloser Mycelien in hart gefrorenem Boden unter Heidekraut auf dem Weg von Grünwald zur Römerschanze (Ob.-Bayern, am 26. I. 1911). Auch der Straßenkehricht der Großstädte ist natürlich von Pilzsporen durchsetzt, desgleichen der Ackerboden bis 15 cm Tiefe. (Vgl. Abb. 28 Fig. 23 bis 25.) Auch die alpine Höhe (1 630 m bei Zermatt, Schweiz) entbehrt sie nicht, so daß man von einer universalen Verbreitung des Pilzlebens sprechen kann. Das Gesagte gilt auch für

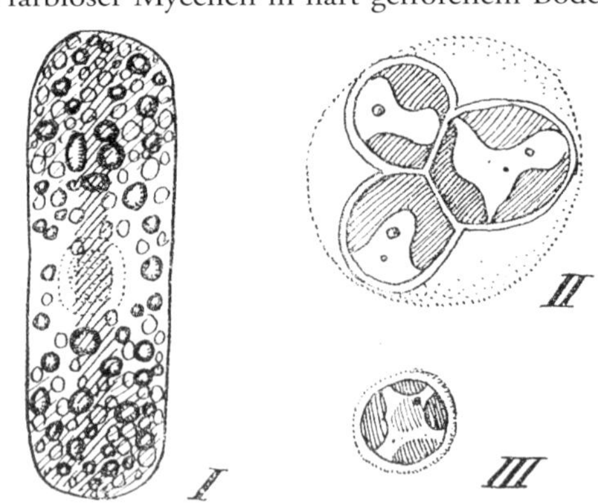

Abb. 7. Grünalgen des Edaphons. I = Mesotaenium, II-III = Cystococcus

Cladosporium humifaciens P.E.M. (Abb. 28 Fig. 21). Die Systematik dieser Form ist immer noch ungeklärt. Wahrscheinlich ist die P.E. Müllersche Form identisch mit Cl. epiphyllum Fr. (Vgl. Abb. 8 Fig. l.)

Als merkenswerte ökologische Daten seien über diesen wichtigsten der Bodenpilze erwähnt: In enormen Mengen, wahren Filzen fand sich Cladosporium unter der Laubdecke im Mischwald der Alpen (Brannenburg, 8. VIII. 1910) bis 1 1/2 dm Tiefe (Sonnenspitze bei Kochel, 12. V. 1911). Bei ca. 35 cm Tiefe (Degerndorf, 31. III. 1911) findet sich nur mehr wenig, aber immerhin noch mit

Sporen (Conidien) in 100 cm Tiefe (München, Grasgarten, 13. V.1911). Zur Beurteilung der Höhenverbreitung diene, daß bei 1914 m (Überschall, Karwendelgebirge, Tirol, 26. VIII. 1910) im Almboden noch große Massen gefunden wurden, auch bei mangelndem Humus unter Silene acaulis-Polstern auf dem Lafatscher Joch (Tirol, 25. VIII. 1910) in 2085 m immerhin noch ansehnliche Mycelien, desgleichen auf dem Gipfel des Wendelstein (Bayern) in pflanzenleerer Lehmerde (20. IX. 1910) in 1820 m Höhe. Dagegen enthielt der Almboden auf dem Gorner Grat in 2780 m Höhe (29. VI. 1911) nur ganz wenig. Daß im Grundlehm im letzten „See" der Angerlhöhle am Simetsberg (Bayer. Alpen, 9. VI. 1912) ebenfalls Cladosporium zu finden ist, erscheint nur dem ersten Blick sehr beachtenswert, da das Wasser auf seinem Wege durch die Spalten der Decke humusreiche Erdschichten durchfließen muß, bevor es sich in diesen „Seen" sammelt. Als Felsbesiedler gibt die Form auch Dr. Falger an. Schon aus diesen „extremen" Daten läßt sich die von P. E. Müller bereits erkannte geradezu universelle Bedeutung von Cladosporium für das Edaphon erschließen, in dem es mit Hantzschia und Difflugia zusammen die fast nie fehlende Trias bildet und zugleich, indem es den edaphischen Rhizopoden zur Nahrung dient, eine wichtige Grundlage des tierischen Lebens darstellt.

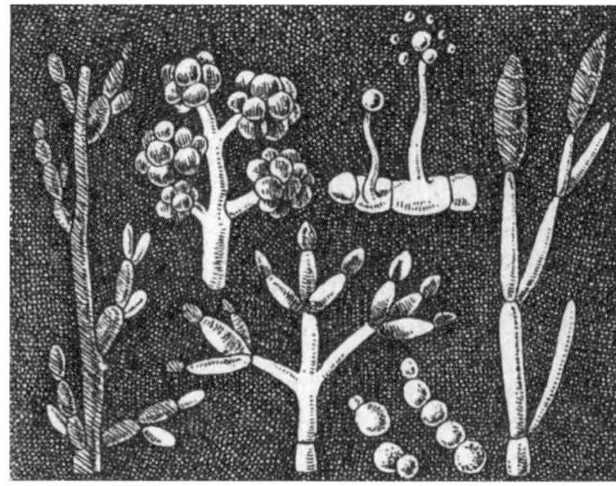

Abb. 8. Die Fruchtfolgen häufiger Bodenpilze. 1 = Cladosporium, Konidienträger, 2 = Verticillium sp., Konidienträger, 3 = Demnatium pullulans-Hefe. 4 = Fusarium sp. mit Konidien. 5 = Konidienträger von Botrytis einerea. 6 = Mucor racemosus bei der Sporenaussaat. Stark vergrößert.

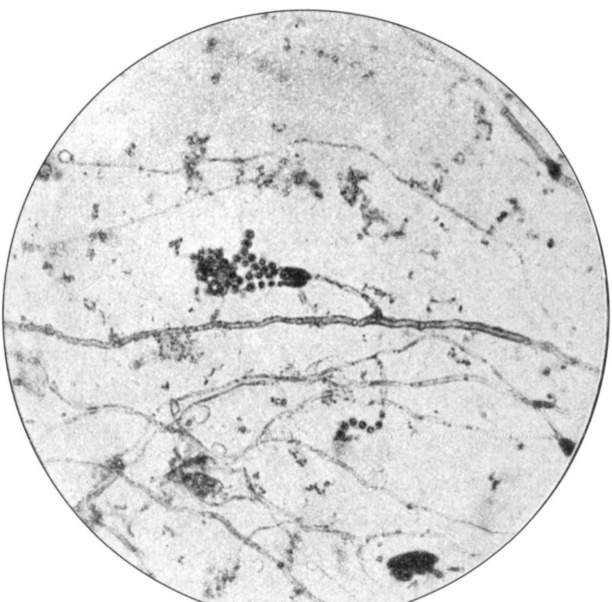

Abb. 9. Schimmelpilzkultur (Aspergillus terricola?)

Saccharomyces sp. In den Lehrbüchern der Pedologie wird auf den reichen Gehalt der oberen Erdschichten an Saccharomyceten hingewiesen. Nach

E. Wollny sind es namentlich S. glutinis, S. cerevisiae, S. ellipsoideus nebst Hefekonidien von Monilia candida und Torulahefen, die sich an der Denitrifikation, wenn auch in untergeordnetem Maße beteiligen, da in sauren Böden die Schimmelpilze, namentlich Aspergillus-, Mucor-, Penicillum- und Erysibe-Arten das Übergewicht gewinnen, in alkalischen dagegen die Bodenbakterien.

L. Adametz gibt für sandigen Ackerboden pro Gramm Oberfläche sogar 50 Schimmelpilze, in 20 – 25 cm Tiefe noch immer 40 an und fand folgende Pilzflora der Ackerkrume:

Penicillum glaucum
Mucor mucedo
„ racemosus
„ stolonifer
Aspergillus glaucus
Oidium lactis
Saccharomyces ellipsoideus
„ cerevisiae
„ glutinis (Rosahefe)
Monilia candida.

Reichhaltig ist namentlich die Sproßpilzflora des Düngers (Monilia, Torulaceen und echte Saccharomyceten). Desgleichen werden sie in Obstgartenerde und Hochmooren neuerdings als sehr zahlreich angegeben. A. Klöcker (Comptes Rendus du Labor, de Carlsberg. 1909) beschreibt zwei neue Hefearten (Debryomyces globosus und Schwanniomyces occidentalis) die nur in Erde leben.

Übrigens müssen zu ihnen nach B. Heinze (Landwirtschaftl. Jahrbücher 1906) die Knöllchenbakterien, namentlich Bacillus radicicola gerechnet werden, weit eher als zu den eigentlichen Bakterien.

Demgegenüber fand ich Hefen relativ selten, meist ellipsoidische Formen und Kugelhefe, kann jedenfalls nach meinen ausgedehnten Untersuchungen die Ansicht von der großen Reichhaltigkeit des Bodens an Hefezellen nicht unterschreiben. Stets waren es nur Waldböden, in denen sich Hefezellen fanden und reichlicher finde ich Hefevorkommen nur von Buchenhumus am Petersberg bei Fischbach (Bayer. Alpen, 5. I. 1913, leg. R. v. Aichberger) notiert.

Schimmelpilze (Abb. 8 – 9). Das Studium der Schimmelpilze im Boden hat seit meinen ersten Veröffentlichungen über das Edaphon außerordentlichen Aufschwung genommen.

Elisab. Dale (Annales Mycologici 1912) beschrieb 30 Arten von Bodenpilzen und zwar in Ackerböden:

Mucor rufescens Fisch.
„ Ramannianus Moeller
„ Mucedo L.
„ racemosus Fres. (Abb. 8)
„ circinelloides v. Tiegh.
„ sphaeroporus Hagem.
„ plumbens Bon.
Rhizopus arrhizus Fisch.
Absidia orchidis Hagem.
Monilia Koningi Oud.
Trichoderma Koningi Oud.
„ album Preuss.
Aspergillus niger v. Tiegh.
„ candidus Pers.
„ repens De Bary
„ sp.
Penicillium (?) intricatum Thom.
„ ungulosum Thom.
4 Penicillium sp.
Citromyces (?) glaber Wehm.
Botrytis cinerea Pers. (Abb. 8)
Verticillium alboatratum Reinke
Nematogonum humicola Oud.
Trichothecium roseum Link
Basisporium gallarum Molliard
Dematium spec.
Cladosporium sp.
„ herbarum Pers.
„ epiphyllum Pers.
Helminthosporium interseminatum Berk.
Stempylium botryosum Wallr.
Macrosporium cladosporum Desm.
Alternaria humicola Oud.
Fusarium sp.
„ solani Mont. (Abb. 8)
(Ozonium (? croceum Pers.)

Hierzu kommen zahlreiche Arten, welche schon Van Iterson (Versl. Kon. Akad. van Wetenschap. Amsterdam 1903) aus holländischen Böden beschrieben hat (darunter sind neu: Sordaria humicola, Pyrenochaete humicola, Sporotrichum roseolum, Botrytis vulgaris, Mycogone puccinioides Sacc., dazu Arten von Epicoccum, Trichocladium, Chaetonella, Stachybotrys und Pyronema, so daß man mit Recht sagen kann, daß die Pilzflora des Edaphons schon an Artenzahl von nun an mit an erster Stelle stehen muß.

Das gleiche gilt von ihrer Masse. Es gilt nicht nur von dem russischen „tscherno-sem", wie ich ihn zu untersuchen Gelegenheit hatte, daß die Erdkrümelchen von weißen Myzelien durchsponnen sind, sondern das alte, schon 1888 von B. Frank (Berichte der Deutschen Botan. Gesellschaft, Bd. VI) ausgesprochene Wort hat immer mehr recht bekommen, daß der Waldhumus keineswegs ein Trümmerhaufen einstiger Pflanzenteile sei, sondern oft zum wesentlichen Teil eine lebende Masse von Pilzfäden, die oft mit Mykorrhizen (deren Bedeutung für das Edaphon immer noch ungeklärt ist) zusammenhängen.

Petalomonas mediocanellata. St. So seltsam es erscheinen mag, bewegliche Flagellaten in der Erde zu finden, trat mir doch nicht nur diese Art in allerdings mäßig feucht gehaltener Blumentopferde (mit Gras bewachsen) in den Versuchsgefäßen des Biologischen Instituts München (31. XII 1910) entgegen, sondern es zeigten sich vor und zur Zeit der Schneeschmelze mehrfach (Rasenböschung bei Mühltal [Würmtal], 17. I. 1911), Ackerboden bei Glonn in 2 – 4 cm Tiefe (21. III. 1911), Rasen bei Mühltal bei Schäftlarn (26. I. 1911) ein- und zweigeißelige grüne Gameten, als Beweis, daß der Boden wenigstens zeitweise von wassererfüllten Hohlräumen durchzogen ist.

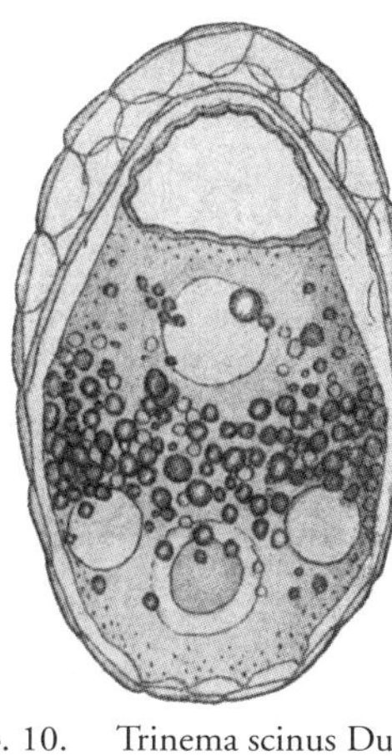

Abb. 10. Trinema scinus Duj. aus dem Waldboden, mit Doppelschale. Nach der Natur gez. vom Verf.

47. **Amoeba terricola** (Abb. 14, 25 Fig. IV). Die Amöben des Edaphons sind seit R. Greeff[1]) wiederholt Gegenstand eingehender Untersuchung gewesen, ohne daß sie noch erschöpfend behandelt sind. Um so weniger, als nach den neueren Untersuchungen sich die Nacktamöben überhaupt von unerschöpflicher Polymorphie erweisen.

Viele moosbewohnende Amöben sind dann später von Greeff im Biologischen Zentralblatt 1891 beschrieben worden. (Amoeba papyracea n. sp., A. similis Greeff, A. sphaeronucleolus Gr., A. fibrillosa Gr., A. alba Gr.) Hierzu kommen neuerer Zeit A. striata Pen., A. vesiculata Pen. (Penard, Observations sur les Amibes à pellicule) und von Gartenerde A. horticola Naegl. (K. Nägler, Entwicklungsgesch. Studien über Amöben. Archiv f. Protistenkunde Bd. XV).

Beachtenswert sind ferner die bei pathologischen Untersuchungen zutage geförderten Erdamöben (z. B. von Celli und Fiocca im Zentralblatt für Bakteriologie 1894), wobei zu bemerken ist, daß von Penard in der großen A. terricola Kernparasiten gefunden wurden (Nucleophaga amoebaea Dang.), von denen Schepotieff (Amöbenstudien. Zoolog. Jahrb. 1910) nachgewiesen hat, daß sie den merkwürdigen Chlamydozoen Prowazeks, welche dieser für die Erreger der Pocken, des Scharlachs, Trachoms, der Tollwut, Staupe, Hühnerpest und Klauenseuche hält, äußerst ähnlich sind.

---

[1]) R. Greeff, Über einige in der Erde lebenden Rhizopoden.

Hier eröffnen sich Beziehungen zwischen dem Edaphon und der Hygiene, welche größter Beachtung wert sind.

In anderer Beziehung interessieren uns wieder die zahlreichen A. nitrophila, welche Beijerinck (Zentralbl. f. Bakt. Abt. I. 1896) und andere Autoren ebendort 1907) weit verbreitet in Gesellschaft des Azotobacters gefunden haben.

Aus der Gruppe der leichtbeweglichen Amöben, die sich um Amoeba limax (Abb. 25 Fig. II), guttula und Proteus gruppieren, findet man Vertreter in jedem Blumentopf, aber auch in nicht zu trockenem Wiesenboden (A. guttula in Wiesenerde bei Dinkelsbühl, Bayern, 23. VII. 1910) häufig auch im alten Botanischen Garten München (12. III. 1911), Amoeba limax in Wiesenboden bei Groß-Dingharting (Ob.-Bayern, 27. III. 1911), A. proteus Wiese an der Isar bei Wolfratshausen (Ob.-Bayern, 31. III. 1911).

Lebhaft bewegliche A. guttula fanden sich auch im Höhlenlehm der Angerlhöhle (Bayer. Alpen, 9. VI. 1912).

Eine der von Pénard aus dem Genfer See beschriebene Amoeba velata Parona sehr nahestehende Form fand ich 3 cm tief in Blumentopferde im Biologischen Institut München (11. XII. 1910).

Die seit Greeff als typisch edaphisch erkannten wohlunterschiedenen A. verrucosa und terricola haben dagegen keineswegs die Verbreitung, die man voraussetzt. Typisch finden sie sich nur in der Moosfauna, namentlich im Sphagnetum. Sonst habe ich sie nur von folgenden Orten notiert: Blumentopferde (klein), wobei 1 mm^3 6 Individuen enthalten kann, Auwalderde im Englischen Garten zu München, unter Schnee (27. XII. 1910) und winzige Exemplare in 30 cm Tiefe in einem Weizenacker bei Dinkelsbühl (27. VII. 1910). Lebhaft bewegliche, zahlreiche A. guttula fanden sich schließlich nach mehrwöchentlicher Regenperiode auch im Garten des Biologischen Instituts München (26. IX. 1912), so daß der Gesamteindruck der ist, daß Amöben ein Indicium reichlicher Bodenfeuchtigkeit darstellen. (Vgl. Abb. 25 Abb. III.)

Difflugia constricta (Abb. 11). So wie Hantzschia für Acker- und Wiesenboden, so stellen die Difflugien für den Waldhumus die edaphische Charakterform dar. Auch in Wiesenboden, der ja den Übergang zum Ackerboden bildet, stellen sie sich manchmal reichlich ein. Da sie in keiner Waldbodenprobe fehlen, erübrigt sich die Aufzählung der Fundorte. Nur einige besondere Vorkommen seien angemerkt:

Eine wahre Reinkultur von Difflugia globulosa und D. urceolata enthielt der Waldhumus von der Sonnenspitze bei Kochel in zirka 900 m Höhe bis zu 15 cm Tiefe (12. V. 1911). Hier wurde auch beobachtet, daß sich die Difflugien von Cladosporium nähren, während sie in der an Bodenpilzen armen Blumentopferde Hantzschien verzehren. An der soeben genannten Lokalität erreichen sie auch 89 – 101 µ Durchmesser, während sie sonst bedeutend kleiner sind. Riesige Difflugia constricta von 100 µ Länge fanden sich auch in Mischwaldboden im Förchental bei Brannenburg (Bayer. Alpen, 8. VIII. 1910).

Bemerkenswert sind auch die Difflugia urceolata im Münchener Straßenkehricht (15. II. 1911).

Im Herbst encystieren sich die Difflugien (4. XII. 1910 im Acker- und Waldboden von Brück bei München). Eine Probe von tiefschwarzem Humus an den Nordabhängen des Heimgartens (Bayer. Alpen) vom 2. VI. 1911 enthielt 24 große Difflugia globulosa mit 13 glashellen mit feinkörnigem Plasma erfüllten Zysten von 3 µ Durchmesser.

Die Gehäuse der edaphischen Difflugien werden ausschließlich aus Kieselplättchen, Humuskörnchen u. a. erbaut; ich sah nicht in einem Fall hierzu Kieselalgenschalen verwendet.

Dadurch sehen die Difflugiengehäuse den zahlreichen Quarzkörnchen so täuschend ähnlich, daß die Unterscheidung manchmal Schwierigkeiten bereitet und man anfänglich die meisten Difflugien übersieht. (Vgl. Abb. 11 – 12.)

Eine Difflugia verdient besonders hervorgehoben zu werden als

Difflugia Craterella Francé (Abb. 12). Diese Difflugia fand sich zuerst in Wiesenerde bei Ammerland (Ob.-Bayern, 19. IV. 1911) mit anderen großen Difflugien, Trinemen und Navicula mutica, später auch auf der Sonnenspitze bei Kochel (12. V. 1912). Sie erreicht bis 42 μ Durchmesser, erscheint als

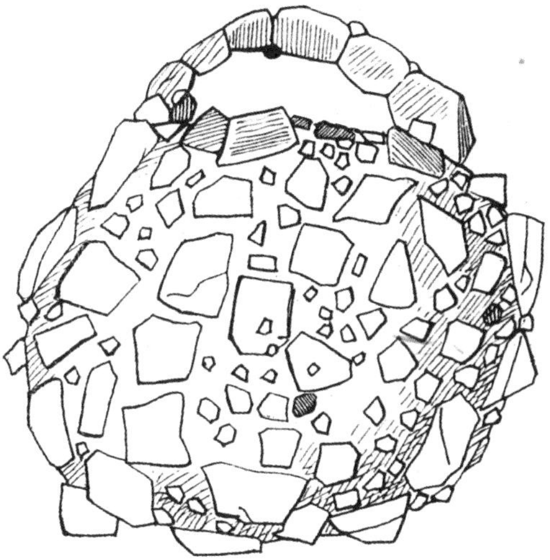

Abb. 11. Difflugia constricta. Typische Edaphonform. Stark vergrößert. Original des Verfassers.

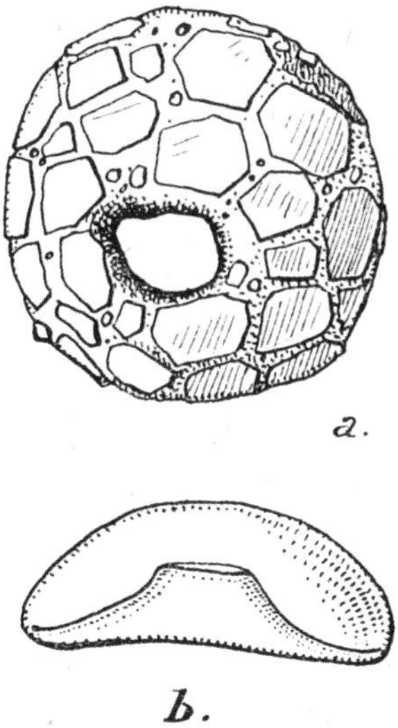

Abb. 12. Difflugia eraterella. *a* = von oben, *b* = in optischem Längsschnitt. Original des Verfassers.

braune, flach gedrückte, einseitig abgeplattete Halbkugel, auf deren flacher Seite sich die bis 12 μ messende Schalenöffnung befindet. Zu dieser führt aber ein kraterförmig sich einsenkendes Peristomfeld, das ihr den Charakter verleiht. Die Dicke des Gehäuses beträgt 23 μ. Das Gehäuse ist mit Kieselplättchen verstärkt und reich inkrustiert.

Solche Craterellaformen sind auch von Leidy[1]) mehrfach (bei Arcellen und Difflugien) abgebildet und müssen meiner Ansicht nach im System getrennt werden.

Besonders nahe steht unserer Form die Centropyxis laevigata Pén.[2]) mit dem Unterschied, daß die edaphische Form bedeutend flacher, die Einstülpung der Mundöffnung bedeutend tiefer, diese selbst unregelmäßig, lappig, vor allem jedoch, daß das Gehäuse bedeutend kleiner als die durchschnittlich 120 - 135 μ messende Centropyxis ist.

Nahe stehen ihr auch Difflugia lobostoma Leidy und D. Arcula Leidy, die beide unter Moosen (Bryaceen) im Fichtenwald bei Miesbach (16. II. 1913, leg. Th. Stiglitz) gefunden wurden und jedenfalls in denselben Variabilitätskreis gehören.

---

[1]) F. E. Leidy, Fresh-water Rhizopods. of. N.-America.

[2]) E. Penard, Faune rhizopodique. Leman S. 306.

Phryganella nidulus Pen. Nur einmal in Alpwiesenerde von Zweisimmen (Schweiz, 29. VI. 1911) zwischen Kieselalgen.

Difflugiella sp. Eine den Difflugiellen nahestehende Form fand sich in Ackererde (Weizenfeld) bei Schwäbisch-Hall (Württemberg, 20. VII. 1911) mit Hantzschien und Geococcen. Außerdem in Wiesenboden bei Weßling (Ob.-Bayern, 3. II. 1911).

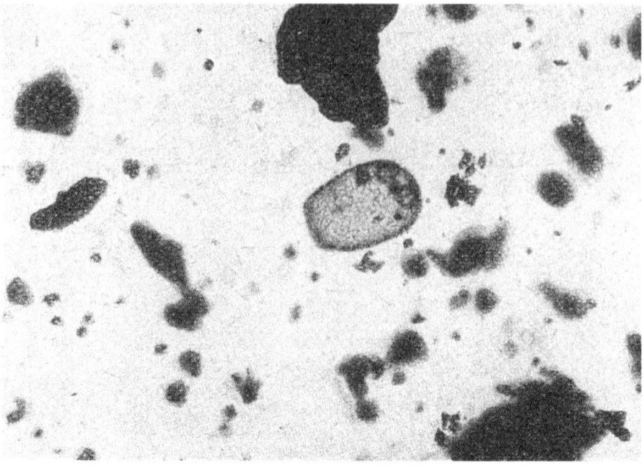

Abb. 13. Heleopera im Edaphon. Originalaufnahme

Nebela collaris Leidy. Nicht selten im Edaphon der Wiesen (Spitzingsattel bei Schliersee, 4. X. 1910) des Waldbodens (Urwaldbestand im Dürrachtal-Vorderkarwendel, Bayer. Alpen, 20.VIII.1910), der Moore (Schwarze Tenn bei Tegernsee, Bayer. Alpen. 11. VII. 1911), des Gartenhumus (Neuer Botanischer Garten, München, 16. II. 1913). Niemals bisher in Ackerboden beobachtet. Riesige Exemplare fanden sich im Boden einer frisch gedüngten Wiese im Kiental bei Herrsching (Bayern, 16. III. 1911) und unter der Lägerflora der Hirschtalalm bei Tegernsee (11. VII. 1911).

Im Herbst encystieren sich die Nebelen frühzeitig und stoßen dann aus den Cysten auch Pilzfäden aus, die zur Nahrung dienen (Abb. 23).

Eine Nebela flabellulum Leidy fand sich in der Moosfauna von Miesbach (16. II. 1913, leg. Th. Stiglitz).

Geococcus vulgaris Francé (Abb. 14, 15, 16). Dieser für das Edaphon höchst charakteristische Organismus läßt sich mit keiner der mir bekannten

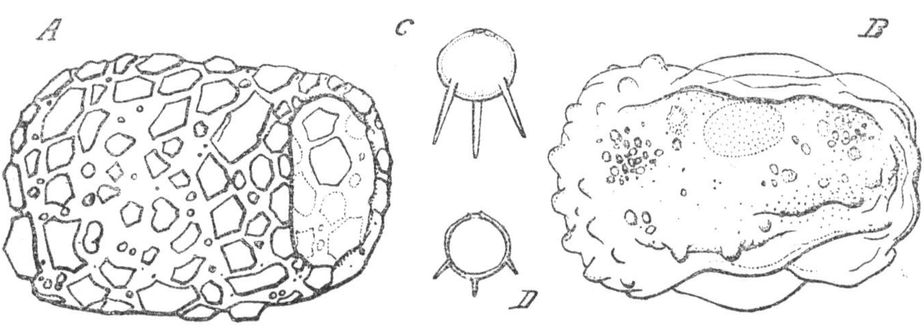

Abb. 14 Tropische Edaphonformen. *A* = Difflugia – *B* = Amoeba – *C-D* = Geococcus. (Nach Francé.)

Rhizopodenbeschreibungen identifizieren. Er trat in sehr vielen Erdproben vor Augen, so daß er seine Artbezeichnung wahrhaft verdient. Am häufigsten erscheint er im Edaphon feuchter Laubwälder und da namentlich zur Zeit der Schneeschmelze. Besondere Vorkommen waren: Ackererde aus 30 cm Tiefe bei Dinkelsbühl (Weizenfeld, 27. VII. 1910) – Kar „im Friedhof“ (Kaisergebirge Tirol, 28. V. 1911), in 1650 m Höhe, Brentenjoch bei Kufstein in Tirol, Almboden in ca. 1250 m Höhe (28. V. 1911) lebend, sehr zahlreich, meist lebend im Garten des Biologischen Institutes München (30. XI. 1912, Boden unter Föhneinfluß aufgetaut). Auch im Ackerboden war Geococcus häufig in einem Waldacker im Leitzachtal (27. III. 1913). Er fand sich ebenso im afrikanischen Boden (Niltal 1914).

Anfänglich bereitete dieser Organismus der Bestimmung die größten Schwierigkeiten, da man gewöhnlich nur die leeren Gehäuse findet. Außerdem finden sich sehr häufig runde, dickwandige, etwa 3 μ im Durchmesser haltende Scheibchen, auch in vollkommen humus- und vegetationslosem Sand und in

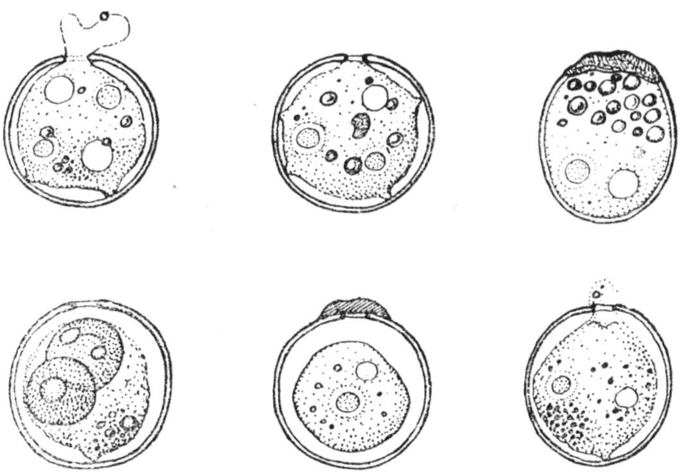

Abb. 15. Geococcus vulgaris aus dem Auwaldboden. Stark vergrößert. (Originalzeichnung des Verfassers.)

glazialen Schottern, deren Bestimmung noch heute nicht über die Vermutung, daß es sich hier um subfossile Kieselalgen (Melosira?) handelt, hinausgekommen ist.

Derartige Gebilde (wohl Geococcus) sind auch von H. Reichelt (Das Diatomaceenlager von Klein-Saubernitz, Archiv f. Hydrobiologie 1907) fossil aufgefunden worden. Desgleichen entdeckte neuerdings K. Küstner [1]) in meinem Institut im Savannenhumus von Lomie (Kamerun) Gehäuse einer anderen, als Geococcuslon longispina Francé bezeichneten Art, die sich von der Stammform durch drei hohle stachelförmige Schalenauswüchse unterscheidet. (Abb. 14 *C – D.*)

Die Gehäuse von Geococcus sind kugelig, oder etwas oval, 15 – 18 μ groß, ziemlich dickwandig, vollkommen durchsichtig und strukturlos. An einem Pol befindet sich die kreisrunde, von einem etwas verdickten Wall umgebene Mundöffnung, die im Winter bei encystierten Individuen durch ein manchmal braun gefärbtes Diaphragma verschlossen ist. (Fig. 15.)

Der Plasmainhalt ist manchmal durch einige Epipodien angeheftet; er besteht aus körneligem, sonst klarem Plasma mit einem (einmal glaubte ich

---

[1])R. Francé - C. Küstner, Untersuchungen über tropisches Edaphon. (Die Kleinweit 1915. VII. Bd.)

zwei Kerne – Abb. 15 – unterscheiden zu können) bläschenförmigen Nucleus, mehreren Vakuolen, von denen eine, meist gegen das aborale Ende zu gelegen, pulsiert. Das Innere umschließen sonst noch meist dunkle (Humus?) Körnchen, nur einmal sah ich in einer an Pieurcoccen reichen Erdprobe ein Individuum mit 2 Pleurococcusartigen Zellen im Innern (Abb. 15).

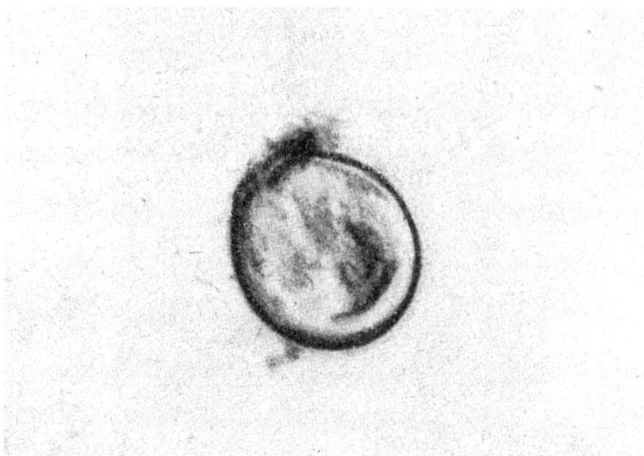

Abb. 16 Geococcus vulgaris. (Original-Microphotographie.) Ca. 750fach vergrößert.

Pseudopodienbildung wurde nur einmal beobachtet. Stumpf lobose Pseudopodien streckten sich aus, um Humuskörnchen in das Innere zu ziehen (Abb. 15).

Über die Fortpflanzung konnte nichts ermittelt werden.

Der ganzen Organisation nach steht Geococcus nahe zu Platoum, namentlich den Formen, die Penard[1]) zu dieser Gattung zieht und für die er 16 bis 21 μ Länge angibt. Bei spitzen Pseudopodien wäre er identisch mit Microgromia elegantula Pén. Neuerdings gefunden wurde er von A. Himmer[2]) im Humus an den Ufern des Schwarzsees in Tirol im Jahre 1913. Desgleichen von Dr. F. Falger als erster Besiedler von Felsen.

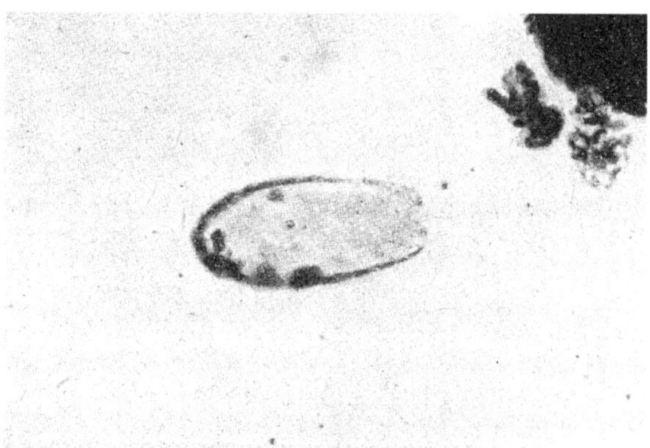

Abb. 17 Euglypha. (Original-Microphotographie.)

Hyalosphenia elegans Leidy. Im Humus der Latschenregion des Heimgartens (Bayerische Alpen, 1. VI. 1911), in zirka 1550 m Höhe einmal gefunden.

H. cuneata, tincta und H. papilio gehören zur Moosfauna.

Heleopera petricola Leidy (Abb. 13). In Menge trat Heleopera auf in den Tintenstrichen des Roger (Kaisergebirge, 30. X. 1910), zahlreich auch in einem Waldacker im Leitzachtal (Bayern, 27. III. 1913). – H. picta gehört zur Moosfauna.

Pseudochlamys patella Cl. & L. Ist im Edaphon der Wiesen (Dinkelsbühl, 26. VII. 1910), Mischwälder (Brannenburg, Bayern, 8. VIII. 1910), des Moos-

1) E. Pénard, op. cit. p. 430.

2) A. Himmer, Die Rhizopodenfauna des Schwarzsees in Tirol. (Kleinwelt 1914.)

bodens (Leutstettener Moor, Bayern, 11. XI. 1910), auch in Blumentopferde und Ackerboden (in 35 cm Tiefe Degerndorf, Bayern, 31. III. 1911 und Holzhausen, Ober-Bayern, Oberfläche, 19. IV. 1911) zu finden, jedoch nirgends zahlreich.

Arcella vulgaris Ehrb. Selten im Edaphon der Moore, des Spaltenhumus (Benediktenwand, Bayr. Alpen, Nordwand in 1650 m Höhe, 21. X. 1910), Humus der alten Wälder (Brannenburg, Bayer. Alpen, 8. VIII. 1910), also eine ausgesprochen Feuchtigkeit liebende Form. Auch auf Felsen (Falger).

Assulina seminulum Ehrb. Selten. Im Edaphon von Laubwäldern (Degerndorf, Ob.-Bayern, 31. III. 1911), im Humus des Neuen Botanischen Gartens, München (16. II. 1913).

Eine Assulina minor fand sich auch in der Moosfauna, die reich an Assulinen ist.

Sphenoderia lenta Schlumb. Im Edaphon des Leutstettener Moores (11. XI. 1910) und ausgezeichnete Exemplare in dem Humus der Lägerflora von der Hirschtalalpe (11. VII. 1911).

Euglypha alveolata (Abb. 17.) Typisch für das Edaphon im Wiesenboden und in der Walderde. Sehr verbreitet im ganzen Untersuchungsgebiet, ebenso unter Moosen, wo sie bereits von Dujardin[1]) und Maggi[2]) angezeigt wurden. Seltsamerweise erwähnt sie hier Pénard in seiner Aufzeichnung über die sylvicole Moosfauna nicht[3]), da diese nach ihm nur folgende Formen umfaßt:

Difflugia constricta
Arcella arenaria
Euglypha ciliata
Pseudochlamys patella
Phryganella hemispaerica
Trinema enchelys var. Crysophila
Difflugia lucida
Heleopera petricola
Assulina minor
Amoeba terricola
Heleopera sylvatica
Corythion dubium
Corycia flava
Quadrula discoides
Centropyxis laevigata
Sphenoderia dentata
Nebela lageniformis
Assulina Seminulum var. scandinavica.

Bemerkenswerte Vorkommen von Euglyphen waren: Herrsching (gedüngte Wiese 16. III. 1911), Almboden auf dem Spitzingsattel bei Schliersee (Bayern, 4. X. 1910) und Oberfläche eines Waldweges bei Dinkelsbühl (25. VII. 1911), wo riesige und zahlreiche E. alveolata dominierten.

In 50 cm (Erdschichte unter Schottern) in München fanden sich (13. V. 1911) lebende E. alveolata.

Im Edaphon findet sich meist jedoch die sehr kleine (von Pénard, loc. cit. p. 513) auch unter Moosen angegebene E. laevis Perty, deren Plättchen gewöhnlich nicht sichtbar sind und die meist nicht 18 – 20 μ Länge erreicht.

Auch Euglypha globosa findet sich in Buchenmull (Dinkelsbühl, 25.VII. 1910), urwaldähnlicher Bestand im Dürrachtal (Bayer. Alpen, 20.VIII. 1910). E. mucronata (ohne Stachel) ist in sibirischen Erdproben aus dem Ischim'schen Kreis häufig.

Corythion dubium Tar. Gehört zu den Charakterformen der Moosfauna im Alpenvorland (Miesbach, 3. II. 1913, leg. Th. Stiglitz), Aying (IV. 1913) – ist jedoch leicht zu verwechseln mit den erdbewohnenden Trinemen, namentlich

1) F. Dujardin, Note sur les Infusoires vivants dans les mousses (Annales des Sciences Naturelles Zool. III. ser. 1852).

2) L. Maggi, Intorno ai Protozoi viventi sui Muschi. Rendiconti, Istit. Lomb. Sér. II. Vol. XXI.

3) Pénard, Op. cit. pajf. 666.

Trinema complanatum Pen. und **Trinema acinus Duj.** (Abb. 10), die nicht nur zu den variabelsten aller Rhizopoden, sondern auch mit Tr. lineare Pén. zu dem eisernen Bestand des Edaphons gehören. Man wird diese zierlichen Gehäuse nur in wenig Erdproben vermissen und sie wurden in der Ackererde bereits vor zwei Menschenaltern von Ehrenberg angezeigt.

Wenn auch Trinema mit sandigem Ackerboden vorlieb nimmt, so bleibt sie darin, wie die meisten edaphischen Rhizopoden, doch klein, oftmals winzig, wie am Lafatscher Joch in Tirol in 2085 m Höhe (26. VIII. 1910), wo sie kaum über 5 μ erreicht. Die Abtrennung des T. lineare durch Pénard ist durch das Edaphon bestens gerechtfertigt. Es existieren nebeneinander, manchmal in demselben Material zwei Trinemen, eine kleine und eine ca. 36 – 40 μ messende Form, und wenn schon hieraus hervorgeht, daß die Größe nicht immer von der Feuchtigkeit abhängt, so bleibt daran kein Zweifel, wenn man z. B. auch in feuchtem Terrain unter Gras bei Schliersee (5. X. 1910) die Zwergform der Trinema in einem sonst reichen Edaphonbestand (1 mm^3 – 36 Indiv.) findet.

Die Tiefenverbreitung ist überraschend. In Ackerboden findet man in 1 1/2 – 2 1/2 dm Tiefe regelmäßig noch Trinemen, im Kaisertal bei Kufstein (Tirol, 25. IX. 1910) sah ich in 30 cm Tiefe in auf dem Fels unmittelbar aufliegendem mergeligen Lehm noch große Tr. acinus, im Untergrund von München fanden sich in 100 cm Tiefe in glazialen Schottern noch Trinema acinus-Schalen. Eine geflügelte Form (nach Art der Hantzschien) fand sich im Edaphon unter Moosen in 1300 m Höhe auf dem Köpernick im schlesischen Altvatergebirge (Abb. 10).

Trotz größter Aufmerksamkeit gelang es mir nicht, Sicheres über die Ernährung der edaphischen Trinemen zu ermitteln und ich kann nur annehmen, daß sie von den Bodenbakterien leben. Nur einmal sah ich in einer Tr. acinus aus dem Englischen Garten zu München (29. XII. 1910) einen Fremdkörper, der einer verdauten Amöbe glich.

Quadrula globulosa Pen. Dieser sehr schöne Wurzelfüßler ist wohl identisch mit der von Penard unter Waldmoosen angegebenen Q. discoides, zu der ich sie nur wegen der Anordnung der Plättchen nicht rechne.

Nur einmal gefunden im Spaltenhumus der Benediktenwand in 1650 m Höhe (21. X. 1910).

Die übrigen hier nicht besonders aufgeführten Rhizopoden gehören insgesamt der Moosfauna an.

Ciliater Organismus (Abb. 18). Zu meinem größten Erstaunen enthielt die Erde in einem Blumentopf der Glashäuser des Biologischen Institutes München wiederholt ciliate Organismen aus der Ordnung der Hypotrichen, die sich mit keinem der beschriebenen Wimpertierchen identifizieren ließen.

Das erste Mal fanden sich diese Ciliaten in feucht gehaltener Blumentopferde am 25. III. 1911 als 54 μ im Durchmesser erreichende bauchseitig abgeplattete, lebhaft bewegliche, runde Organismen, die durch eine Einkerbung am Vorderende ausgezeichnet sind, welche sich auf der Bauchseite zu einem schlundartig eingesenkten Peristomfeld vertieft, von dem eine nach links gewundene adorale Wimperreihe ausgeht. Die Bauchseite trägt außerdem noch einzelne Cirren und Borsten, deren Zahl und genaue Anordnung aber noch nicht festgestellt ist. Der Körperrand besitzt überdies spärliche, gleichmäßige Bewimperung. Im Innern sind ein großes, kugeliges, körniges Gebilde (Zellkern), die rückwärts gelegene pulsierende Vakuole und zahlreiche Humuspartikelchen zu unterscheiden.

In größerer Anzahl beschreibt F. Heinis (Über die Mikrofauna am Bölchen) Naturforsch. Gesellschaft Basel. 1916) Ciliaten, darunter Cothurnia doliolum unter Hypnen, und aus Humus in 10 cm Tiefe Vaginicola terricola, die schon Greeff aus Erde angegeben hatte, desgleichen Stylonychia Mytilus usw., unbestimmbare Ciliaten noch aus 20 cm Tiefe.

Sehr merkwürdig war es mir in der arabischen Wüste bei Sues in staubtrockenem Wüstensand (III. 1914) Cysten zu finden, welche bei Befeuchtung in Wasser auflebten und sich als nicht näher bestimmbare Ciliaten erwiesen (vgl. Abb.18).

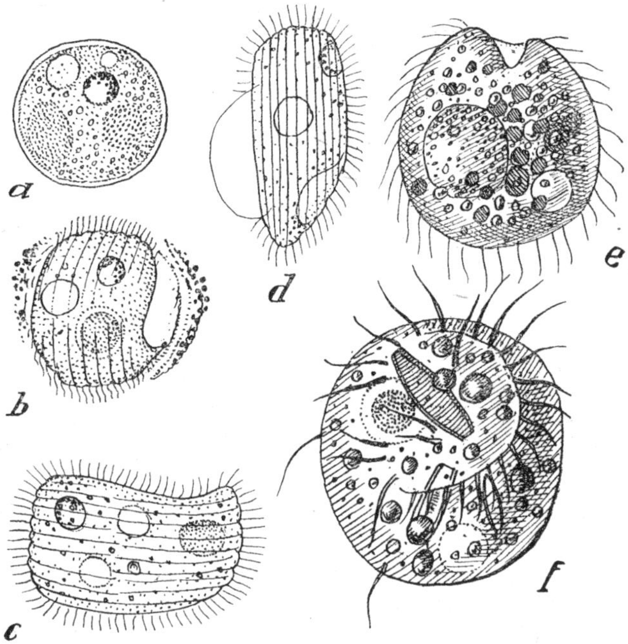

Abb. 18. Ciliaten des Edaphons. *a–d* = Entwicklung einer Form aus einer Cyste aus dem Boden der arabischen Wüste, *e–f* = Ciliaten aus Münchner Gartenerde. Ca. 450mal vergr. Original des Verfassers.

Philodina erythrophthalma Ehrb. Rädertiere sind im Edaphon ungleich seltener denn im Plankton; es scheinen nur die Bdelloida vertreten zu sein. Immerhin sind sie schon angesichts dessen, daß sie bereits Ehrenberg (Mikrogeologie S. 43) in den Moosen und Flechten der großen Libanonzedern in Syrien (Callidinen), also einfach ubiquitär gefunden hat, überall zu erwarten.

In den Polargegenden erlangen sie, namentlich in der Mooswelt, weit größere Bedeutung als sonst (erwähnt namentlich in den Beschreibungen von Shakleton); besonders Callidinen, die mit Rotiferarten allerdings auch in kanarischen Moosen sehr häufig sind, conf. Heinis, in Zool. Anzeiger 1908).

Eine wahrhafte Rotatorienfauna enumeriert Heinis (Naturf. Ges. Basel 1916) von den Hypnum- und Hylocomiumrasen des Bölchen (Adineta, viele Callidinaarten, Habrotrocha, Rotifer, Philodina, Diaschiza, zusammen 8 Arten).

Philodina fand sich in Tintenstrichen am Roger (Tirol, 30. IX. 1910) – häufig in Blumentopferde, Philodinaeier sind im Waldboden nicht allzu selten, wie denn überhaupt die Hauptdomäne der Rotatorien die Moosfauna zu sein scheint. (Ph. aculeata in Moosen.) Auch auf Felsen (Falger). (Vgl. Abb. 28III.)

Rotifer vulgaris Ehrb. findet sich häufig in anabiotischem Zustand (Humus auf dem Heimgartengrat (Bayer. Alpen, 26. X. 1910), lebhaft strudelnd in Blumentopferde, auch in Ackererde (Kornfeld von Falkenberg bei Moosach (Ob.-Bayern, 17. V. 1911) zwischen Kieselalgen und Difflugien, desgleichen Calladina Ehrenbergii überall in der Moosfauna, sowie in Gartenerde. (München 1917.) Als Felsenbesiedler gibt die Form F. Falger an. (Vgl. auch Abb. 28.)

Tardigraden. Typische Vertreter der Moosfauna. Lebend nur einmal in Wiesenboden bei Kufstein (Tirol, 15. XII. 1910), Eier aber oftmals im Gebirge (Ohlstadt, Wiesenboden 3 cm Tiefe, 26. X. 1910), Pyramidenspitze (Tirol) in 2000 m Höhe (30. X. 1910), am Brentenjoch bei Kufstein in 1250 m Höhe (28. V. 1911).

Diese Angaben sind durchaus im Einklang mit den Erforschern der Moosfauna, welche namentlich aus der Antarktis bis jetzt 38 Arten (1907) aufgefunden haben, von denen die Gattungen Milnesium, Macrobiotus und Echiniscus bipolar und hochalpin verbreitet sind. Um so seltener sind sie in den Tropen.

Macrobiotus coronifer Richt, ging auch auf Felsflächen über, wo es (in Jämtland) zwischen Xanthorien in Schweden gefunden wurde, also an den Verwitterungsvorgängen wenigstens mechanischen Anteil hat. (Vgl. R. C. Carlzon, Schwed. Tardigraden, Zoolog. Anzeiger 1909.) Übrigens gehören sie auch der Höhlenfauna krainischer Grotten an (z. B. Arctiscon stygium), sind also zu unterirdischer Lebensweise befähigt. Auf feuchten Felsen wurde Milnesium tardigradum auch von Dr. Falger gefunden.

Nematoden sind nie fehlende Mitglieder des Edaphons. Besonders große fanden sich im Lägerboden der Hirschtalalpen bei Tegernsee (11. VII. 1911). Sie gehen in große Höhen (Gornergrat bei Zermatt [Schweiz] in 2780 m Höhe, 29. VI. 1911), sind aber im allgemeinen in Waldhumus häufiger als im Ackerboden. Enorme Mengen fand ich auf der überrieselten Stadtmauer von Dinkelsbühl in Mooshumus (13. VII. 1919).

Seit dem ersten Erscheinen dieses Werkes, in dem diese Tiergruppe nur ganz generell aufgeführt war, habe ich ihrem Studium erhöhte Aufmerksamkeit geschenkt und im Waldhumus allerorten eine reiche Fauna von Dorylaimus maximus (namentlich in Gartenerde), Diplogasterarten, unter Moosen in der Münchner Gegend (1917) auch das merkwürdige Bunonema reticulatum Richt. festgestellt, das zuerst in der Antarktis, dann aber auch im Schwarzwald, im Taunus, in der Schweiz u. a. O. gefunden wurde.

Desgleichen bereicherte sich die Liste der edaphischen Nematoden mit den Gattungen Tripyla und Aphanolaimus. (München 1918.) Dagegen fand ich in den untersuchten tropischen Edaphonproben (Kamerun, arabische Wüste, März 1914, Nilschlamm, im Februar 1914), keine Nematoden. Fortgesetzte Studien werden diese Liste erheblich erweitern, was allein schon aus den Schweizer Untersuchungen von G. Steiner hervorgeht (Freilebende Nematoden aus der Schweiz. Archiv für Hydrobiologie 1914), durch die 139 Arten bekannt wurden.

Solche Untersuchungen sind höchst wünschenswert, da es sich in zunehmendem Maße herausstellt, wie wichtig die Nematoden für die mechanischen Umsetzungen der obersten Bodenschichten, namentlich in wurzelreichen Lehm- und Mergelböden sind. Neu ist, daß Dorylaimus nach Dr. Falger auch auf nackten Felsen siedelt.

Enchytraeiden. Gelegentlich fanden sich in größerer Zahl Enchytraeiden (so namentlich in humösen [Garten-] Böden, 1916), ohne daß ich diese Gruppe für besonders bedeutungsvoll halten muß. Darauf deuten auch die in der Literatur gelegentlich zu findenden Angaben, so, wenn V. Hensen (1882) aus Gartenerde Enchytraeus Perrieri Vejd. angibt (Landwirtsch. Jahrb.), während Friderica- und Anachaeta-Arten mehr in festerer Erde leben (Anachaeta bohemica Vejd.). Immerhin fand K. Diem[1]) sie noch regelmäßiger als die Nematoden bis 20 cm tief und in Tannenwäldern bis 80000 Stück pro m². In trockenem und kaltem Boden scheinen sie zu fehlen.

Lumbriciden. Die wichtigste Tätigkeit der Regenwürmer im Acker- und Gartenboden ist wohl ihr Lockern der Erde um die Zeit, da es der Mensch nicht mehr kann; ihre Bedeutung für den Wald- und Wiesenboden ist gemeinbekannt durch E. Ramann (Bemeli, Schellhorn und M. Krause, Anzahl und Bedeutung der niederen Organismen in Wald- und Moorböden. Zeitschr. für Forst- und Jagdwesen, XXXI. Jahrg.), übrigens neuerdings auch zahlenmäßig erforscht worden. Leider sind bekanntlich die Sandböden fast der Regenwürmer bar und in der mechanischen, feinen Durcharbeitung nur auf das übrige Edaphon angewiesen.

In den Waldböden um München habe ich in den Jahren 1914–1917 folgende Arten festgestellt, welche von meiner Schülerin Frl. R. v. Aichberger gesammelt wurden. (Über deren Arbeit zur Ernährung der Regenwürmer s. S. 86.)

Eisenia rosea Sav.	**Allolobophora aporata Bretschn.**
* **Lumbricus terrestris L.**	* **Helodrilus D. octaëdrus Sav.**
* „ **rubellus Hoffm.**	

Die mit * bezeichneten Formen sind auch für Wiesen und Äcker, sowie Gartenerde kennzeichnend.

Die Edaphologie hat alle Ursache, die älteren Angaben von Hensen, Darwin und Djemil nachzuprüfen, seitdem E. Wollny (Forschungen a. d. Gebiet d. Agrikulturphysik Bd. 13) gezeigt hat, daß Regenwürmer die Ernten dermaßen beeinflussen, daß einer Kartoffelernte von 92 g Knollen im Versuch 217 g gegenüberstehen, wenn das Kulturgefäß 100 Regenwürmer ernährte.

Crustaceen im Edaphon sind seit der Erforschung der Moosfauna nichts Ungewöhnliches.

Die kleinen Harpacticiden nebst ihren Nauplien scheinen überall, namentlich im palaearktischen Bezirk unter Moosen zu finden zu sein. Sie sind allerdings offenbar auf dem Umweg über das Höhlenleben zu ihrer terrestrischen Lebensweise gekommen (Vgl. E. Graeter, Die Copepoden der unterirdischen Gewässer und Mrázek, Beitrag zur Kenntnis der Harpacticidenfauna des Süßwassers. Zool. Jahrb. 1894). Hauptsächlich sind es die Arten Canthocamptus typhlops Mráz., C. pygmaeus und C. Zschokkei, die man hierzu rechnen muß, wenn auch die letzteren zwei auf Reisig zu finden sind, C. subterraneus auf Fledermauskot lebt.

Dazu kommt noch neuerdings die im Taunus auf den Racomitrium- und Brachytheciumrasen lebende Ophiocamptus (Moraria) muscicola Richt. (F. Richters, Island. Tardigraden, Zool. Anz. 1904), welche insofern erst Neuling der Anpassungen zu sein scheint, weil sie einen dreimonatlichen Trocken schlaf nicht übersteht.

Menzel fügt hinzu aus dem Schweizer Rhätikon noch Canthocamptus cuspidatus Schm., C. rhaeticus Schm. und C. monticola Menz. (R. Menzel, Über die mikr. Landfauna. Arch. f. Naturg. 1914).

Myriapoden. Bei allen Edaphonuntersuchungen stoßen dem Beobachter in den oberflächlichen Schichten Tausendfüßler auf, die meist unter Moos und Steinen von Pilzen, modernden Blättern, Moos, Aas, auch von anderen Tieren leben. Einzelne, wie die Geophiliden, gehen sogar 20–40 cm in den Boden,

[1]) Untersuchungen über die Bodenfauna 1903. S. 372.

so daß man sie wohl, sowohl ihrer Ökologie wie ihrem Vorkommen nach, zu den Geobionten rechnen muß. Gut studiert sind sie erst in den Schweizer Alpen, von wo K. Diem (Untersuchungen über die Bodenfauna 1903) folgende Formen enumeriert:

Glomeris hexasticha Brandt (in Mischwaldboden)
„ transalpina C. Koch, Gebirgsform
Polydesmus sp. (Mischwald)
Craspedosoma Rawlinsii Leach., Humusboden
„ Canestrinii Fedr., Weideboden
Chordeuma nodulosum Verh., Hochform des Engadins
„ silvestre C. Koch, auf Grasbändern
Julus nigrofuscus Verh., Wiesenboden
Cylindrojulus nitidus Verh., Weiden, Laubwald
„ Verhoeffi Broel, Wiesen
Schizophyllum sabulosum L., gemein
Lithobius forficatus L., gemein.

Insekten und andere Kleintiere. Zahlreich sind vor allem Collembolen vorhanden, von denen Isotoma viridis und fimetaria Tullb. auch auf Blumentopferde, Entomobrya lanuginosa Nic., Podocerus tridentiferus Tullb., sowie Sminthurus-Arten überall auf Humus zu finden sind. Wie weit sie zum Edaphon gehören, wohin sie z. B. Ramann zu verweisen scheint, ist ebenso wie bei den Ameisen noch erst zu klären.

Dagegen hat A. Razzauti (Pisa 1913: Contributo allo studio dell' Edafon I.) unter dem Namen Cylindropsis Doderoi eine unzweifelhaft edaphische neue Staphylinide beschrieben. Neuestens hat L. Biró in Ungarn Edaphon-Insekten bis zu einem Meter Bodentiefe herausgesiebt. (Termész. Közlöny 1919). Damit ist ein Gebiet dem Studium eröffnet, das heute noch gar nicht übersehen werden kann.

Das gleiche gilt für die gelegentlich erwähnten edaphischen Spinnen (Geophilus) (Hensen 1882) und Acariden (Cepheus ocellatus Mich. unter Moosen von F. Heinis beschrieben 1916), Landplanarien (Nurmis) (Hensen 1882) und die von Diem (op. cit. p. 392) erwähnten edaphischen Schnecken (Carychium minimum an Graswurzeln, Helix aculeata im Mulm). Ihnen allen müssen und werden sich Spezialforschungen zuwenden, die sich als überaus dankbar prognostizieren lassen und sicher wird erst nach vielen Jahren die Edaphologie über vielhundertnamige abgerundete Artenlisten von Bodentieren verfügen und damit über einen befriedigenden Überblick ihres weiten Gebietes.

Säugetiere des Erdbodens. Es ist ein Problem für sich, wie weit der Kreis der dem Edaphon zugehörigen Säugetiere zu ziehen ist. Für den Maulwurf (Talpa europaea) steht es außer allem Zweifel, da er dauernd unterirdisch lebt und als Regenwurmvertilger sogar in die Biocoenose des Edaphons mit aktiv eingreift. Das gleiche gilt für die außereuropäischen Bathyergiden, namentlich dem nach Art der Maulwürfe lebenden südafrikanischen Bathyergus maritimus Gm. und den Erdgräber (Georychus capensis Pall.). Wohl auch für die schon in Ungarn vorkommende Blindmaus (Spalax typhlus Pall).

Nicht diskutiert zu werden braucht wohl auch die ökologische Stellung der Waldspitzmaus (Sorex vulgaris L. und ihrer Verwandten S. araneus und S. minutus), welche Bodenspalten und Maulwurfgänge benützt und den edaphischen Insekten nachstellt.

Dagegen erscheint es mir fraglich, ob die Feldmäuse (Microtus arvalis und agrestis), noch mehr, ob der Hamster (Cricetus frumentarius) in die edaphische Lebensgemeinschaft einzubeziehen sei.

V. Untersuchungen zur Ökologie des Edaphons.

Der dauernde Aufenthalt im Boden versetzt die darauf angewiesenen Organismen in eine in hohem Grade eigentümliche, von dem Leben im Wasser, auf der Erdoberfläche oder in der Luft durchaus verschiedene ökologische Situation, auf die alle bekannt gewordenen terricolen Organismen durch ganz bestimmte Anpassungen reagiert haben. Es liegt leider noch immer keine, das gesamte Lebensreich umfassende Untersuchung weder über die durch terricole Lebensweise bedingten Anpassungen, noch über die physikalischen Eigenheiten des unterirdischen Lebens vor, so daß das nachstehend Geschilderte mit allen Schwierigkeiten eines noch unbegangenen Weges zu kämpfen hatte.

Im allgemeinen verrät sich im Habitus unterirdisch lebender Tiere und Pflanzen eine Reihe gemeinsamer Züge, wie das Fehlen oder Verkümmern der Lichtsinnesorgane (bei Maulwurf, Regenwurm) oder von Schwimmorganen bei Harpacticiden, die hervorragende Eignung zum Durchbrechen der Erdschichten mit grabenden Werkzeugen (Werre, Maulwurf) oder zum Durchschlüpfen der vorhandenen engen Spalten und Risse durch langgestreckte, schlanke Bauart (erdbewohnende Myriapoden, Collembolen, Drahtwürmer, Nematoden, Regenwurm), die Anpassung in der Ernährung durch die verwesenden und humifizierenden Stoffe in dem Boden (zahlreiche Kleinkäfer, Nematoden, desgleichen auch die Erdpilze), bei den Pflanzen außerdem der Mangel an assimilierenden Chromatophoren, dagegen die Eignung zur saprophytischen Ernährung. Razzauti (Pisa 1913) gibt für sein Cylindropsis Doderoi das auf Feldern in 15–20 cm Tiefe lebt, als Sonderanpassungen den verlängerten zylindrischen Körper, die resistente Körperdecke, die kurzen Glieder, die zum Graben angepaßten Tibien und die Augenlosigkeit an. Die Konvergenz dieser Anpassungen deutete auf eine für alle Bodenbewohner gleicherweise in Betracht kommende ökologische Situation, die sich etwa aus folgenden Faktoren zusammensetzt:

Abweichend von der oberirdischen Lebenslage, ist die Temperatur im Boden geringen Schwankungen unterworfen, wenngleich für das Edaphon nur die Schicht „von der Oberfläche bis zu einem Meter" nach meinen Untersuchungen in Betracht kommt. Ein zweiter Faktor von grundlegender Bedeutung ist die chemische Zusammensetzung des Bodens, wie sie durch die geologische Beschaffenheit der Verwitterungskrume bedingt ist, nicht nur nach der Seite, daß ein Überwiegen der Silikate in der aus Urgestein entstandenen Dammerde das Gedeihen bestimmter kieselsäurebedürftiger Geobionten begünstigt (Bacillariaceen!), sich die Zusammensetzung des Edaphons überhaupt nach Art der Verbreitungsgesetze der Kiesel- und Kalkholdenflora regelt, sondern auch insofern, als die leichte oder schwierige Verwitterung, die wieder ganz von der Petrographie der Unterlage abhängt, die edaphische Besiedelung reguliert und nicht zuletzt die Düngung im Kulturboden, die Stickstoffbilanz im von Pflanzen besiedelten Boden überhaupt hierauf von gewaltigem Einfluß ist.

Von diesen zwei Faktoren: Temperatur und Chemismus, bzw. geologische Beschaffenheit des Bodensubstrates, hängen die ökologischen Faktoren der Durchlüftung und Durchfeuchtung in hervorragendem Maße ab; Bodenfrost sperrt die Wasserquelle auch für das Edaphon ebenso gut ab, wie für die Landpflanzen, die durch die petrographischen Eigenschaften der Bodenelemente bedingte Krümelung und der Grad ihrer Auflockerung wehrt oder erleichtert das Eindringen von Licht und die Zirkulation von Wasser und Luft. Damit sind aber die Hauptbedingungen edaphischen Lebens reguliert, und eine solche Lebensformation von einer gewissen petrographisch-klimatischen Situation an erst ermöglicht.

Der Wassergehalt des Bodens, der freilich nur zum Teil durch das lokale Klima geregelt wird, zum anderen Teil aber von geographischen Momenten (orographische Situation des betreffenden Bodengebietes, z. B. abflußlose Mulde, Berghang, total entwässertes Hochplateau) abhängt, wird mit diesen zusammen, die sich auch durch andere Einflüsse geltend machen können (z. B. die Höhe über dem Meeresspiegel), dem Edaphon als ganzes so gut wie jedem einzelnen Glied dieser Lebensgemeinschaft bestimmte Züge aufprägen.

Aber nicht nur an diese in letzter Hinsicht gemeinsam als physikalische Faktoren zu wertende Lebensbedingungen hat sich das Edaphon angepaßt, sondern es wird auch durch Wirkungen beeinflußt, die in anderen Organismen oder in seiner eigenen Existenz liegen. Der Boden ist, wenn er den Geobionten geeignete Lebensbedingungen bietet, fast immer mit einer halbedaphischen Lebensgenossenschaft besetzt, die sich in ökologischer Hinsicht zum Edaphon so verhält, wie etwa die Amphibien zu den Fischen. Die höheren Pflanzen sind mit Ausnahme der rein schwimmenden oder submersen Formen von unserem Gesichtspunkt aus tatsächlich so zu werten. Ihr Wurzelsystem führt ein rein edaphisches Dasein, es ist also von vornherein zu erwarten, daß es auch die damit korrespondierenden Regulationen aufweist (Abb. 24). Es zeichnet aber die Wurzeln aus, daß sie, wie schon der gemeinbekannte Sachs'sche Korrosionsversuch beweist, gewisse Substanzen sezernieren, die „Rhizosphaere" hat denn auch besondere Beziehungen zu den unterirdischen Organismen, über die allerdings derzeit noch wenig Klarheit herrscht. Nach Sachsse[1]) und Czapek[2]) sind von diesen Sekreten, wenn auch nicht freie Säuren außer Basen gebundener Ameisensäure, immerhin saures Kaliumphosphat und andere Phosphate mit Sicherheit erkannt, jedenfalls ist die Existenz von Lösungsmitteln zur Aufschließung der Aschenbestandteile im Boden zweifellos geworden. Wenn auch die von früheren Generationen eifrigst verfochtene gegenseitige Verdrängung durch Ausscheidungen heute nicht mehr angenommen wird, so ist doch eine Beeinflussung des Bodenmechanismus durch die Vegetation in den Schichten, in welche die Wurzeln reichen, in der Rhizosphaere außer Zweifel. Für das Edaphon ist damit wenigstens ein weiterer ökologischer Faktor gegeben.

Nicht zuletzt aber beeinflussen sich die Glieder dieser Lebensgemeinschaft auch wechselseitig. Durch meine Untersuchungen über die Ernährung der Geobionten, welche die tierischen Repräsentanten dieser Formation teils als Bakterien, teils als Pilzverzehrer erwiesen, ist auch in ihr ein biocoenotischer Zusammenhang festgestellt, der ebenso zu einer quantitativen Regelung führen muß, wie das aus dem Plankton und dem Haushalt des Meeres bekannt ist, jedenfalls aber einen sehr beachtenswerten ökologischen Faktor darstellt.

Es hatte sich also eine Untersuchung der ökologischen Verhältnisse des Edaphons etwa nach folgenden Gesichtspunkten zu gliedern.

1. Der Einfluß des Lichtes auf die Bodenorganismen.
2. Der Einfluß der Temperaturverhältnisse auf dieselben.
3. Die bodenchemischen Einflüsse (bodenphysik. Faktoren):
   a) Bodenstrukturelle Einflüsse,
   b) Einfluß der petrographischen Verhältnisse,
   c) Einfluß der bodenamphibischen Vegetationen,
   d) Einfluß der Düngung.
4. Einfluß der Bodenfeuchtigkeit.

---

[1]) R. Sachsse, Lehrbuch der Agrikulturchemie. 1888.

[2]) F. Czapek in Jahrbuch f. Wissenschaft). Botanik. 1896.

5. Klimatische Einflüsse:
   Phänologie des Edaphons,
   Periodizität des Edaphons,
   Geographische Verbreitung des Edaphons,
   Einfluß des Höhenklimas auf das Edaphon.
6. Biocoenose des Edaphons.
7. Einfluß des Menschen (Bodenkultivierung) auf das Edaphon.

A. Der Einfluß des Lichtes auf die Bodenorganismen.

Als erste Erfahrung drängt sich dem Edaphologen die Tatsache auf, daß die Komponenten dieser Lebensgemeinschaft an Zahl und Artreichtum vollkommen verschieden sind, je nachdem er Oberflächen oder tiefere Schichten untersucht. Und die Tatsache, daß die auf das Licht angewiesenen pflanzlichen Organismen vorwiegend die alleroberste Schicht bevorzugen, gibt den Fingerzeig, daß das Licht der die Besiedelung des Bodens am nachhaltigsten regelnde Faktor zu sein scheint. Als Beleg mögen hier einige Untersuchungsresultate von Bodenproben aus verschiedenen Tiefen angeführt sein:

Oberfläche eines Waldsteiges Tiegertwald b. Dinkelsbühl (Mittelfranken) 25. Juli 1910	Erdprobe aus 2 dm Tiefe Tiegertwald b. Dinkelsbühl, 25. Juli 1910
Navicula	
Euglypha alveolata, sehr zahlreich	
Euglena velata	
Mesotaenium Endlicherianum	
Oscillatoria (tenius?)	
Cylindrospermum sp.	
Nitzschia sp.	
Navicula mutica	
Navicula sp.	
Trinema acinus	**Trinema acinus**
Astasia proteus	
Navicula sp.	
Amoeba limax	
Chlamydomonas tingens	
Raphidium polymorphum	
Scenedesmus acutus	
Palmella-stadien	
1 mm³ = **300** bis **400** Individuen.	**Cladosporium humifaciens**
	Geococcus vulgaris
	1 farblose Zyste
	1 mm³ = **6** Individuen.

Oberfläche Ackererde (Weizenfeld) Galgenberg b. Dinkelsbühl (Mittelfranken) 27. Juli 1910	3 dm Tiefe, Ackererde (Weizenfeld) Galgenberg b. Dinkelsbühl (dieselbe Stelle) 27. Juli 1910
Navicula sp.	
Hantzschia amphioxys	**Hantzschia amphioxys**
Oscillatoria tenuis	
Lyngbya sp.	
Chroococcus	
Difflugia globulosa	
Difflugia urceolaris	
Geococcus vulgaris	**Geococcus vulgaris**
farblose Zyste	**farblose Zyste**
am meisten Kieselalgen	**Amoeba terricola**
1 mm³ = **102** Individuen.	**Nematoden**
	1 mm³ = **21** Individuen.

In größeren Tiefen als 1 m fanden sich nur mehr vereinzelt und niemals lebend noch Geobionten, so daß die Annahme nicht von der Hand zu weisen ist, daß es sich hierbei um Verschleppung durch Sickerwasser (Sächsische Schweiz!) oder um subfossile, zu mindestens den Alluvionen weit zurückliegender Zeiten angehörige Schalen von Rhizopoden und Bacillariaceen handelt, von denen die letzteren bekanntlich in guter Erhaltung bis in die Kreide- und Carbonzeit verfolgt werden können. Aber auch von Rhizopoden sind derartige subfossile Vorkommen bekannt und ich habe aus tertiären Conferviten aus Gánócz (Ungarn) schon 1893[1]) Schalen von Difflugia globulosa Duj. beschrieben.

An solchen tiefen Fundorten fanden sich:

München. Kiesiges Erdreich aus 1 m Tiefe unter dem Straßenpflaster (Barerstraße, vor der Pinakothek, 4. I. 1913): Das gesamte Material enthielt eine Schale von Geococcus vulgaris.

München. (Bauplatz in der Hohenstaufenstraße). Durch tiefe Aufgrabungen wurden nicht nur die Alluvialschicht, sondern auch die eiszeitlichen Niederterrassenschotter (im Sinne Pencks) bis zur Tiefe von 3 m angeschnitten. Die Humusschicht des bis zur Eröffnungszeit als Wiese kultivierten Fundortes reicht bis 8 dm Tiefe und enthielt in dieser Tiefe reichlich Mycel von Cladosporium humifaciens, farblose Pilzhyphen und wenige Gehäuse von Difflugia globulosa (14. II. 1912). Die eiszeitlichen Schotter enthielten in etwa 3 m Tiefe neben auffällig vielen Quarzkörnchen (also fluvioglaziale Sande) zahlreiche Difflugia globulosa-Schalen (1 mm³ = 13 Individuen) sowie eine große braune Spore (Cyste?).

München. (Bauplatz in der Konradstraße, 12. Mai 1911.) Unter dem dünnen Humusbelag (Wildgarten) sind eiszeitliche Schotter, mit zwischengelagerten Humusschmitzen in 1/2 m Tiefe. Diese enthielten Cladosporium humifaciens, lebende (!) Individuen von Euglypha alveolata, glashelle Pilzfäden, lebende Nostockolonien (1 mm³ = 7 Individuen, davon 5 lebend!).

Die Schotter in 1 m Tiefe enthielten braune Pilzsporen, schokoladenfarbige, septierte Mycelien (nicht Cladosporium) und Schalen von Trinema acinus (1 mm³ = 4 Individuen).

Dagegen enthielt normale Münchner Gartenerde (aus dem Garten des Biologischen Instituts München, unter Sambucusgebüschen), bei durchschnittlicher Feuchtigkeit in der Schicht von Oberfläche bis 2 mm (1. April 1913):

[1]) R. Francé, Die mikroskopische Untersuchung- der „Conferviten" aus dem Kalktuffe von Gánócz. (Földtani Közlöny-Geolog. Mitteilungen), Budapest. 1893.

Hantzschia amphioxys (lebend), sehr zahlreich.
Navicula atomus (Schalen),
Pleurococcus-Zellen (ganze Häute),
Oscillatoria tenuis,
Geococcus vulgaris (sehr zahlreich lebend),
Trinema acinus,
Difflugia urceolaris (zahlreich),
„ globulosa,
Amoeba verrucosa,
Euglypha alveolata,
Nematoden
1 mm³ annähernd 300 Individuen, am meisten Hantzschia, Geococcus und Difflugia.

Aus der Untersuchung der Erdproben von 180 Fundorten ging folgendes allgemeine Ergebnis hervor:

Liste der Formen Überflutungszone 0 – 2 cm Tiefe:	2 cm – 2 dm Tiefe:	über 2 dm Tiefe:
Oscillatoria tenuis [1])	**Oscillatoria tenuis** [1])	**Oscillatoria sp.**
Isocystis infusionum	**Isocystis infusionum**	—
Chroococcus sp.	**Chroococcus**	—
Gloeocapsa sanguinea	**Gloeocapsa punctata**	—
Lyngbya sp.	**Lyngbya**	—
Hypheothrix tenuissima	—	—
Nostoc punctiforme	**Nostoc humifusum**	**Nostoc**
Stichococcus bacillaris	**Stichococcus bacillaris**	—
Chlamydomonas tingens	—	—
Raphidium polymorphum	—	—
Scenedesmus acutus	—	—
Microspora floccosa	—	—
Pleurococcusformen	**Pleurococcus**	—
Ulothrix sp.	—	—
Conferva sp.	—	—
Pleurotaenium	—	—
Desmidium sp.	—	—
Calocylindrus sp.	—	—
Euastrum sp.	—	—
Mesotaenium Endliche-rianum	**Mesotaenium Endliche-rianum**	—
		—
Mesotaenium caldariorum	—	—
Euglena velata	—	—
Astasia proteus	—	—
Petalomonas mediocanellata	—	—
Ciliate Infusorien	**Ciliate Infusorien**	—
Amoeba limax	**Amoeba proteus**	—
„ guttula	**„ guttula**	—
„ terricola	**„ terricola**	**Amoeba terricola**
„ verrucosa	**„ verrucosa**	—
Geococcus vulgaris	**Geococcus vulgaris**	**Geococcus vulgaris**

Liste der Formen Überflutungszone 0 – 2 cm Tiefe:	2 cm – 2 dm Tiefe:	über 2 dm Tiefe:
Trinema acinus	Trinema acinus	Trinema acinus
Heleopera petricola	Heleopera petricola	—
Nebela collaris	Nebela collaris	—
Pseudochlamys patella	Pseudochlamys patella	—
Placocysta sp.	—	—
Difflugia urceolata	Difflugia urceolata	Difflugia urceolata
Euglypha alveolata	Euglypha alveolata	Euglypha alveolata
Nitzschia sigmoidea	Nitzschia sigmoidea	—
Synedra sp.	—	—
Navicula borealis	Navicula borealis	Navicula borealis
Fragilaria construens	Fragilaria Harrisonii	—
Philodina erytrophthalma	Philodina erythrophthalma	—
Hantzschia amphioxys	Hantzschia amphioxys	Hantzschia amphioxys
—	Navicula sima	—
—	„ atomus	—
—	„ affinis	—
—	„ mutica	—
—	Stauroneis Smithii	—
—	Surirella birostrata	—
—	„ sp.	—
—	Pinnularia viridis	—
—	Nitzschia microcephala	—
—	„ communis	—
—	Amphora sp.	—
—	Hyalosphenia papilio	—
—	„ elegans	—
—	Phryganella	—
—	Assulina seminulum	—
—	Difflugia constricta	Difflugia constricta
—	„ globulosa	„ globulosa
—	„ pyriformis	—
—	„ Craterella	—
—	Quadrula symmetrica	—
—	Nebela flabellulum	—
—	Trinema acinus	Trinema acinus
—	Sphenoderia lenta	—
—	Arcella vulgaris	—
—	Cladosporium humifaciens	Cladosporium humifaciens
—	Leptothrixfäden	—
—	Rotifer	—
—	Macrobiotus	—
—	Dorylaimus	—
—	Tripyla	—

1) und verwandte noch nicht gesonderte Arten.

Die Liste der Überflutungsformen wird sich natürlich mit jeder neuen Untersuchung sozusagen beliebig erweitern lassen, bis fast die gesamten Mikroorganismen des Süß- und Salzwassers auch in den Rückständen der gelegentlichen Pfützen und temporären Wiesensümpfe registriert sind. Dieses Moment drängte denn auch dazu, die Gemeinschaft der den Erdboden überkrustenden Organismen als Überflutungsformen zu bezeichnen, da deren Zahl und Existenz viel mehr von den Regengüssen, denn von den Wirkungen des Lichtes beeinflußt wird. Es wird daher auch erst langandauernder Kulturversuche bedürfen, um die Frage zu klären, welche dieser Formen auf der Bodenoberfläche dauernd ihren Wohnsitz nehmen und sich an deren Sonderverhältnisse angepaßt haben. Daß es solche spezifische Oberflächenformen gibt, ist von vornherein klar. Hierher gehören zweifelsohne jene pflanzlichen Formen, welche die Algologie bisher gewöhnlich als terrestrische Algen bezeichnete und als deren typische Vertreter verschiedene Vaucheriaarten, Botrydium oder Trentepohlia gelten können.

Es geht aber auch schon aus den vorliegenden Untersuchungen hervor, daß sich in der Oberflächen- und Tiefenverbreitung des Edaphons gewisse Momente erkennen lassen, die nicht so sehr auf die Verteilung der Feuchtigkeit oder der Nahrungsstoffe, wie vielmehr auf Beziehungen zum Licht schließen lassen. So ist die geringe Zahl der an der Oberfläche lebenden Spaltalgen auffällig. Auch die für das Edaphon kennzeichnenden Naviculen meiden, wie es scheint, mit Vorliebe die am besten belichteten Erdschichten. Auch in künstlich sehr feucht gehaltener Gartenerde war die oberste Schicht (bis 1 cm) nicht so von Naviculen belebt wie die folgenden 4 cm. Dagegen erweckt es das höchste Interesse, daß eine ganze Anzahl pflanzlicher Formen auch bis in Tiefen von 5 – 15 cm gefunden wurden. Es sind dies namentlich Oscillatoria tenuis (und verwandte Arten), Nostoc, Navicula borealis und Hantzschia amphioxys.

Bemerkenswerte derartige Vorkommen waren:

1. in 1 1/2 dm Tiefe: Acker (unter Sommergetreide) bei Eurasburg (Ob.-Bayern, am 19. April 1911 große lebende Zellen von Hantzschia amphioxys.
2. in 1/2 dm Tiefe: Wiesenboden, früherer verlandeter Teich vor dem Wörnitztor in Dinkelsbühl (Mittel-Franken), 26. Juli 1910: Pinnularia sp., Navicula borealis, Nitzschia sigmoidea, Hantzschia amphioxys, Navicula atomus, 1 mm^3 – annähernd 300 Individuen. Die Kieselalgen, zum großen Teil lebend, mit völlig frischen Chromatophoren. Der Boden fast undurchlässig zäh, schlammig, mit dichter Grasnarbe bedeckt.
3. in 3 dm Tiefe: Weizenacker. Galgenberg bei Dinkelsbühl (Mittel-Franken), 27. Juli 1910: Hantzschia amphioxys.
4. in 5 dm Tiefe: Garten (Wurzgarten) in München, Konradstraße, 12. Mai 1911: Nostoc sp. (lebend).

Dies erweckt auch in der Geobiologie das Interesse für ein Problem, an dem die Pflanzenphysiologie lebhaft interessiert ist. Seitdem sie durch die Untersuchungen von Engelmann und Gaidukov über die Tatsache der selektiven Absorption des Lichtes durch die Pflanze orientiert ist und die biologische Bedeutung des Phycophaeins, Phycoerythrins und Phycocyans bei den verschiedenen wasserbewohnenden Algengruppen kennt[1]), hat sie sich mit der Tatsache, daß Kohlensäureassimilation auch bei ganz minimalen Lichtintensitäten stattfinden kann, befreundet, ja sie hat seitdem in Nitzschia putrida eine

[1]) Vgl. hierzu bes.: Gaidukov, Über den Einfluß farbigen Lichtes auf die Färbung lebender Oscillarien. (Abhandlung- d. k. preuß. Akad. d.Wissenschaften, Berlin. 1902.)

im Dunkeln assimilierende Pflanze kennen gelernt[1]). Sie wird daher die pflanzlichen Geobionten ebenfalls unter diesem Gesichtspunkt untersuchen müssen, falls es sich herausstellen sollte, daß Erdtiefen von 3 – 5 dm bereits völlig und unter allen Umständen des Lichtes entbehren. Bei Versuchen hierüber in den Jahren 1917 – 1918 im Biologischen Institut München zeigte sich, daß die Lichtdurchlässigkeit des Bodens eine höhere ist, als bisher angenommen wird, daß sie jedoch durch die physikalischen Faktoren, im besonderen durch den Wassergehalt des Bodens beeinflußt wird. Im allgemeinen scheint feuchter Boden das Eindringen des Lichtes zu begünstigen.

Jedenfalls ist es sehr vielsagend, daß die den Lichtanpassungen der bodenamphibischen Pflanzen entsprechenden Chlorophyceen von mir immer nur in den oberflächlichsten Bodenschichten, bisher in keinem Fall tiefer als 5 cm gefunden wurden. Darunter folgt die Zone der edaphischen Bacillariaceen, deren untere Grenze auch bei 2 dm erreicht zu sein scheint, da tiefer nur mehr Hantzschia und Navicula in lebhafter Assimilation gefunden wurden. Dagegen dringen Schizophyceen auch noch bis zu 5 dm Tiefe vor, wobei ihre Chromatophoren oft einen mehr braunrötlichen Ton annehmen.

Es bietet also auch das Edaphon in gewissem Sinne ein Gegenstück zu der bekannten Erscheinung, daß von den Meeresalgen die grünen Tange nur im Seichtwasser vorkommen, während die mittleren, schwach belichteten Tiefen hauptsächlich von Phaeophyceen, die dunklen Tiefen von Rhodophyceen bewohnt werden.

Ganz in diesen Rahmen paßt es, daß sowohl mir, wie C. Küstner, wiederholt sehr bewegliche winzige (offenbar in den Kreis von N. atomus gehörige) Naviculen aufgestoßen sind, die entweder farblos waren oder ausgesprochen blaugrüne Chromatophoren enthielten.

B. Der Einfluß der Temperatur auf das Edaphon.

Die hierauf gerichteten Untersuchungen bezweckten namentlich die Feststellung der geobiologischen Periodizität unter dem Einfluß der Jahreszeiten. Es fiel diese Aufgabe zum Teil mit den Untersuchungen über die Rolle des Bodenwassergehaltes zusammen. Sie könnte daher ebenso gut unter jenem Titel ihre Darstellung finden und muß Begriffe und Ergebnisse daraus vorwegnehmen.

Es ergab sich im allgemeinen, daß die Bodenorganismen im europäischen Klima ebenso den Jahreszeiten unterworfen sind, wie die supraterrestrischen Lebewesen, da in ihrem Verbreitungsbezirk (0 – 1 m) sich der Frost wenigstens in ihrem eigentlichen Lebensraum (0 – 5 dm) ebenso geltend macht, wie über der Erde, desgleichen Niederschläge und zum Teil wohl auch die Wärmewirkungen der Insolation. Selbstverständlich beschreiben aber Thermograph und Hygrometer unter der Erde eine flachere Kurve, deren Gestaltung festzustellen noch Aufgabe der Zukunft sein wird. Vorläufig ist sie nur durch regelmäßige Beobachtungen, die sich in Bayern auf den Zeitraum vom 21. Juli 1910 bis 28. Juli 1911 auf anfangs zweiwöchentlich, dann wöchentlich entnommene Bodenproben bezogen, im Zeitraum vom Februar 1912 bis Februar 1913 außerdem durch regelmäßige Monatsbeobachtungen im Versuchsgarten des Biologischen Institutes München, die bis 1916 ausgedehnt wurden, ergänzt wurden, in ihren Wirkungen festgestellt, worüber nachstehende Tabellen orientieren:

---

[1]) Vgl. außer den Arbeiten von O. Richter noch K. Bittner, Über Chlorophyllbildung' im Finstern bei Kryptogamen. Ost. bot. Zeitschrift, Bd. LV.

I. Verbreitung der Geobionten im Winter.

Monat	Boden	Navicula	Nitzschia	Hantzschia	Oscillatoria	Pleurococcus	Geococcus	Trinema	Difflugia	Euglypha	Nematoden	Sonstige Organismen
	I. in Wiesenboden:											
November:	offener Boden	+	+	+	+	+	+	−	+	+	+	Gameten
Dezember:	gefrorener Boden	+	+	+	+	+	+	−	+	+	+	Macrobiotus
Jänner:	gefrorener Boden	+	−	−	+	−	+	−	+	+	+	—
Februar:	gefrorener Boden	+	−	−	+	−	+	−	+	+	+	—
	II. in Ackerboden:											
November:	offen	−	−	+	−	−	−	−	+	−	+	Amoeba
Dezember:	gefroren	+	−	+	−	−	−	+	+	−	+	Stichococcus
Jänner:	gefroren	+	−	−	−	−	−	+	+	−	−	—
Februar:	gefroren	+	−	−	−	−	−	+	+	−	−	—
	III. in Waldboden:											
November:	offen	+	−	−	−	−	−	+	+	−	+	—
Dezember:	gefroren	+	−	+	−	−	−	+	+	+	+	—
Jänner:	gefroren	−	−	+	−	−	−	+	−	+	−	—
Februar:	gefroren	−	−	+	−	−	−	−	−	+	−	—

Selbstverständlich beziehen sich diese Angaben nur auf lebend oder (bei Rhizopoden) encystiert beobachtete Organismen, da das Vorkommen von Gehäusen bei der großen Wahrscheinlichkeit ihrer außerordentlichen Widerstandskraft gegen Verwesung (Vorkommen in tertiären Kalktuffen und diluvialen Schottern!) für die vorliegende Frage ziemlich nichtssagend ist.

Das Verhältnis zwischen gefundenen Schalen und lebenden (encystierten) Organismen läßt sich im Winter 1911/12 durch folgende Zahlen beurteilen[1]):

Wiesenboden:

November in offenem Boden }
Dezember in offenem Boden } 96 Schalen, 37 lebende Organismen.

Februar in gefrorenem Boden }
Jänner in gefrorenem Boden } 58 Schalen, 2 lebende Organismen, darunter 1 Macrobiotus.

Ackerboden:

November-Dezember, offener Boden = 9 Schalen, 6 lebend.
Jänner-Februar, gefrorener Boden = 9 Schalen, 0 lebend.

Waldboden:

November-Dezember, offener Boden = 51 Schalen (nur Nematoden lebend).
Jänner-Februar, gefrorener Boden = 24 Schalen, 0 lebend.

Hieraus geht also hervor, daß sich die einzelnen Bodentypen je nach Art ihrer Bewachsung verschieden zu verhalten scheinen, daß aber auch das

[1]) Cladosporium humifaciens und sonstige Bodenpilze, die das ganze Jahr über im Boden vegetieren, blieben natürlich außer Betracht.

Erlöschen des Bodenlebens im Walde bereits vor der Froststarre des Bodens eintritt.

Die obigen Einsichten wurden durch vergleichende Untersuchung zahlreicher Bodenproben verschiedener Orte gewonnen. An einem und demselben Orte stellt sich die Jahresperiode in folgender Weise dar:

Die Bodenproben wurden stets an derselben Stelle von der Oberfläche unter Sambucusgebüsch im Versuchsgarten des Biologischen Institutes zu München entnommen.

Die grundlegende Untersuchung des Fundortes ergab am 10. Febr. 1912, 8 Tage nach heftigem Frost (– 19° C), nachdem der Boden bis 1 dm Tiefe unter dem Einfluß von Föhn (der Temperaturen bis zu 15° C erzeugte), aufgetaut war, eine Menge Pilzsporen, Gehäuse von Difflugia globulosa. 1 mm³ – 3 Individuen. Unter 1 dm Tiefe war der Boden steinhart gefroren. An der Grenze fand sich nur wenig Cladosporium, sonst keine Organismen.

2. 29. März 1912: Pilzsporen, viel Cladosporium, braune Mycelien (nicht Cladosporium), lebende Nematoden 1 mm³ = 12 Individuen.
3. 29. April 1912: Cladosporium, Stichococcus bacillaris, Geococcus vulgaris, Nematoden, Pilzsporen, 1 mm³ = 10 Ind. (3 lebend).
4. 20. Mai 1912: Cladosporium (wenig), Nematoden, Difflugia globulosa lebend), farblose Cysten, farblose Pilzsporen, 1 mm³ = 15 Ind. (9 lebend).
5. 29. Juli 1912: Amoeba proteus, Cladosporium (wenig), farblose Mycelien, Geococcus vulgaris (lebend), farblose Cysten. 1 mm³ = 13 Ind., davon 10 lebend.
6. 22. August 1912: Amoeba proteus, Cladosporium (ganz wenig), Pilzsporen. 1 mm³ = 3 Individuen (lebende Amoeben).
7. 26. September 1912: Cladosporium, reichlich Pilzsporen, braune Cysten, Trinema acinus, Amoeba guttula. 1 mm³ = 7 Ind., davon 3 lebend.
8. 26. Oktober 1912: Farblose Mycelien und Sporen, Cladosporium (ganz wenig), Nematoden, Difflugia constricta (Schale), 1 mm³ = 3 Ind.
9. 30. November 1912: (Inzwischen Frost, Boden unter Föhneinfluß jedoch wieder aufgetaut) Cladosporium (viel), Geococcus (lebend), Nematoden, Amoeba guttula (lebend), Difflugia urceolata (lebend), Isocystis infusionum. Am meisten Geococcus. 1 mm³ = 29 Ind. (9 lebend).
10. 29. Dezember 1912: (Boden gefroren). Cladosporium. Nichts Lebendes.
11. 29. Jänner 1913: Boden gefroren.

Dieser Befund bestätigt die oben angedeutete Einsicht, denn das plötzliche reiche Erwachen der Geobien unter Föhneinfluß ist für das Gesamtergebnis nichtssagend. Föhn bedeutet für das Bodenleben Frühlingszustand, der namentlich im vorher gefrorenem Boden reichlich Feuchtigkeit herstellt, worüber im Abschnitt über den Einfluß der Bodenfeuchtigkeit auf das Edaphon näheres zu ersehen ist.

Der Gesamteindruck über des Edaphons Überwinterung stellt sich demnach in folgender Weise dar:

So lange der Boden offen ist, reicht in Wiese und Wald reiches Leben bis an die Oberschicht. Relativ frühzeitig erstirbt das Leben im Ackerboden. Am reichsten dagegen ist auch im Winter der Wiesenboden. Der erste eintretende Frost läßt jedoch alles noch Lebende absterben oder sich enzystieren. Man findet im Winter Zysten von Difflugia, Trinema, Geococcus, Nebela, sowie farblose Zysten, die ich, nachdem sie sich an im Sommer amöbenreichen Fundorten zahlreich fanden, auf Amoeba beziehe. (Vergl. Fig. 33.)

Die Pilze (Cladosporium) überwintern alle lebend.

Die Bacillariaceen und Schizophyceen (Hantzschia, Navicula, Nostoc, Oscillatoria, Isocystis, Stichococcus) überwintern lebend, offenbar in einer Art Kältestarre, doch nimmt ihre Zahl im Spätherbst außerordentlich ab. Als Belege für das Erstgesagte möge dienen:

In einer Bodenprobe von Fischbach am Inn (Ober-Bayern), die im Buchenwald am Petersberg in zirka 1200 m Höhe bei großer Kälte am 5. Januar 1913 entnommen wurde, fand sich neben zahlreichen Hefezellen eine große lebende Kolonie von Nostoc humifusum (leg. Frl. R. v. Aichberger).

Oscillatoria sp. fand sich lebend (beweglich) in einer Bodenprobe von Wangen (b. Starnberg, Ober-Bayern) unter 20 cm Schnee, in beinahe gefrorenem Wiesenboden am 16. Februar 1911.

Große Hantzschia amphioxys fanden sich lebend (beweglich) in hart gefrorener Ackererde von Weßling (Ober-Bayern) am 3. II. 1911.

Am 15. Dezember 1910 fanden sich in Bodenproben von dem hart gefrorenen aperen Wiesenboden der Sparchenfelder bei Kufstein (Tirol) (allerdings nach vorhergegangenem 14 tägigem Tauwetter) lebende Nematoden, Macrobiotus (Tardigraden), auch eine Surirella sp. mit Chromatophoren.

Zur Bekräftigung der anfänglich gehegten Vermutung, daß sich die Geobionten, im besonderen auch die Nematoden, gleich den Regenwürmern mit dem Eintreten des Bodenfrostes in tiefere Bodenschichten ziehen, konnte nichts Positives beigebracht werden.

Dagegen zeigte jede auch nur einige Tage andauernde Lindwetterperiode im Winter sofort deutlichen „Bodenfrühling“. Hierfür mögen als Belege folgende zwei Beispiele gelten:

Auf der Rietzalm bei Vorderkaiserfelden (Zahmer Kaiser, Tirol) in annähernd 1250 m Höhe blühten am 15. Dezember 1910 nach etwa 14 frostfreien Tagen reichlich Tussilago, Bellis, Potentilla, Primula farinosa, Ranunculus, Trifolium. Dementsprechend war folgende Bodenbesiedelung des offenen, nur teilweise schneebedeckten Almbodens vorhanden:

Euglypha alveolata, Trinema acinus (lebend), Difflugia globulosa, Cysten, Pilzsporen, Brandpilzsporen, Cladosporium humifaciens, Hantzschia amphioxys, Surirella sp., Navicula borealis, Mesotaenium Endlicherianum, Euastrum sp., Leptothrixfäden, 1 mm^3 = 45 Individuen, davon 6 lebend.

Noch vielsagender ist folgendes Untersuchungsprotokoll:

Grasige Böschung im Mühltal bei Starnberg (Ober-Bayern). Apere Stelle mit dünnem Eisüberzug. Boden darunter ganz weich. 7. I. 1911. Material der Oberfläche (1 – 5 cm) entnommen. Cladosporium humifaciens, Navicula affinis (lebend), Navicula borealis (Schalen), Hantzschia amphioxys (Schalen), Oscillatoria (tenuisähnliche Form), Pleurococcusartige Zellen (lebend), grüne bewegliche Garnelen (!), farblose Cysten, farblose Pilzsporen, Difflugia urceolata (Gehäuse), Difflugia globulosa (Gehäuse). Am meisten Kieselalgen, 1 mm^3 = 52 Individuen, davon 10 lebend.

Ein weiteres vielsagendes Beispiel ist:

M ü h l t a l bei Schäftlarn (Ober-Bayern). Apere rasige Stelle im Walde. Boden nicht gefroren am 26. Januar 1911. Material der Oberfläche (1 – 5 cm) enthielt: zahlreiche zweigeißelige grüne Gameten, Hantzschia amphioxys (lebend), Navicula borealis (lebend in lebhafter Bewegung), farblose Cysten, Geococcus vulgaris, Trinema acinus (Gehäuse), Difflugia urceolata (Gehäuse), Euglypha alveolata (lebend), Difflugia globulosa, zahlreiche farblose Pilzsporen, Nematodeneier, Eier von Philodina sp., 1 mm^3 = 75 Individuen, von denen 27 in vollstem frischen Leben.

Dieses letztere Resultat gehört schon in die Reihe jener Befunde, die mich zur Überzeugung brachten, daß der Bodenfrühling stets der Entfaltung der bodenamphibischen Vegetation vorauseilt. Neben solchen lokalen Erscheinungen, zu deren Hervorruf schon eine ganz kurzandauernde Erhöhung der Lufttemperatur über den Nullpunkt genügt, stellte sich der Bodenfrühling nach meinen mehrjährigen Aufzeichnungen endgültig ein:

im Jahre 1911 zwischen 26. Januar und 15. Februar
im Jahre 1912 zwischen 19. Februar und 7. März
im Jahre 1913 zwischen 16. Februar und 27. März.

Unter Bodenfrühling ist hierbei verstanden, daß die Zahl der lebenden Individuen mindestens 1/5 der Gesamtzahl ausmacht, daß die Kieselalgen in Teilung und keine (oder nur verschwindend wenige) Wurzelfüßler mehr encystiert angetroffen werden.

Über die Phaenologie des Bodens gibt folgende Tabelle genauere Auskunft (die sich auf das Jahr 1911 und auf Oberbayern bezieht):

Die ersten lebenden Geobionten wurden angetroffen:

	Jänner	Februar	März	April
Difflugia	—	—	31.	26., von da ab immer
Trinema	—	—	16. von da ab immer	
Amoeba	—	—	12., 27. von da ab immer	
Geococcus	—	—	10. von 31. III. ab immer	
Euglypha	26.	—	16. von da ab immer	
Nebela	—	—	16. von da ab immer	
Navicula	7. 26.	5. 23.	10.12. von da ab immer	
Hantzschia	26.	15. 23.	12. von da ab immer	
Pinnularia	—	—	16. — — —	
Fragilaria	—	—	12. — — —	
Oscillatoria	7.	16.	von da ab immer	
Cylindrospermum	—	—	12.	—
Pleurococcus	7.	von da ab immer		
Schwärmer: (Gameten)	7.			

Wie ersichtlich, tritt das allgemeine und massenhafte Erwachen im März, das der Kieselalgen aber schon im Januar ein. Sie verhalten sich also auch im Erdboden ähnlich wie im Süßwasser, in dem das erste Jahresmaximum der Bacillariaceen sich bereits unmittelbar nach dem Auftauen, meist schon im Januar einstellt. Die Rhizopoden erwachen später als die Kieselalgen, was vielleicht damit zusammenhängt, daß ihr Hauptaufenthaltsort, der Humus (Walderde), an sich eine „kältere" Bodenart darstellt, als der sandiglehmige Acker- und Wiesenboden, der dem Vorkommen der Bacillariaceen vornehmlich günstig ist.

Bezüglich der Jahresverbreitung der einzelnen Organismengruppen ergaben die Feststellungen für das Jahr 1911 folgendes Bild für die Bacillariaceen bezw. deren wichtigste zwei Gattungen (vgl. Abb. 19):

	Bacillariaceen überhaupt:	Navicula:	Hantzschia:
Januar	6	4	2
Februar	—	—	3
März	13	5	6
April	8	3	5
Mai	6	4	3
Juni	10	5	4

	Bacillariaceen überhaupt:	Navicula:	Hantzschia:
Juli	8	4	4
August	6	4	3
September	7	4	3
Oktober	4	3	1
November	2	1	1
Dezember	7	4	3

In dieser Tabelle bedeuten die Zahlen die Zahl der in den jeweils am Monatsende untersuchten Bodenproben gefundenen lebenden Kieselalgen.

Das Ergebnis graphisch dargestellt, läßt das dadurch erkannte ökologische Gesetz plastischer hervortreten:

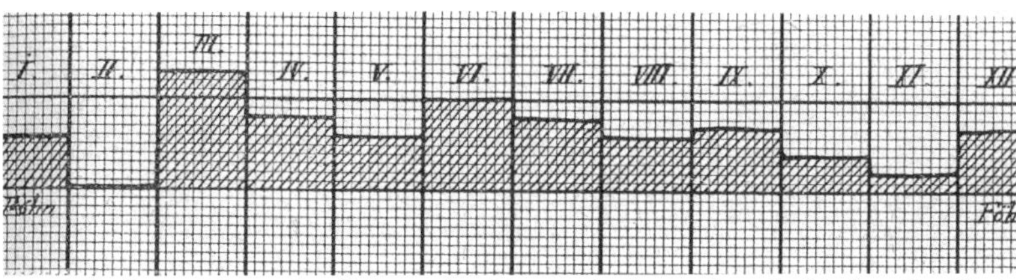

Abb. 19. Tabelle zur Veranschaulichung der Jahresverbreitung der edaphischen Bacillariaceen.

Zu bemerken ist, daß das Ansteigen im Dezember und Januar auf Föhneinwirkungen zurückzuführen ist.

Als Allgemeinsatz ist hieraus abzuleiten: Die edaphischen Bacillariaceen haben das Minimum ihrer Häufigkeit im Winter. Dieses Minimum scheint um die Jahreswende zu kulminieren[1]). Mit der Schneeschmelze erfolgt im März ein plötzliches Anschwellen auf das Jahresmaximum. Von da ab bleibt der Bestand wiederholt absinkend auf mittlerer Höhe. Die Kurve zeigt jedoch im allgemeinen sinkende Tendenz und senkt sich jäh Ende Oktober und Anfang November.

Damit ist die Erklärung gegeben für die Resultate, welche Engberding (Zentralblatt f. Bakteriol. II. Abt. 1909) erhielt, als er den Einfluß der Jahreszeit und Witterung auf die Bodenbakterien untersuchte.

Er fand, daß die Temperatur nur geringe Wirkung, um so mehr aber die Feuchtigkeit ausübe. Im Sommer wird das Optimum bei Sättigung der vollen Wasserkapazität erreicht, während Frost die Keimzahl herunterdrückt.

Nun hat man endlich Einblick in die längst bekannte Tatsache, warum sowohl die Ammoniakbildung wie andere Umsetzungen im Boden im Frühjahr und Herbst ein Maximum erreichen, im Winter und Hochsommer dagegen Minima aufweisen (Löhnis, Bakteriologie S. 596).

Die zweite Hauptgruppe des Edaphons, die Rhizopoden, weisen folgende Verhältniszahlen auf.

---

[1]) Nach den Untersuchungen im Winter 1912/13.

	Difflugia	Trinema	Euglypha	Geococcus	allgemein Rhizopoden
Januar	3	3	2	1	9
Februar	3	2	1	—	6
März	1	2	2	4	9
April	3	2	1	—	6
Mai	5	2	2	1	10
Juni	5	4	4	2	15
Juli	4	3	2	1	10
August	3	2	1	1	7
September	1	1	1	—	3
Oktober	3	3	3	—	9
November	3	2	2	—	7
Dezember	2	2	1	—	5

Das graphische Bild wirkt dementsprechend ganz anders (Abb. 20):

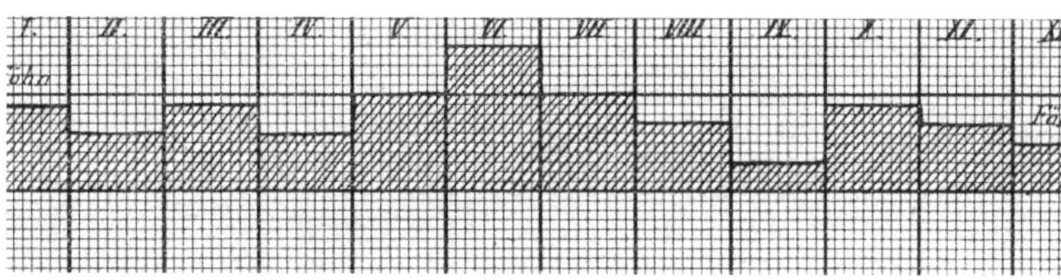

Abb. 20. Tabelle zur Veranschaulichung der Jahresverbreitung der edaphischen Rhizopoden.

In den Tabellen ist auch hier der Föhn ebenso zu berücksichtigen wie in den über die Bacillariaceen mitgeteilten.

Der für die Verbreitung der edaphischen Rhizopoden gültige Allgemeinsatz lautet:

Die Rhizopoden haben ihr Minimum im Winter, namentlich um die Jahreswende (Ergebnis aus Winterbeobachtungen 1912/13). Im März erfolgt ein rasches Ansteigen einzelner Formen (Geococcus), das allgemeine Ansteigen der Kurve ist aber auf den Mai-Juni verlegt, in welche Monate auch das Maximum fällt. Hierauf sinkt die Zahl, bis die Herbstregen im Oktober wieder ein nicht geringes Ansteigen mit sich bringen. Mit den ersten Nachtfrösten sinkt die Zahl ganz bedeutend.

Ob dieses „Nachhinken" in der Vermehrung der vorhin erwähnten Eigentümlichkeit der humosen Böden im Gegensatz zu den ariden zuzuschreiben sei oder aber der im allgemeinen langsameren Fortpflanzung der Rhizopoden gegenüber den sich rasch teilenden Bacillariaceen, muß ich dahingestellt sein lassen (Abb. 21 – 22).

[1]) Da Difflugien etc. relativ leichter verwesen, als die Kieselschalen der Bacillariaceen, wurden ausnahmsweise auch frische Gehäuse in diesen Tabellen berücksichtigt und es ergab sich auch tatsächlich im Vergleich zu einer, nur aus der Zahl lebend beobachteter Rhizopoden zusammengestellten Vergleichstabelle, daß das Resultat in den Hauptzügen ziemlich gleich bleibt, es verschiebt sich nur das Maximum etwas mehr auf den Mai.

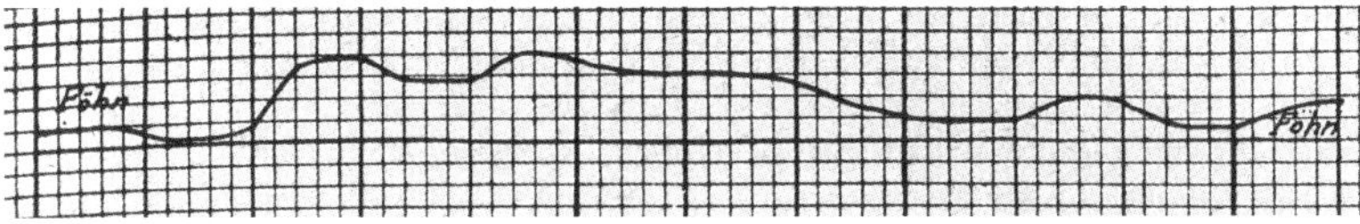

Abb. 21. Jahreskurven der lebendig gefundenen edaphischen Rhizopoden.

Wieder anders verläuft die Wachstumskurve für den drittwichtigsten Komponenten des Edaphons, nämlich den Bodenpilz Cladosporium humifaciens und seine Genossen.

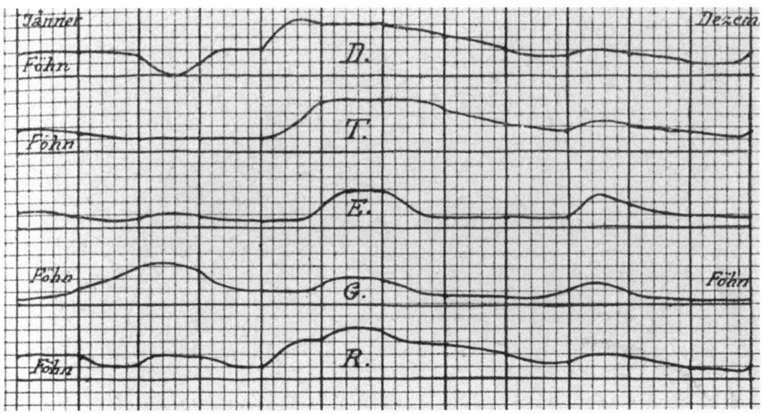

Abb. 22. Die Jahresverbreitung der wichtigsten Rhizopoden des Edaphons.
D = Difflugia, *T* = Trinema, *E* = Euglypha, *G* = Geococcus, *R* = Rhizopoden im allgemeinen.

In den Jahren 1911 und 1912 wurde darüber folgendes ermittelt:

Juli 1910 bis Juni 1911		1912	
Januar	mäßig reich,	Januar	wenig,
Februar	mäßig reich,	Februar	wenig,
	wenig in Acker,	März	reich.
März	reich in Wald,		

Juli 1910 bis Juni 1912		1913	
April	mäßig reich,	April	mäßig reich,
Mai	sehr reich,	Mai	wenig,
Juni	sehr reich,	Juni	wenig,
Juli	reich,	Juli	wenig,
August	reich,	August	wenig,
September	mäßig,	September	reicher,
Oktober	reich,	Oktober	wenig,
November	sehr reich,	November	mäßig reich,
Dezember	mäßig reich,	Dezember	mäßig.

Da für Cladosporium natürlich ein Zählen der Fadenbruchstücke wenig Sinn hatte, beschränkte ich mich in meinen Notizen auf allgemeine Ausdrücke. Zu bemerken ist, daß die Angaben des Jahres 1911 aus vielen verschiedenen

Fundorten abgeleitet sind, während sich die des Jahres 1912 auf ein und denselben Quadratmeter Erde (im Versuchsgarten des Biolog. Institutes München) beziehen.

Soweit sich aus dem Mitgeteilten etwas ableiten läßt, ist es der Eindruck, daß die Pilzvegetation im Boden von den Temperaturverhältnissen fast gar nicht, von der vom Klima abhängigen Bodenfeuchtigkeit insoweit beeinflußt wird, als sich zur Schneeschmelze, sowie nach den Herbstregen üppigeres Wachstum zeigt. Wesentlich verschieden ist übrigens das Verhalten von Acker- und Waldboden und es wäre eine besondere Aufgabe, bei dem letzteren die Regulation des Wasserhaushaltes im Zusammenhang mit dem Fehlen oder Vorhandensein einer Moosdecke zur Beurteilung der Bodenpilzflora zu untersuchen.

Auch die Periodizität der Nematodenverbreitung wurde untersucht. Das Ergebnis ist folgendes:

Juli 1910 bis Juli 1911			1912	
Januar	0	(Eier)	Januar	0
Februar	9[1]	(Eier)	Februar	0
März	18		März	12
April	6		April	2
Mai	7		Mai	6
Juni	6		Juni	0
Juli	9		Juli	0
August	5		August	0
September	10		September	0
Oktober	12	(Eier)	Oktober	3
November	3		November	3
Dezember	6		Dezember	0

1911 ist von verschiedenen Fundorten zusammengestellt, 1912 bezieht sich auf den Versuchsgarten des Biolog. Institutes München. So lückenhaft auch das Resultat ist, so scheint doch aus ihm die gleiche Tatsache eines Frühjahrmaximums und einer Zunahme nach den Herbstregen hervorzugehen. Den Winter verbringen die Nematoden wenigstens zur Zeit des Bodenfrostes im Eizustand, in dem sie auch, wie die im Biolog. Institut München von Herrn H. Lehmann angestellten Untersuchungen ergeben haben, durch Luftströmungen verbreitet werden.

Fassen wir also die Ermittlungen über den Einfluß der Temperatur- (und klimatischen) Verhältnisse auf das Edaphon zusammen, so darf wohl gesagt werden, daß auch den Geobionten in unserem Klima eine gewisse Periodizität durch den Bodenfrost aufgedrückt wird, der mit Ausnahme der Bodenpilze (und wie es scheint auch mancher Bacillariaceen) sie zu einer Unterbrechung des gewohnten Daseins nötigt. Die konstatierten Frühlings- und Herbstmaxima scheinen aber mehr von der Zunahme der Bodenfeuchtigkeit abzuhängen. Hierbei ist bei den Rhizopoden langsamere Entwicklung zu bemerken als bei den Bacillariaceen.

C. Der Einfluß der Bodenfeuchtigkeit auf das Edaphon.

In Ergänzung der im vorigen Abschnitt mitgeteilten Tatsachen seien hier die Untersuchungen über den Einfluß von Dürre, geringerer oder dauernd größerer Bodenfeuchtigkeit, bezw. des Grundwasserstromes zusammengefaßt.

[1]) Föhneinfluß.

Gab sich schon in den auf S. 51 abgedruckten Tabellen über die Jahresperiode von Cladosporium im Vergleich der Jahre 1912 und 1910 (1911) deutlich ein Vorauseilen der Bodenpilzvegetation im außerordentlich regenreichen Sommer 1912 zu erkennen, so sprechen die Fundprotokolle über den (wenigstens in Württemberg) ausnehmend trockenen und heißen Sommer 1911 eine nicht weniger beredte Sprache, namentlich im Vergleich zu den Funden in der gleichen Zeit des viel niederschlagsreicheren Jahres 1910.

In Dinkelsbühl (M.-Franken) wurden in der regnerischen Woche vom 21. bis 28. Juli 1910 nach einem vorwiegend regnerischen Sommer gefunden: lebende Formen

in 1 mm³ Gartenerde 6 Individuen
„ 1 „ Ackererde 10 Individuen
„ 1 „ Wiesenboden 25 Individuen
„ 1 „ (gedüngten) Grasgarten 40 Individuen
„ 1 „ Waldboden 18 Individuen.

Um Schwäbisch-Hall (Württemberg) wurden in der heiteren Woche vom 18. bis 25. Juli 1911 nach dreiwöchentlicher Dürre bei 36° C max. Schattentemperatur gefunden: lebende Formen

in 1 mm³ Gartenerde 0 Individuen
„ 1 „ Ackererde 3 Individuen
„ 1 „ Wiesenboden 18 Individuen
„ 1 „ (ged.) Grasgarten 0 Individuen (Cysten)
„ 1 „ Waldboden 2 Individuen (nur Nematoden).

Hierbei ist zu bemerken, daß der Wiesenboden dicht am Kocher, in dessen Inundationsgebiet lag, also hohen Grundwasserstand besaß. Die Gartenerde enthielt 40 Organismengehäuse und Schalen, war also vor der Dürre reich belebt.

1 mm³ enthielt also im feuchten Sommer durchschnittlich 68,63 Organismen,
1 mm³ enthielt im trockenen Sommer durchschnittlich 14,28 Organismen.

Der allgemeine Eindruck war, daß Dürre auf das Edaphon ähnlich wie Frost wirkt. Einige Auszüge aus den Untersuchungsprotokollen werden dies belegen.

1. Erdprobe aus Schwäb.-Hall. Ackerboden (Weizenfeld). Boden rissig, steinhart eingetrocknet. Oberfläche. 20. Juli 1911.

Sehr viele Quarzprismen und Oktaëder, Geococcus vulgaris (Gehäuse), Difflugiella sp. (Gehäuse), Pleurococcuszelle (lebend), Hantzschia amphioxys (Schale), ganz wenig Cladosporium humifaciens. 1 mm³ – 5 Individuen, davon nur 1 lebend.

2. Erdprobe aus Schwäb.-Hall. (Gartenerde aus den Ackeranlagen).
20. Juli 1911. Oberfläche. Staubtrocken.

Navicula borealis, Hantzschia amphioxys, Nitzschia sp., Navicula atomus, Geococcus vulgaris, Navicula mutica, Cladosporium humifaciens. Reich, 1 mm³ = 40 Individuen, meist Hantzschia. Jedoch nur Schalen. Nichts lebend.

Da auch Hantzschien gefunden wurden, die bei völlig intakten Chromatophoren durchaus regungslos waren und erst nach mehrstündigem reichlichen Befeuchten der Bodenprobe ihre gewohnte Beweglichkeit wieder erlangten, ist es nicht ausgeschlossen, daß die Kieselalgen die Zeit größter Trockenheit in einer Trockenstarre verbringen, wofür in der sattsam bekannten Anabiose der Rotatorien und Tardigraden längst ein Gegenstück bekannt ist. Auch das Vorhandensein von Cysten deutet auf besondere, den Kälteanpassungen entsprechende Anpassungen zur Überwindung von Trockenperioden. Daß Pleurococcuszellen auch im trockensten Bodenstaub vegetieren, wird ihnen wohl nur durch die verschleimte Zellmembran ermöglicht. Sehr lehrreich war zur Beurteilung dessen die Untersuchung von „Tintenstrichen" in den Kalkalpen, jenen bekannten schwarzen vertikalen Vegetationsstreifen an senkrechten Felswänden, an denen temporär oder dauernd Wasser herabsickert. Meisthin leben diese Tintenstriche nur von der, sich von Regen zu Regen wiederholenden Befeuchtung, sind also oft dazu verurteilt, an vollkommen nackter Felswand wochenlang der sengendsten Sonne ausgesetzt zu sein, die, wofür M. Oettli Angaben beibringt[1]) und wie auch eigene Erfahrung jeden Alpinisten lehrt, sich annähernd auf 60° C, mindestens so erhitzen kann, daß die Berührung des Felsen mit bloßer Hand auf die Dauer kaum möglich ist. Die mikroskopische Untersuchung eines solchen Tintenstrichüberzuges an vollkommen trockener, nahezu senkrechter Kalkwand im Vorderkaisergebirge in Tirol („Am Roger") am 30. Oktober 1910 ergab folgende Fauna und Flora:

Heleopera petricola, Nebela collaris, Philodina erythrophthalma, Cylindrospermum sp., Hypheothrix tenuissima, Stichococcuszellen, Nostoc punctiforme, Gloeocapsa sanguinea (violett), Navicula borealis, junge Moospflanzen. Alles in unzählbarer Menge.

Es überwogen die in Gallerte eingebetteten und durch schleimige Scheiden geschützten Schizophyceen, so daß ich nicht anstehe, diese Gallertbildungen für eine Anpassung an das Luft- bezw. Erdleben zu halten.

Die gleiche Vermutung drängt sich für die Tatsache auf, daß die Kieselalgen als Assimilationsprodukt nicht Stärke, sondern fettes Öl erzeugen. Gerade sie ertragen auch einen Grad der Austrocknung, der geradezu in Erstaunen versetzt. Versuche, die ich hierüber anstellte, ergaben folgendes:

Navicula aus Wiesenerde, gesammelt zu Interlaken (Schweiz) am 30. Juni 1911 wurde in geringer Erdmenge in einer Papierdüte lufttrocken aufbewahrt. Wiederholt untersucht, waren die Kieselalgen bis zum 16. Juli 1911 noch völlig lebendig und beweglich. Die Erde war inzwischen zu einem staubigen Pulver zerfallen.

Erdproben aus dem Spaltenhumus des Roger (Kaisergebirge), gesammelt am 30. Oktober 1910, wurden in Holzschachteln lufttrocken aufbewahrt. Am 27. Mai 1913 waren darin die Gloeocapsen und Hypheothrix, ebenso Nostoc hoch frisch und lebten auf Befeuchtung wieder auf.

Es gelten also auch für die niederen Geobionten dieselben Gesetze, welche bereits das 17. und 18. Jahrhundert staunenden Auges an der Rotatorienanabiose erkannt hatte. (Zusammengestellt in Ehrenberg, Die Infusionstierchen. 1836.)

Übrigens kann auch Amoeba terricola durch ihre Membran völlig austrocknen, wie Pénard neuerdings gezeigt hat. Sie schrumpft dann ein, ohne sich zu encystieren, so wie sie auch 8 – 10 Tage in reinem Wasser zubringen kann, ohne abzusterben.

Das vornehmste Mittel der edaphischen Einzeller, um Unterbrechungen der Lebenstätigkeit ohne Schaden zu überstehen, ist jedoch dennoch nicht die Anabiose, sondern die Encystierung.

Cysten wurden das ganze Jahr über gefunden, wie aus nachstehender Zusammenstellung hervorgeht:

---

[1]) M. Oettli, Beiträge zur Ökologie der Felsflora. Zürich 1904. S. 49. Ähnliches auch bei E. Whymper, Berg- und Gletscherfahrten Braunschweig 1886.

	zusammen	Waldboden	Wiesenboden	Ackerboden
Januar	8	4	4	0
Februar	7	4	3	0
März	6	0	3	3
April	5	0	3	2
Mai	17	7	0	10
Juni	2	0	2	0
Juli	19	8	4	7
August	9	5	4	0
September	5	0	5	0
Oktober	9	0	9	0
November	7	0	4	3
Dezember	11	4	4	3

Es spielt sich also ein nicht unerheblicher Teil des Geobiontenlebens im Cystenzustand ab. So wie das Meeresplankton stets einen ansehnlichen Prozentsatz an Eiern enthält, finden sich auch im Edaphon regelmäßig Nematoden, – Rotatorien – Tardigradeneier, Pilzsporen der verschiedensten Form, Hefezellen, farblose, auch rote und goldgelbe Cysten (Auxosporen von Bacillariaceen?). Nur die Rhizopoden encystieren sich, wie bereits erwähnt, innerhalb des Gehäuses (vergl. Abb. 23).

Die große Zahl der Cysten im Mai erklärt sich durch noch eingetretene Nachtfröste, gegen die gerade die soeben erwachte edaphische Tierwelt empfindlich zu sein scheint. Die auffallende Steigerung im Juli bis August läßt darauf schließen, daß auf Dürre (Sommeraustrocknung des Bodens überhaupt) fast noch intensiver reagiert wird, als auf die Absperrung der Bodenwasserleitung durch die Winterfröste.

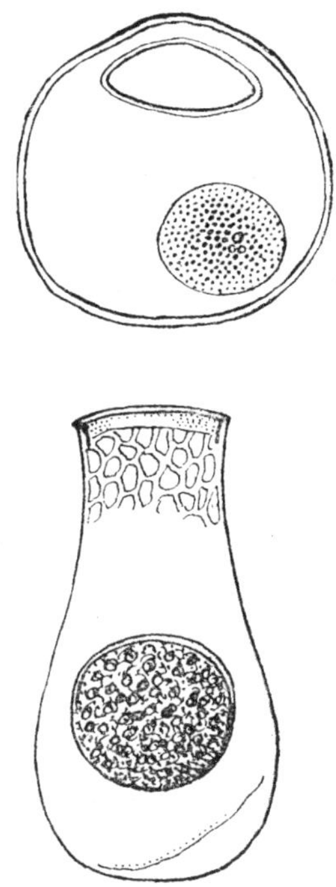

Abb. 23. Cysten im Edaphon Oben Trinema, unten Nebela.

Übrigens beherbergt auch die Tiefe (bis 1/2 m) Cysten in größerer Zahl als die Oberfläche, desgleichen die alpine Region, sowohl im Boden der „Schneefleckflora“, als auch unter Lawinenresten, in tieferen Zonen, wie im allgemeinen über 1700 m. Als Belege hierfür kann ich anführen:

1. Almboden der Kothalm bei Kochel (Bayern). Unmittelbar unter dem Schnee, doch Boden nicht gefroren. Soldanellen am Fundort gerade in Knospen. 12. Mai 1911.

Wenig Cladosporium, Difflugia urceolata, farblose Cyste. 1 mm^3 – 10 Individuen, davon 9 Cysten.

2. Erdprobe vom Heimgarten (Bayer. Alpen), Südseite, Latschenregion. Unter Alpenrosen in zirka 1550 m Höhe. 1. Juni 1911.

Cladosporium, Difflugia globulosa (mit Cysten), Difflugia urceolata, D. constricta, Euglypha alveolata, Hyalosphenia elegans, Trinema acinus, Stichococcus, farblose Cysten, Pilzsporen. 1 mm^3 = 73 Individuen, davon 15 lebend und 12 Cysten. Leitform: Difflugia.

3. Erdprobe vom Lafatscher Joch (Tirol). 2085 m Höhe. Unter Silene acaulis-Rasen in 2 cm Tiefe. 25. August 1910.

Cladosporium humifaciens, Moosrhizopoden, farblose Cysten, Pilzsporen.

Fast keine Humusbestandteile, keine Mikroorganismen außer Bodenpilzen und Cysten.

Diesen Befunden entsprechend zeigen auch die „trockenen" Böden im allgemeinen geringere edaphische Besiedelung als die feuchten.

Über das Extrem informieren die nachstehenden Untersuchungsprotokolle:

1. Kernhag bei Scheyern (Ober-Bayern). Waldblöße im Gebiet der tertiären Sande. Reiner zusammengebackener lehmiger Sand. Vegetationslos. 3. Mai 1911.

Navicula affinis (1 Schale). Ganz wenig Cladosporium. 1 mm^3 = 1 Individuum.

2. Helgoland. Düne. Völlig unbewachsener reiner Sand von der weißen Düne. Juli 1912.

Reine glashelle Quarzkörner etwa 5 – 6 mal so groß wie in der „Erde". Manche eisenrostbraun. Öfters korrodiert. Bräunliche Olivin (?)-plättchen. Organismenfrei.

Als Gegensatz hierzu:

3. Dinkelsbühl (Mittel-Franken). Früher verlandeter Teich, jetzt feuchte Wiese. 26. Juli 1910.

(Nähere Angaben bereits vorhin mitgeteilt.) 1 mm^3 = annähernd 300 Individuen.

Aus den gesamten Untersuchungen ging folgende Tabelle hervor, in der Moor und Sumpfboden deshalb auseinandergehalten wurden, weil durch den Gehalt an Humussäuren wenigstens für die bodenamphibischen Vegetationen auch das nasseste Moor „physiologische Trockenheit" bedeutet, es also von vornherein geboten war, auch für die edaphischen Thallophyten diese Möglichkeit zu beachten.

Die Zusammenstellung mußte sich auf Wiesenboden beschränken, da Ackerbau natürlich nur auf Böden mittlerer Bewässerung möglich ist und mir aus Sumpfwäldern, wie sie z. B. an der Theiß oder in Brüchen (Oderbruch, Spreewald) vorkommen, kein Material erlangbar war. Für alles andere spreche die Tabelle selbst:

Wiesenboden:

Extrem feuchter Boden		Feuchte Wiese	Trockene Wiese	Extrem trockene Wiese Xerophile Veget.
Sumpf	Moor			
Pinnularia	Pinnularia	—	—	—
Navicula	Navicula	Navicula	Navicula	Navicula
Nitzschia	—	Nitzschia	—	—
Hantzschia	Hantzschia	Hantzschia	Hantzschia	—
Osciallatoria	—	—	—	—
Pleurococcus	—	Pleurococcus	—	—
Amoeba	—	Amoeba	—	—
Euglypha	Euglypha	Euglypha	Euglypha	—
Pseudochlamys	Pseudochlamys	—	—	—
Difflugia	Difflugia	Difflugia	Difflugia	—
Geococcus	—	Geococcus	—	Geococcus
Trinema	Trinema	Trinema	Trinema	—
—	Nebela	Nebela	—	—
—	Arcella	—	—	—
—	Desmidium	—	—	—
—	Pleurotaenium	—	—	—
—	Calocylindrus	—	—	—
—	—	Rotifer	—	—
Cladosporium	Cladosporium	Cladosporium	Cladosporium	Cladosporium
—	—	—	Gomphonema	—
—	Nematoden	Nematoden	Nematoden	—

Über die quantitative Verteilung wurde folgendes ermittelt: Es enthalten durchschnittlich pro mm³:

Extrem trockener Wiesenboden	1 – 3	Individuen.
Normal trockener Wiesenboden	14	Individuen.
(Saure Wiese) Feuchter Wiesenboden	36 – 39	Individuen.
Extrem nasser Wiesenboden (Moor)	27 – 81	Individuen.
Extrem nasser Wiesenboden (sumpfige Wiese)	30 – 300	Individuen.

Es zeigte sich insofern ein Unterschied zwischen Sumpf- und Moorboden, als der erstere wesentlich reicher an Organismen aller Art ist, während unter denen des Moorbodens beschalte Rhizopoden und Desmidiaceen vorwiegen. Moorboden geht, namentlich im Sphagnetum, unmittelbar in jene reichen Rhizopodenbestände über, von denen I. Leidy und Taranek ein so anziehendes Bild entworfen haben. An einem einzigen Fundort enthalten sie dann im Sphagnum und wässerigen Moorgrund bis 142 Rhizopodenarten, worüber A. Himmer nach seinen im Biologischen Institut München angestellten Untersuchungen ausführlicheren Bericht erstattet hat¹).

Am reichsten sind neben gewesenem Sumpfboden und feuchten Wiesen und Mooren in absteigender Reihenfolge: Moosige Wiesen (und Äcker), darin Wiesen, Weiden, sonnige Grasfluren (und Äcker) an Berghängen, Triften; am ärmsten sind sonnige mergelige, erdiglehmige Stellen ohne Vegetation.

Extrem trockener Boden beherbergt im Durchschnitt	2	Gattungen,
Normaler Wiesenboden „ „ „	5	„
Feuchte Wiesen beherbergen	9	„
Moor- und Sumpfboden beherbergen „ „	13	„

Als des Wasserreichtums „Leitform" kann nach meinen Befunden Pinnularia gelten, als Leitformen mooriger Böden die beschalten Rhizopoden. Als häufigste Form in allen Wiesen und Äckern: Navicula.

Als Allgemeinsatz ist demnach abzuleiten: Mit zunehmendem Wassergehalt (steigendem Grundwasser) steigert sich die Zahl und Mannigfaltigkeit der edaphischen Lebensformen.

D. Der Einfluß der geographischen Situation auf das Edaphon.

(Klimatologie des Edaphons.)

Mit dem Fragenkomplex des Einflusses der Temperatur, Niederschläge, des Grundwassers hängt auf das innigste auch die Beeinflussung des Bodenlebens durch das Klima bezw. die geographische Situation des jeweiligen Lebensortes zusammen.

Untersuchungen über das Edaphon des tropischen, subtropischen und arktischen Lebensbezirkes sind erst im Gange und gestatten noch kein abschließendes Urteil. Ebensowenig kann hier definitives gesagt werden über die geographische Verbreitung der edaphischen Formen. Wenn aber, wie aus dem Vergleich europäischen Materials mit dem Edaphon sibirischer Steppenerde und afrikanischer Boden hervorgeht, in so weitem Verbreitungsbezirke dieselben Leitformen wiederkehren, liegt der Schluß nahe, daß auch das Edaphon so wie das Plankton im allgemeinen ubiquitäre Verbreitung besitzt.

Durch das Entgegenkommen russischer Behörden 1912 wurde ich in den Stand gesetzt, eine große Zahl musterhaft gesammelter Bodenproben aus

¹) A. Himmer, Die Rhizopodenfauna des Schwarzsees in Tirol. (Arbeiten aus dem Biolog. Institut München. Nr. 5.) (Kleinwelt 1914.)

Rußland, Sibirien, sowie aus Turkestan geobiologisch zu untersuchen, über die in der russischen Zeitschrift „La pédologie" Bericht erstattet wurde[1]). Aus diesen Befunden sei vergleichsweise folgendes Protokoll hier mitgeteilt:

Probe aus dem Ischim'schen Kreis. Gouv. Tobolsk. (W. Sibirien) (Ischimsche Expedition).

Humusreiche, wurzelfilzige, schokoladenbraune Steppenerde mit viel Pflanzenresten.

Enthält wenig Cladosporium, dagegen sehr viel (in absteigender Reihenfolge) Hantzschia amphioxys, Difflugia globulosa, D. constricta, Trinema acinus, Geococcus vulgaris, Navicula borealis, Pinnularia sp., Euglypha mucronata (ähnliche Form), Nitzschia sp., Euglypha alveolata, Assulina seminulum, Navicula mutica, Navicula atomus, Difflugia pyriformis. 1 mm^3 = 201 Individuen.

Die übrigen, in dem vorliegenden Bericht durchgearbeiteten Befunde beziehen sich auf Fundorte aus ganz Deutschland, ferner aus Teilen von Österreich, der Schweiz und Frankreich, also fast ganz Mitteleuropa und gestatten das Urteil, daß innerhalb dieses Bereiches kein Unterschied in den Arten der edaphischen Besiedelung von Orten mit gleicher ökologischer Situation zu bemerken ist.

Anders verhält es sich jedoch mit der vertikalen Verbreitung des Edaphons, über die ich folgende umfassende Untersuchungsreihe vorlegen kann:

Die Untersuchungen reichen von Niederungen unmittelbar am Meeresspiegel bis zur Höhe von 2780 m, lassen sich aber auch durch Angaben von G. Chr. Ehrenberg ergänzen, der bei gelegentlicher Untersuchung von Erdproben vom Gipfel des Monte Rosa in 4284 m Höhe von dort folgende Arten angibt:

Eunotia (= Hantzschia amphioxys), Fragilaria Rhabdosoma, Gallionella granulata, G. tenerrima, G. procera, Difflugia (= Assulina) seminulum, Eunotia monodon, Navicula nivalis und Pinnularia (– Navicula borealis).

Am Monte Rosa in 11770 m Höhe fand sich: Assulina seminulum, Hantzschia, Navicula borealis etc. Desgleichen viele Tardigraden.

Daß Heinze Azotobacter im Hochgebirge für die Humusbildung verantwortlich macht, wurde schon erwähnt; dagegen stellt Ramann fest, daß wenigstens die Bodenbakterien in großen Höhen nicht zahlreicher als unten sind.

Als allgemeines Ergebnis ließ sich hierbei feststellen, daß die Zahl der Geobionten, abgesehen von allen durch Lokalverhältnisse (Feuchtigkeit etc.) bedingten Unterschieden, dennoch mit steigender Höhe gewisse gesetzmäßige Verschiebungen erleidet. Und zwar nimmt im Kalkgebirge (bayer.-tirol. Kalkalpen) die Zahl der Bacillariaceen von 519 m bis 2085 m ständig ab, dagegen nehmen die Rhizopoden, wenn auch nicht in gleichem Maße, zu.

Zugleich zeigte sich jedoch, daß das Problem sehr verwickelt ist und auf das engste mit den Fragen des chemischen Substrates, also der geologischen Beschaffenheit der Berge zusammenhängt. Aussicht auf Erfolg war daher nur zu erwarten, wenn man sich auf einen Gebirgszug von möglichst einheitlichem Bau (geologischer Herkunft) und ähnlicher Oekologie der Fundorte beschränkte. Als solcher wurde das Kaisergebirge in Tirol gewählt, da es von München aus leicht erreichbar und von einem so ausgezeichneten Steignetz durchzogen ist, daß es leicht war, in allen gewünschten Höhenlagen von ökologisch annähernd konformen Orten Proben zu entnehmen.

---

[1]) Vjfl. R. Francé, Neue Untersuchungen auf dem Gebiet der biolog. Bodenkunde (La Pédologie 1913).

Die Erdproben wurden alle im Laufe der gleichen Vegetationszeit (1910 und 1911) gesammelt. Nur eine Angabe (Pendling) bezieht sich nicht unmittelbar auf das Kaisergebirge selbst, sondern auf einen Gipfel des ihm unmittelbar vorgelagerten und mit ihm geologisch identischen Gebirgszuges.

In 488 m abs. Höhe enthielten die Erdproben aus den Kufsteiner Wiesen 42 edaph. Org. im mm^3.

In ca. 900 m abs. Höhe aus dem Felsenhumus der Rasenbänder des Roger 86 edaph. Org. im mm^3.

In ca. 1250 m abs. Höhe aus dem Almboden am Brentenjoch 71 edaph. Org. im mm^3.

In ca. 1350 m abs. Höhe aus dem Almboden bei der Rietzalm 45 edaph. Org. im mm^3.

In ca. 1560 m abs. Höhe aus dem Wiesenboden am Pendling 36 edaph. Org. im mm^3.

In 1650 m abs. Höhe aus dem rasigen Boden im Kar „Im Friedhof" 19 edaph. Org. im mm^3.

In ca. 1750 m abs. Höhe aus den Grasflecken zwischen Felsen am Stripsenjoch 9 edaph. Org. im mm^3.

In ca. 2000 m abs. Höhe unter Polsterpflanzen auf der Pyramidenspitze 1 edaph. Org. im mm^3.

Das Verhältnis der Kieselalgen zu den Rhizopoden gestaltete sich in diesen Befunden wie folgt:

		1 mm^3	
488 m	Kufstein	30 Bacillariaceen	6 Rhizopoden
900 m	Roger	18 „	65 „
1250 m	Brentenjoch	13 „	55 „
1350 m	Rietzalm	16 „	25 „
1560 m	Pendling	3 „	9 „
1650 m	„Im Friedhof“	0 „	13 „
1750 m	Stripsenjoch	0 „	6 „
2000 m	Pyramidenspitze	0 „	1 „

Im Urgebirge (Glimmerschiefer) waren mir zwar ähnliche systematische Untersuchungen bislang nicht möglich, immerhin dürften die vorliegenden Angaben nicht ohne Vergleichswert sein.

ca. 500 m. Ackerfeld bei Schwaz in Tirol. 2. Juli 1911. (Glimmerschieferzone) 1 mm^3 = 46 Individuen, meist Bacillariaceen. (Navicula affinis, Navicula mutica, Hantzschia amphioxys, Navicula sp. (sima-ähnlich), Mesotaenium Endlicherianum (lebend), Isocystis sp., wenig Cladosporium humifaciens, Nematoden, Trinema acinus, 24 Individuen (lebend), vorwiegend Kieselalgen.

570m. Wiesenboden der Rugenau bei Interlaken (Schweiz). 30. Juni 1911. Navicula affinis, Hantzschia amphioxys, Cladosporium humifaciens, Pilzsporen (zu tausenden). 1 mm^3 = 13 Individuen, davon 7 lebend, vorwiegend Kieselalgen.

ca. 1100 m. Wiesen zwischen les Bossons und les Praz d'en bas bei Chamonix (Frankreich, Abhänge des Montblanc). Juni 1911.
Navicula borealis, Navicula mutica, Gomphonema sp., Trinema acinus, Cladosporium humifaciens, 1 mm^3 = 16 Individuen, vorwiegend Kieselalgen.

ca. 1630 m. Wiesen bei Zermatt (Schweiz). Juni 1911. Navicula borealis, Hantzschia amphioxys, Navicula sp., wenig Cladosporium. 1 mm³ = 22 Individuen, darunter 4 lebend. Am meisten Navicula.

ca. 2780 m. Almboden am Gornergrat bei Zermatt (Schweiz). 29. Juni 1911. (Erde sehr glimmerreich). Apere Stelle zwischen Schnee.
Navicula borealis, Nematoden (lebend). Wahre Kieselgur von Navicula. 1 mm³ = 40 Individuen. Viele Bruchstücke von Bacillariaceenschalen.

Vergleicht man diese Befunde, wird man trotz ihrer Lückenhaftigkeit zu der Überzeugung geführt, daß im Vergleich gegen das Tal anfänglich eine Zunahme des Edaphons unabhängig von dem geologischen Substrat stattfindet, daß aber über 1700 – 1800 m die Abnahme unverkennbar ist. Vergleicht man damit die meteorologischen Angaben, wird man dies nicht unverständlich finden. Der Zunahme des Edaphons entspricht die Zunahme der Niederschläge in der unteren alpinen Zone; die allgemeine Abnahme der Formen in den Höhen über 1700 m wird man vielleicht den gleichen Ursachen beimessen müssen, die den xerophilen Habitus der Alpenflora bedingen. Nur wird hierbei die mit der Höhe zunehmende Frostdauer wohl noch mehr Einfluß geltend machen, als auf die phanerogame Vegetation.

Daß die Bacillariaceen im Kaisergebirge so auffallend rasch mit zunehmender Höhe verschwinden, am Matterhornstock aber noch auf 2780 m Höhe reichlich vorhanden sind, scheint auf eine allgemeine Kalkfeindlichkeit der Kieselalgen zu deuten, die ihr Gegenstück in der gemeinbekannten Kalkfeindlichkeit der Desmidiaceen hat.

Im allgemeinen ergaben darauf gerichtete Untersuchungen folgenden Einblick in den Zusammenhang zwischen Kieselalgenverbreitung und chemischer (petrographischer) Beschaffenheit des Substrates.

Kalkboden (Kalkgebirge) triassische Kalke	Kieselboden (Gneiß und Granit)	Sandstein (Lettenkohle)	Lehm und Mergelböden	Sandboden (tertiäre Meeressande)
Navicula	Navicula	Navicula	Navicula	Navicula
—	Hantzschia	Hantzschia	—	Hantzschia
—	—	Nitzschia	—	—
—	—	Pinnularia	—	—
Trinema	Trinema	—	Trinema	Trinema
Geococcus	Geococcus	Geococcus	—	Geococcus
—	Difflugia	—	Difflugia	Difflugia
—	Euglypha	—	Euglypha	Euglypha
—	Phryganella[1])	—	—	—
—	—	Difflugiella	—	—
—	—	—	Nebela	—
—	—	—	Amoeba	Amoeba
Cladosporium	Cladosporium	Cladosporium	Cladosporium	Cladosporium[2])
—	Nematoden	Nematoden	—	Nematoden
—	Cylindrospermum	—	Cylindrospermum	—
—	—	—	—	Stichococcus
—	Mesotaenium	—	—	—
—	—	Pleurococcus	—	—

[1]) Es ist zu beachten, daß nach Awerinzew's Untersuchungen (Die chemische Zusammensetzung der Gehäuse von Süßwasser-Rhizopoden. Archiv für Protistenkunde 1906) die Innenschicht aller Rhizopodengehäuse Kieselsäure enthält.

[2]) Sehr viel.

Zur Tabelle ist zu bemerken, daß die Angaben sich nur auf Fundorte beziehen, an denen wenig Humus vorhanden war, also die chemische Beschaffenheit des Substrates zur Geltung kam. Es zeigte sich nämlich bald, daß bei Humusansammlungen die Unterschiede zwischen Kalk- und Kieselorganismenwelt völlig verwischt wurden, analog den Erfahrungen, die man mit der Kalk- und Kieselflora im allgemeinen machte. Ganz besonders deutlich ging dies aus der Untersuchung von Spaltenhumus im Kalkgebirge hervor, wofür als Beweis nachstehende Protokolle gelten sollen:

Spalten-Humus aus der Nordwand der Benediktenwand (Wettersteinkalk) in ca. 1650 m Höhe. 21. Oktober 1910.	Schwarzer Humus zwischen Felsen am Pendling (Tirol) [Wettersteinkalk] ca. 1560 m Höhe. 13. Oktober 1910.	Brauner Humus in Felsspalten an dem Heimgartengrat (O.-Bayern) [Trias-Kalke] ca. 1400 m Höhe. 26. Oktober 1910.
Oscillatoria	—	Osciallatoria
Difflugia	Difflugia	Difflugia
Trinema	Trinema	Trinema
Euglypha	—	Euglypha
Nebela	—	—
Amoeba	—	—
Quadrula (symmetrica)	—	—
Arcella (vulgaris)	—	—
Navicula	—	Navicula
—	Hantzschia	Hantzschia
—	Stichococcus	Stichococcus
Gloeocapsa (punctata)	—	—
—	—	Mesotaenium
—	—	Rotifer
—	Nematoden	—
—	Philodina	—
—	Cladosporium	—
1 mm³ = 52 Individuen	1 mm³ = 36 Individuen	1 mm³ = 150 Individuen

In humusarmen Böden tritt dagegen mit aller Bestimmtheit hervor, daß das Edaphon sich als silicophile Lebensgemeinschaft darstellt, daß namentlich die edaphische Kieselalgenflora nicht weniger kalkfeindlich zu sein scheint, als die Desmidiaceen. Ebenso zweifellos ist es aber, daß dem Gedeihen der edaphischen Organismen das Vorhandensein von Humus überaus günstig ist. Dies lenkte die Aufmerksamkeit darauf, ob der Humus zu den notwendigen Lebensbedingungen des Edaphons gehört. Die Tatsache, daß nicht reiner Humus, wie er in der alpinen Region, im besonderen als Spaltenhumus sich dem Studium in unübertrefflich reiner Ausbildung darbietet, die reichste Besiedelung aufzuweisen hat, deutet nun nicht gerade in dieser Richtung.

Als Illustration diene hierfür nachstehende Zusammenstellung:

Reiner Humus enthält im Durchschnitt[1]) 60 Organismen im mm³, Moorboden, humusreich, im Durchschnitt 46 Organismen,

Sandsteinboden an humusarmen Stellen, im Durchschnitt 55 Organismen,

Kieselboden (Granit etc.) an humusarmen Stellen, im Durchschnitt 33 Organismen,

Sandboden an humusarmen Stellen, im Durchschnitt 61 Organismen,

Lehmboden (Mergel) an humusarmen Stellen, im Durchschnitt 41 Organismen,

[1]) Von ca. 160 Erdproben.

Kalkboden (Kalkgebirge) an humusarmen Stellen, im Durchschnitt 1,5 Organismen.

In reinem Humus	überwiegen die	Rhizopoden,
In Moorboden	„ „	„
In Sandsteinboden	„ „	Bacillariaceen,
Im Urgebirge	„ „	„
In Sandboden	„ „	„
Im Kalkgebirge	„ „	Rhizopoden.

Um die Frage zur Entscheidung zu bringen, wurde der Untersuchung von Neuland, also vollkommen humusfreier Bodenarten besondere Aufmerksamkeit zugewendet.

Zu den vorhin nach anderer Seite bereits gewürdigten Befunden im reinen, vegetationslosen Sand von Kernhag (Bayern) und der weißen Düne von Helgoland gesellten sich auch Untersuchungen über die erste Verwitterungsrinde am nackten Fels, die jede Möglichkeit von Humusverwertung für die edaphischen Organismen ausschlössen.

Hierüber stellte im Biolog. Institut München Herr Dr. F. Falger unter meiner Leitung besondere Untersuchungen an, über welche bereits eingehend berichtet wurde[1]). Hierbei zeigte sich, daß die Cyanophyceen unter den gefundenen 75 Arten mit 31 Arten am meisten vertreten sind, während die Chlorophyceen (nur einzellige Formen) namentlich auf Kalk eine größere Rolle spielen als die Diatomaceen. Bodenpilze, Rhizopoden und Ciliaten (nur ein hypotriches Infusor) sind ebenso wie die höheren Tiere nur an den Stellen vertreten, die stark besiedelt waren.

Merkwürdigerweise war der Sandstein (Vorarlberger Alpen) weitaus am meisten, weniger der Kalk und kristalline Schiefer (der meist von Chlorophyceen angegriffen wird, während die Cyanophyceen zurücktreten), am wenigsten der Mergel besiedelt, wobei Sandstein pro cm^2 etwa 22000 Cyanophyceen und 2000 Diatomeen als Lithobionten enthielt.

Seit diesen Untersuchungen ist es klar, daß diesen Lithobionten „der Rang als erster Erschließer neuer Wohnstätten des Lebens gebührt, den man bisher allgemein den Flechten zugeteilt hat." (Falger op. cit. p. 7.)

Als Beleg diene folgender Auszug aus meinen eigenen Protokollen:

1. Verwitterungsrinde von Klingstein (Phonolith)-felsen bei Platten in Böhmen. (Gesammelt von R. Träger-Platten.) Juni 1912.

Cladosporium, Trinema acinus, farblose Mycelien, Protococcuszellen (in ganzen Häuten), Hantzschia amphioxys.

2. Graugrüne Verwitterungsrinde an reinem Sandstein. (Affensteine in der Hölle. Sächsische Schweiz. Eibsandsteingebirge.) Juli 1912. (Gesammelt von R. Francé.)

Cladosporium humifaciens, Mesotaenium caldariorum, Protococcus-Zellen, Moosprotonema, Trinema acinus, Gloeocapsa punctata, Assulina seminulum, Navicula borealis, N. affinis, Nematoden, goldgelbe Cysten. 1 mm^3 = 102 Individuen, meist Mesotaenium, Gloeocapsa, viele Nematoden.

3. Reiner Meeressand von Stavoren (Holland), Juli 1912. (Gesammelt von R. Francé.) (Flugsand.) Völlig reine, abgeschliffene Quarzkörner, Feldspatplättchen, Granaten, ohne mikroskopisch erkennbare Humusbestandteilchen und Organismen.

---

[1]) F. Falger, Die erste Besiedelung der Gesteine. (Arbeiten an dem Biolog. Institut München Nr. 3.) (Kleinwelt 1914.)

4. Oberfläche der grauen Düne bei Wilhelmshöhe auf Norderney. Bewachsen mit Calamagrostis, Cakile, Armeria, vereinzelten Moospäckchen. Das Material stammt aus reinem, zusammengebackenem, faserdurchzogenem Sand. (Juli 1912. Gesammelt von R. Francé.)

Cladosporium (relativ viel), Pilzsporen, Oscillatoria tenerrima, Hantzschia amphioxys (lebend), Navicula sp. (lebend), Difflugia globulosa, Trinema acinus, Isocystis infusionum. 1 mm^3 = 100 Individuen, davon 41 lebend, am meisten Navicula, dann Oscillatoria.

5. Schlammiger Sand mit Gräsern, Cakile (?) von Carolinensiel bei Wittmund (Friesland), Außendeich, dicht an der Fahrrinne. (Gesammelt von G. Hibben-Leer.) 30. Juni 1912.

Spongillennadeln, Navicula mutica, Coscinodiscus sp., Cladophora sp., Nitzschia sp., Synedra Ulna, Surirella sp., Pinnularia (Bruchstücke), Rhoicosphenia curvata, Nematoden, oligochaeter Wurm, 1 mm^3 = 157 Individuen, davon 39 lebend.

6. Reiner Sand mit gelben Auswitterungen von Carolinensiel, Außendeich aus 10 cm Tiefe, aus dem Watt. (Gesammelt von G. Hibben-Leer.) 30. Juni 1912.

Farblose Mycelien, Navicula interrupta, Navicula affinis, Gyrosigma sp., Coscinodiscus sp., viele Spongillennadeln, Synedra Ulna, Polystomella sp. Die Gelbfärbung beruht auf Niederschlägen (Eisenoxydhydrat?) auf den Quarzkörnchen und Foraminiferen. 1 mm^3 = 79 Individuen, alles gleich gemischt, nichts lebend.

Summieren wir, so besteht kein Zweifel, daß sowohl bei rupicoler Lebensweise, wie als Neulandbesiedler auch unabhängig von der Humusbildung, zumindestens eine Anzahl Geobionten (im besonderen die Gattungen Navicula, Oscillatoria, Hantzschia, Trinema) zu existieren vermag. Dazu gehört auch Cladosporium humifaciens, das schon nach den Untersuchungen von P. E. Müller[1]) als Humusbildner bekannt ist. Die Literatur bietet auch zwei weitere Stützen für die hier ausgedrückte Ansicht. P. Graebner[2]) hat für die norddeutschen Heiden gezeigt, daß sich auf dem völlig nackten Sand die Algen Sirosiphon ocellatus, Ulothrix radicans, Palmogloea macrococca, Lyngbya vulgaris und Pleurococcus vulgaris (Abb. 7) als erste Humusbildner ansiedeln. Wenngleich ein Teil der genannten Algen zur Kategorie der Überflutungsorganismen gehört und daher an der Humusbildung nicht durch Durcharbeitung des Bodens und chemische Umsetzungen, sondern nur passiv durch Anreicherung des Bodens durch die verwesende Substanz beteiligt ist, so bestätigt doch Graebner hier unsere Überzeugung, daß die Erdorganismen nicht so sehr humicol sind, sondern durch ihre Existenz erst eine Vorbedingung der Humusbildung darstellen.

Gleiches geht aus den Untersuchungen von F. Bachmann[3]) hervor, wenn er schreibt, er habe innerhalb der Glimmerkristalle feuchter Granitwände, also an einem Ort, an dem gewiß kein Humus vorauszusetzen ist, Diatomeen gefunden, die sich anscheinend sogar im Innern der Kristalle, zwischen den Spaltungsplättchen derselben vermehren. „Zuweilen leben Algen aus verschiedenen Abteilungen des Systems dicht beieinander in demselben Kristall; am auffallendsten ist dies bei der Lithoicea chlorotica, einer Wasserflechte. In den von ihr überzogenen Glimmerkristallen treten kugel- und faden-

[1]) P. E. Müller. Studien über die natürlichen Humusformen.
[2]) P. Graebner. Studien über die norddeutsche Heide. (Englers botan. Jahr bücher XX. 1895.)
[3]) Bachmann in Pringsheims Jahrbücher 1910. Bd. 44. (S. 10.)

förmige, verzweigte und einfache freudig- und blaugrüne Algen auf, alle außer Berührung mit den Flechtenhyphen und allesamt anderen Arten und Gattungen angehörig, als die im Thallus befindlichen flechtenbildenden Gonidien."

C. Schroeter, der diese Angabe zitiert,[1]) bemerkt hierzu, daß diese Algen zweifellos zur Verwitterung der Felsen beitragen, wenn auch noch nicht untersucht sei, ob sie in das Gestein aktiv eindringen, was ihm übrigens nicht unwahrscheinlich ist.

Heinze dagegen schreibt die erste Humifikation im Hochgebirge den Azotobakterien zu (vgl. S. 58.)

Wertvolle Fingerzeige hiefür gewährt bereits der Laboratoriumsversuch. Denn wenn Kossowitsch (Botan. Ztg. 1894) in Glassand, den er mit Boden-und Algenaufschwemmungen tränkte, ansehnliche, der Allgemeinentwicklung entsprechende Stickstoffgewinne erhielt und Bouilhac und Giustiniani (Comptes Rendus Paris 1903) auf 2,5 kg Sand mit Anabaena, Nostoc und Bodenbakterien 33 mg Stickstoffzunahme erzielten, auf 2 kg sogar 50 mg, so sind damit die Falger'schen Untersuchungen und Graebner's Behauptungen in ganz neues Licht gerückt.

Hier entsteht also ein neues, für den Geologen und Agronomen gleicherweise wie für den Biologen anziehendes Problem des Einflusses des Edaphons (dessen felsbewohnende Formen richtiger wohl als Lithobien zu bezeichnen wären) auf die Verwitterung. Soweit ich dieser Aufgabe näher getreten bin, befestigte sich in mir die Überzeugung, daß durch die Lithobien wohl im Verein mit der Müntz'schen Mikrobenflora dem Spaltenfrost und den Regenwirkungen in hervorragender Weise vorgearbeitet und nur durch sie den felsbewohnenden Flechten und Moosen, deren Rolle als Vegetationspioniere unbestritten ist, das Keimbett bereitet wird.

Das Edaphon gewinnt durch diese Einsichten eine enorme Bedeutung als Humusbildner und Neulandbesiedler, die sein Studium auch dem Geologen nahelegen.

E. Chemische Bodeneinflüsse auf das Edaphon.

Es war unvermeidlich, diese Frage schon im Zusammenhang mit dem Einfluß des Wassergehaltes und der geographischen Situation auf das Edaphon teilweise zu erörtern, wie denn zugleich, wie bei allen pedologischen Fragen, die petrographische Beschaffenheit des Substrates sich vornehmlich als größere oder geringere Wasserhaltigkeit des Bodens kundgibt.

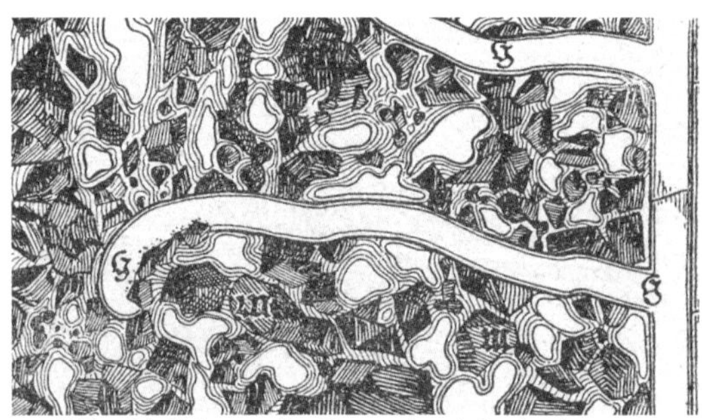

Abb. 24. Schema des Baues des Ackerbodens mit Wurzelhaaren einer Kulturpflanze (*G*).

So bleibt denn auch zu untersuchen, ob die festgestellte reichere Besiedelung der Verwitterungsrinde von kristallinischen Gesteinen gegenüber dem Kalk nicht einfach nur auf deren größerem Wassergehalt beruht.

Eine wissenschaftlich völlig zufriedenstellende Methode müßte jeweils dem biologischen Befund auch eine Feststellung des prozentualen Wassergehaltes beifügen und kann erst aus der

[1]) C. Schröter. Das Pflanzenleben der Alpen. Zürich 1908. S 560.

Vergleichung von chemisch differenten, aber in der Feuchtigkeit identischen Bodenproben ihr definitives Urteil über den Einfluß bodenchemischer Agentien auf das Edaphon abgeben.

Für praktische Zwecke genügt allerdings auch das bisherige Resultat, wenngleich es durchaus wahrscheinlich ist, daß in ihm weniger die chemischen wie die wasserbindenden Eigenschaften der Böden zum Ausdruck kommen, so wie auch bei der Höhenverbreitung sich nicht so sehr die Änderung in der Insolation, die des Luftdrucks und der Temperatur geltend macht, sondern die geringere Humusbildung in großer Höhe und vor allem die kurze Vegetationszeit und geringe Lockerung des Bodens infolge der Kürze der frostfreien Zeit.

Das gleiche gilt auch für die sofort mitzuteilenden Untersuchungen über das Edaphon der Rohhumus- und Mullböden, sowie für jene über den Zusammenhang zwischen Edaphon und Vegetation.

Angesichts der großen praktischen Bedeutung der Unterscheidung von Mullböden und Rohhumusböden (nach der Definition P. E. Müllers) für die Forstwirtschaft, erschien es mir von Wert, besondere Paralleluntersuchungen über das Edaphon beider Humusarten in der Umgebung Münchens anzustellen, mit folgendem Resultat:

Mullboden (Buchenwalderde, milde, neutrale Böden) enthielt:	Rohhumusboden (Fichtenwalderde, saure, humusreiche Böden) enthielt:
Difflugia constricta, sehr häufig	—
Difflugia urceolata häufig	Difflugia urceolata häufig
Difflugia Craterella selten	—
Trinema acinus häufig	—
Euglypha alveolata häufig	—
Euglypha globulosa häufig	—
Geococcus vulgaris häufig	Geococcus vulgaris wenig
Pseudochlamys patella selten	—
	—
Nebela collaris selten	Difflugia globulosa wenig
Navicula sp. häufig	—
Hantzschia amphioxys wenig	—
Nematoden häufig	Nematoden häufig
Cladosporium humifaciens sehr häufig	Cladosporium humifaciens sehr häufig
Kennzeichnend große Formen Im Durchschnitt 93 Individuen pro mm^3 (Maximum 155 Individuen).	Kennzeichnend mittlere u. kleinere Formen Im Durchschnitt 6 Individuen pro mm^3 (Maximum 11 Individuen).

Mullboden ist also um ein Vielfaches organismenreicher als Rohhumusboden[1]) und kennzeichnet sich durch Difflugienreichtum und relativ große Formen. Als das Ideal kann etwa Urwaldhumus gelten, wie ich ihn z. B. aus dem vorderen Karwendelgebirge in Ober-Bayern, aus dem Dürrachtal zu untersuchen Gelegenheit hatte. Das betreffende Untersuchungsprotokoll lautet:

[1]) In meiner vorläufigen Mitteilung stand aus Versehen „27 mal reicher"; es hätte richtig „15 mal reicher" heißen müssen.

1. Dürrachtal auf dem Weg von Fall nach Forsthaus Agilla (Vorderkarwendel), in ca. 900 m Höhe. Waldlichtung in einem urwaldähnlichen Bestand. Oberfläche Humus. Tiefere Lagen vermorschte Baumstämme. 20. August 1910,

Trinema acinus (sehr groß), Cladosporium (viel), Euglypha globulosa, Geococcus vulgaris, Gelbe Cysten, Nebela collaris (groß).

Ein anderer ähnlicher Fundort ergab:

2. Sonnenspitze bei Kochel (Ober-Bayern), ca. 900 m Höhe. Kaffeebrauner milder Waldhumus. Ca. 1 1/2 dm tief. 12. Mai 1911.

Enorme Mengen von Cladosporium, das in ganzen Filzen den Erdboden durchzog: Difflugia urceolaris, Difflugia globulosa (sehr groß), Difflugia Craterella. Wahre Reinkultur von Difflugien. 1 mm^3 = 155 Individuen.

Dieses Ergebnis und auch andere Erwägungen legten den Gedanken an einen bestimmten Zusammenhang zwischen Cladosporium und dem übrigen Edaphon nahe. Infolgedessen stellte ich besonders darauf gerichtete Untersuchungen an mit folgendem Resultat:

Es sind vorhanden im Boden bei Anwesenheit von

Viel Cladosporium	Wenig Cladosporium	Kein Cladosporium
Difflugia	Difflugia	—
Trinema	Trinema	—
Geococcus	Geococcus	Geococcus
Pseudochlamys	—	—
Nebela	—	—
Navicula	Navicula	Navicula
Pinnularia	Pinnularia	—
—	Hantzschia	—
—	Fragilaria	—
—	Nitzschia	—
—	Difflugiella	—
—	Euglypha	—
—	Amoeba	—
—	Pleurococcus	—
—	Cylindrospermum	—
—	Mesotaenium	—
—	Rotifer	—
Nematoden	Nematoden	—

Bei viel Cladosporium betrug die durchschnittliche Zahl der edaphischen Organismen pro mm^3 52; bei wenig Cladosporium 26 und bei Mangel an Cladosporium 12. Viel Cladosporium ist mit reicher Rhizopodenfauna verbunden; wenig Cladosporium geht mit Kieselalgenreichtum parallel und Mangel an Cladosporium schließt weder Kieselalgen noch Rhizopoden aus.

Soweit sich hieraus etwas Bestimmtes ablesen läßt, scheint dem Cladosporium- und Rhizopodenreichtum eine gemeinsame Ursache (nämlich Humusreichtum) zugrunde zu liegen, die gerade das übermäßige Vermehren der Bacillariaceen nicht begünstigt. Da aber bei massenhaftem Cladosporiumvorkommen sowohl eine sehr reiche Difflugienfauna (155 Difflugien in mm^3), reiche Trinemenfauna (42 Trinemen im mm^3), wie aber auch große Armut (5 Rhizopoden im mm^3) gefunden wurde, glaube ich nicht irre zu gehen mit der Annahme, daß

Cladosporium weder ein Pionier der edaphischen Besiedelung, noch deren Schlußstein, überhaupt nicht von bestimmendem Einfluß auf die übrigen Geobionten ist.

Ein weiteres, gerade für die Praxis hervorragend wichtiges Problem lag in den Zusammenhängen zwischen Edaphon und bodenamphibischen Vegetationen. Daß ich diese Frage in dem Kapitel der bodenchemischen Einflüsse behandle, ist insofern Willkür, als sie ebensogut auch in das Kapitel von der Bodenfeuchtigkeit gehört. Zweifelsohne ist eine Vegetationsdecke für das Edaphon von großer Wichtigkeit einfach schon deshalb, weil sie das Austrocknen des Bodens verzögert oder unter Umständen überhaupt verhütet, und wenn je nach Art der bodenamphibischen Besiedelung sich qualitative und quantitative Unterschiede im Edaphon ergeben, so wird bei ihrer Beurteilung in erster Linie die Regulation der Bodenfeuchtigkeit in Betracht zu ziehen sein, im Zusammenhang mit dem Wasserbedarf der edaphischen Organismen, von denen ja die Rhizopoden wasserbedürftiger zu sein scheinen als die Bacillariaceen. Hierauf beruht auch der besondere Reichtum und die spezifische Ausprägung der „Moosfauna".

Andererseits ist es klar, daß eine innige Durchsetzung des Bodens mit Wurzeln (und unterirdischen Stengelteilen), die, wie die Pflanzenphysiologie längst weiß, im Leben Säuren und durch die Atmung Kohlensäure abscheiden, dagegen der Bodenluft Oxygen entziehen, die ferner mit stickstoffverwertenden Mykorrhizen oder stickstoffsammelnden Bakterien (Leguminosen!) in intimster Verbindung sind, nach dem Tode aber dem Boden eine kolossale Bereicherung mit nitrogenhaltiger Substanz bringen, auf das Edaphon in mannigfacher, vornehmlich chemischer Weise einwirken muß.

Von vornherein war anzunehmen, daß die bodenamphibische Vegetation in nicht geringerem Grade wie die Durchsetzung des Bodens mit Tierleichen (Myriopoden, Insekten, Regenwürmer usw.) dem Edaphon eine der wichtigsten Vorbedingungen seines Daseins, nämlich die Nahrungsquelle (seines Stickstoffbedarfes) darstellt; die Aufmerksamkeit mußte sich aber auch darauf erstrecken, ob nicht wieder das Edaphon zu den Vorbedingungen der Vegetation und des höheren tierischen Bodenlebens gehört.

Für eine Gruppe von Organismen scheinen diese kaum durchschaubaren Wechselbeziehungen nicht allzu schwer feststellbar. Das sind die Moose, die bei allgemeiner Verbreitung auf allen Sorten von Böden, vom sonst vegetationsleeren Fels bis zu Wald und Hochmoor, längst als wichtigste Speicherer der Niederschläge und Regulatoren des Bodenwasserhaushaltes erkannt sind.

Hier ist auch wieder einer der wenigen Punkte gegeben, an denen der Edaphologie von der Wissenschaft bereits vorgearbeitet ist. Denn seitdem Ehrenberg eine mikroskopische Moosfauna in weiter Verbreitung nachwies, ist das Interesse für diese nicht mehr erloschen und hat gerade in neuester Zeit, wie die Arbeiten von Leidy, Richters, Heinis und anderen zeigen, sogar einen gewissen Aufschwung genommen. Die Entdeckung reichster Rhizopodenfaunen im Sphagnetum, das Vorhandensein von Tardigraden, Nematoden und Rotatorien in den Moospolstern auf Dächern, Mauern, in Wäldern und in der sonst vegetationslosen Arktis, haben eine reiche Literatur über muscicole Organismen gezeitigt. Einzelne Forscher, wie R. Greeff[1]) und F. Heinis sind gerade im Verfolg solcher Arbeiten in den Boden selbst eingedrungen, aber ihre Untersuchungen blieben vereinzelt und der naheliegende Gedanke,

---

[1]) R. Greeff, Über einige in der Erde lebende Amoeben und andere Rhizopoden. (Archiv f. Wiss. Anat.)

daß die Moosbewohner kein „Kuriosum", sondern nur Vorposten einer reichen und allgemein verbreiteten Bodenbesiedelung, etwa das seien, was das Necton im Vergleich zum Plankton darstellt, ist bis zur Entdeckung des Edaphons ungedacht geblieben.

In Wirklichkeit gehört die Moosfauna- und muscicole Flora auch dem Edaphon an, stellt aber in dieser Lebensgemeinschaft tatsächlich eine ganz bestimmte Untergruppe, eine in sich geschlossene Lebensgemeinschaft dar, wie aus den sofort beizubringenden Detailangaben hervorgehen wird.

In Münchens Umgebung setzt sich die muscicole Organismenwelt vornehmlich aus folgenden Formen zusammen:

Cladosporium humifaciens
Difflugia urceolata
„ **constricta**
„ **globulosa**

5. „ arcula
Amoeba verrucosa
Heleopera petricola
„ **picta**
Euglypha alveolata

10. **Trinema acinus**
„ **terricola**
Geococcus vulgaris
Assulina seminulum
„ minor

15. **Nebela collaris**
„ **flabellulum**
Pseudochlamys patella
Corythion sp.
Parmulina obtecta

20. Pamphagus hyalinus
Hyalosphenia cuneata
„ tincta
Placocysta spinosa
Navicula affinis

25. „ **borealis**
Hantzschia amphioxys
Pinnularia sp. (viridis)
Surirella birostrata
Achnanthes sp.

30. **Mesotaenium Endlicherianum**
„ caldarorium
Gloeococcus sp.
Pleurococcus vulgaris
Isocystis infusionum

35. **Oscillatoria tenuis**
Rotifer vulgaris
Philodina erythrophthalma
„ aculeata
Callidina Ehrenbergii

40. **Dorylaimus maximus** [1]
Bunonema reticulatum Richters
Canthocamptus cuspidatus Schmeil
Macrobiotus Hufelandii
Milnseium tardigradum.

Wie ersichtlich, mischt sich ein guter Teil der typisch-edaphischen Formen, (die in der Liste fettgedruckt sind), unter die Moosbewohner, wie ja auch von vornherein bei dem vollständigen Ineinanderübergehen von Erdboden und Moosrasen zu erwarten war. Ich habe bisher nur wenige Bodenproben gesehen, denen nicht Moosrhizoiden beigemengt waren (oft sogar in noch ansehnlicher Tiefe von 1 – 1 1/2 dm), und Moosprotonemen, sowie leere Brutknospenhüllen gehören zum täglichen Anblick des Edaphologen.

Der enorme Reichtum des Moosrasens an Organismen (die Befunde ergaben auch 226 Individuen im mm^3) ist leicht verständlich angesichts der ansehnlichen Speicherung der Niederschlage in ihnen; er variiert je nach Gattung der Moose, ist in einem Barbulapolster auf trockenem Schindeldach oder in

[1]) In Moosrasen an dem sehr feuchten Dach der Stadtmauer zu Dinkelsbühl fanden sich (13. VII. 1919) so massenhaft Dorylaimus, daß die Rasen einer wahren Reinkultur der Fadenwürmer glichen.

einem Hylocomniumrasen im Fichtenwald geringer, erreicht sein Maximum in den dichten schwammigen Polytrichumbeständen feuchter Waldesgründe und namentlich in den Sphagnumpolstern, wie sie sich vielfach eingestreut in den Wäldern, bestandbildend aber z. B. in meinem Arbeitsgebiet in den zahlreichen „Filzen" der bayerischen Hochebene finden.

Den Zusammenhang zwischen reinem Edaphon und muscicoler Organismenwelt möge folgendes Beispiel illustrieren, das meinem Untersuchungstagebuch aus dem Jahre 1913 entnommen ist:

Im Mischwald bei Glonn (Ober-Bayern) enthielt eine unter den Moosrasen am 27. Februar 1913 dem mergeligen Untergrund (des Moränenhügellandes) entnommene Erdprobe zahllose Quarzkörnchen (aus der Sandschicht stammend), wenig Cladosporium, Oscillatoria tenuis, Euglypha alveolata, Hantzschia amphioxys (lebend!), Heleopera picta (mit Cyste), Trinema acinus, Geococcus vulgaris, 1 mm^3 = 56 Individuen, namentlich Euglypha (19 Individuen) und Trinema (18 Individuen).

Der tiefschwarze Humus dieses Waldbodens enthielt in 1 1/2 dm Tiefe sehr viel Cladosporium, sehr große Difflugia globulosa (mit Cysten), Eier, 1 mm^3 = 210 Individuen, am meisten Hantzschia (102 Individuen), Trinema (41 Zellen), Euglypha (30 Zellen), Difflugia (29 Zellen). In der unmittelbar den Moosstämmchen anhaftenden Erde fanden sich: massenhaft Cladosporium, Pamphagus hyalinus (lebend), Oscillatoria tenuis, Hantzschia amphioxys (lebend), Assulina seminulum, Pleurococcus vulgaris, Difflugia constricta, Trinema acinus, Geococcus (?), Nebela collaris, Difflugia urceolata, Amoeba verrucosa, Difflugia globulosa, Heleopera picta, Hyalosphenia tincta, farblose Cysten (6), Pilzsporen; am meisten Hantzschia (118 Zellen), Trinema (53 Zellen), Difflugia (25 Zellen), 1 mm^3 = 226 Individuen, davon 42 lebend. Nach vorausgegangenem Föhn herrschte voller Bodenfrühling.

Gelegentlich einer mit großer Sorgfalt durchgeführten Analyse von Gebirgsmoosrasen in Schlesien an der deutsch-österreichischen Grenze wurde mir der grundlegende Unterschied zwischen Edaphon und Moosorganismen so klar, daß ich wenigstens auf einige der Hauptunterschiede durch Anführung der besonders spezifischen Moosbewohner hier hinweisen will.

Spezifische Formen der (außergewöhnlich reichen und interessanten) Moosfauna im Schlesischen Altvatergebirge sind:

Pelomyxa villosa (Abb. 25) (Mähr. Altstadt, Koppenstein 5.VII.1896), Ditrema flavum (Glatzer Schneeberg, Seefelder 24.VII.1896), Quadrula symmetrica (massenhaft unter Jungermannien, Heinrichstal 7.VII.1896), Nebela Bursella (Freiwaldau, Goldkoppe 30.III.1896), Arcella mitrata (Freiwaldau, Hausdach 21.II.1896), Trinema verrucosa (Glatzer Schneeberg, Grenzsteig 24. VII.1896), Platoum sp. (Alt-Mohrau 21. VII. 1896), Sphenoderia lenta (Freiwaldau, Stadtwald 18.II.1896), Trinema n. sp., (mit Flügeln wie Hantzschia (Abb. 10) vgl. S. 25 in 1300 m Höhe auf dem Köpernick 29.VIII.1896), dazu Dactylothece Braunii (unter Moosen im Freiwaldauer Stadtwald 28.III.1896).

Die ausführliche Mitteilung dieser Analysen erfolgte auch aus dem Grunde, um den vielleicht nicht ganz überflüssigen Beweis zu erbringen, daß die Mooslebewelt einen Spezialfall des edaphischen Lebens darstellt und das Edaphon auch außerhalb der Moosregion üppig gedeiht. Es ist auch nicht bloß ein in die Tiefe gewanderter Abkömmling der Mooslebewelt; dies beweisen die anderen Arten der obigen Liste, ferner im bisherigen mitgeteilten zahlreichen Befunde aus absolut moosfreien Erdproben, nicht weniger auch das Vorhandensein edaphischer Organismen in der Verwitterungsrinde von Felsen, die sogar für Moosbesiedelung noch zu wenig Humus aufweisen.

Es dürfte sich also vielmehr umgekehrt verhalten und die Moosorganismenwelt aus dem Edaphon stammen. Sie ist unter den ihr besonders zusagenden Verhältnissen zu üppiger Entwicklung gelangt und hat sich als be-

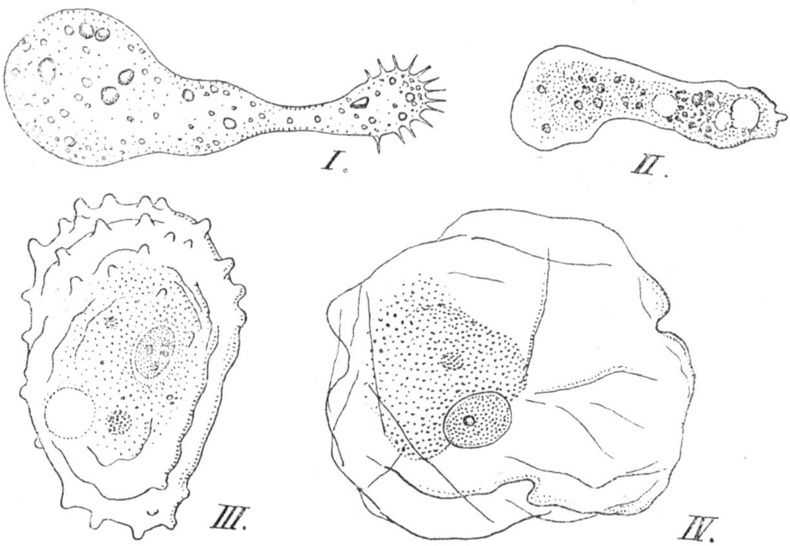

Abb. 25. Moos- und Erdamöben.
I = Pelomyxa villosa. *II* = Amoeba limax-Typ. *III* = A. verrucosa-Typ. *IV* = A. terricola -Typ. (Original.)

sondere Lebensgemeinschaft insofern ausgebildet, als in ihr die Rhizopoden an Artenzahl stets überwiegen, außerdem Rotatorien, Crustaceen und Tardigraden zu einer Entwicklung gelangt sind, die dem Geobiontenverein sonst völlig fremd ist. Wenngleich Rotatorien allerdings nur aus der Gruppe der Bdelloidea relativ häufig im Edaphon sind, freilich nie recht in die Tiefe gehen, habe ich Tardigraden fast niemals in den eigentlichen edaphischen Schichten[1]), sondern stets nur in der Überflutungszone und unter Moosen gesehen. Der seit Leeuwenhoek's Zeiten „klassische“ Fundort, nämlich die Regenrinne, ist auch noch jetzt der beste Fundort dieser Organismen.

In Summa scheint mir die muscicole Organismenwelt mit den Moosen nur durch das Band der dauernden und ausgiebigen Bewässerung der Moosrasen verknüpft zu sein.

Bezüglich der übrigen bodenamphibischen Vegetationen ließ sich folgendes ermitteln:

Im allgemeinen, wenigstens für die Praxis, kommen drei solche Bodenbesiedelungsformen in Betracht: die künstliche Bepflanzung (zugleich Bearbeitung und Düngung) des Bodens im Ackerfeld (Garten), die natürliche Vegetationsform der Wiese (Almboden), (Weide), sowie die des Waldes. Auf diese be-

---

[1]) Ausnahme: Wiesen bei Kufstein (Tirol) im Januar 1911.

schränkten sich vorläufig auch meine Untersuchungen und es muß Aufgabe späterer Forschungen sein, auch noch die anderen natürlichen Vegetationstypen (steppe, Heide, Tundra, Geröllfluren, Macchia usw.) edaphologisch zu prüfen.

Dem Waldboden des Edaphons, der Wiese und des Ackerbodens gehören folgende Formen an:

Rhizopoda

Wald:	Wiese:	Acker:
Difflugia constricta	Difflugia constricta	—
„ globulosa	„ globulosa	Difflugia globulosa
—	„ pyriformis	„ pyriformis
„ urceolata	„ urceolata	„ urceolata
„ Craterella	„ Craterella	—
5. Trinema acinus	5. Trinema acinus	Trinema acinus
„ complanatum	„ complanatum	—
Euglypha alveolata	Euglypha alveolata	5. Euglypha alveolata
„ globulosa	—	—
Arcella vulgaris	—	—
10. Amoeba limax	Amoeba limax	Amoeba sp.
—	„ proteus	—
„ verrucosa	—	—
„ terricola	—	Amoeba terricola
—	10. Amoeba guttula	—
Pseudochlamys patella	Pseudochlamys	Pseudochlamys patella
Geococcus vulgaris	Geococcus vulgaris	8. Geococcus vulgaris
15. Assulina seminulum	—	—
16. Pseudodifflugia gracilis	—	—
—	Phryganella	—
—	Nebela collaris	—
—	15. Difflugiella	—
—	—	10. Heleopera petricola

Bacillariaceae:

Wald:	Wiese:	Acker:
Pinnularia (viridis)	Pinnularia viridis	Pinnularia mesolepta
—	„ sp.*	—
Hantzschia amphioxys	Hantzschia amphioxys	Hantzschia amphioxys
Navicula mutica	—	Navicula mutica
—	Stauroneis Smithii	—
5. Navicula borealis	Navicula borealis	4. Navicula borealis
„ sima	„ sima	—
„ affinis	„ affinis	„ affinis
„ atomus	„ atomus	„ atomus
Nitzschia sigmoidea	Nitzschia sigmoidea	Nitzschia sp.*
—	10. „ microcephala	„ microcephala
—	„ communis	„ communis
10. Surirella sp.	Surirella sp.	10. Surirella sp.
„ birostrata	—	—
—	Navicula sp.*	Navicula sp.*

Wald:	Wiese:	Acker:
—	Fragilaria sp.*	—
—	15. Gomphonema sp.*	—
—	Achnanthes	—
Stauroneis sp.	Eunotia sp.*	Stauroneis sp.
	Schizophyceae:	
—	Stichococcus	Stichococcus
Oscillatoria sp.*	Oscillatoria tenuis	Oscillatoria tenuis
—	3. Isocystis infusionum	Isocystis infusionum
Cylindrospermum sp.*	—	—
3. Nostoc humifusum	—	—
—	—	Lyngbya vulgaris
—	—	5. Chroococcus sp.*
	Chlorophyceae:	
Mesotaenium Endlicherianum	Mesotaenium Endlicherianum	—
2. Pleurococcus	2. Pleurococcus	1. Pleurococcus
—	3. Grüne Gameten	—
Cladosporium humifaciens	Cladosporium	Cladosporium
	Rotatoria:	
—	—	Rotifer vulgaris
—	Philodina erythrophthalma	—
Nematoden	Nematoden	Nematoden
—	Macrobiotus sp.	—
—	Enchytraeus	—

Wie sich aus der Verteilung dieser edaphischen Lebensformen auf den ersten Blick zeigt, besitzt der Waldboden die größte, der Ackerboden die geringste Mannigfaltigkeit an Rhizopoden; dagegen steht der Wald an Artenzahl der Bacillariaceen hinter dem Wiesenboden zurück. Die quantitativen Feststellungen bestätigen diesen Eindruck, nur mit dem Unterschied, daß *die Kieselalgenflora des Ackerbodens relativ reichhaltiger als die des Waldbodens ist*, wenngleich sie mehr monoton, hauptsächlich aus den Gattungen (und Untergattungen: Stauroneis, Pinnularia) Navicula und Hantzschia zusammengesetzt erscheint. Der *Wiesenboden nimmt in bezug auf Rhizopoden- und Kieselalgenreichtum eine vermittelnde Stellung ein*. Tabellarisch zusammengefaßt, präsentiert sich das so:

Im Winter	meist Kieselalgen	(einmal meist	Rhizopoden).
Zur Schneeschmelze	„ „	(„ „	Trinema).
Frühlingsmaximum	„ „	(„ „	Difflugia).
Herbstmaximum	„ „	(„ „	Difflugia).

Im Winter verhalten sich die Kieselalgen zu den anderen Organismen wie . . . . 6 : 2,
Zur Schneeschmelze verhalten sie sich wie . . . . 7 : 1,
Im Frühlingsmaximum „ „ „ „ . . . . 6 : 2,
Im Herbstmaximum „ 22 „ „ „ . . . . 6 : 2.

*) Es gelang nicht, diese vermutlich noch unbeschriebenen Arten mit einer der bekannten zu identifizieren.

Im Ackerboden überwiegen das ganze Jahr über oft nahezu als Alleinherrscher die Kieselalgen.

Im Waldboden dominieren das ganze Jahr über Rhizopoden, Cladosporium und Nematoden.

Um nun zu entscheiden, ob dies allein von dem im Waldboden stets vorhandenen größeren Wassergehalt abhängt, wurden Waldböden verschiedener Standorte, vom extrem trockenen (Föhrenwälder im Sandboden Frankens) bis zum extrem feuchten (sumpfige Auwälder an der Isar) in den Kreis der Untersuchungen gezogen.

Das Ergebnis war:

Extrem feuchter Boden (Humusarmer Auwald)	Extrem feuchter Boden (Humusreicher Urwald)	Trockener Boden	Extrem trockener Boden
—	Nebela	—	—
—	Pseudochlamys	—	—
Amoeba	—	—	—
—	Difflugia	Difflugia	Difflugia
Trinema	Trinema	Trinema	Trinema
—	Euglypha	Euglypha	Euglypha
Geococcus	Geococcus	Geococcus	—
Hantzschia	Arcella	Hantzschia	—
Navicula	—	Navicula	Navicula (wenig)
Pleurococcus	—	—	Pinnularia (wenig)
—	Nematoden	Nematoden	Nematoden
Cladosporium (wenig)	Cladosporium (viel)	Cladosporium —	Cladosporium (wenig)
1 mm^3 = 22 Indiv. durchschnittlich	1 mm^3 = 84 Indiv. durchschnittlich	1 mm^3 = 39 Indiv. durchschnittlich	1 mm^3 = 37 Indiv. durchschnittlich[1])

Wenn man hieraus einen Schluß wagen will, wird man zu der Annahme gedrängt, daß der Rhizopodenreichtum des Waldbodens nicht allein von dessen größerem Wassergehalt abhängt, sondern viel mehr von dem durch die ökologische Situation des Waldes bedingten größeren Humusgehalt. Er hat also eine durch die bodenamphibische Vegetation bedingte chemische Ursache.

Um zu versuchen, ob die von der jeweils dominierenden Pflanzenart bezw. die von dem dominierenden Bestand abhängige Humuszusammensetzung qualitative und quantitative Änderungen des Edaphons nach sich zieht, wurde in genauen Aufnahmen der Zusammenhang zwischen Vegetation und Edaphon registriert. Dadurch wurde folgendes Bild gewonnen:

[1]) Auf Kalkboden 6 durchschnittlich, auf den fränkischen Sanden 67 durchschnittlich.

Eichenwald (Quercus sessiliflora) lockerer Bestand	**Buchenwald** Sonniger Standort	**Fichtenwald** (Tannenwald) Abies excelsa u. A. pectinata	**Föhrenwald** Pinus silvestris	**Auwald** (Populus, Ulmus, Salix, Alnus)	**(Mischwald)** (Urwald), Abies, Fagus, Ulmus etc.	**Latschen** Pinus pumilio
Trinema acinus	Trinema acinus	Trinema acinus	Trinema acinus	Trinema acinus	Trinema acinus	Trinema acinus
Difflugia constricta	Difflugia constricta	—	Difflugia constricta	—	Difflugia constricta	Difflugia constricta
„ urceolata	„ urceolata	Difflugia urceolata	„ urceolata	—	„ urceolata	„ urceolata
—	—	„ globulosa	—	—	„ globulosa	„ globulosa
—	—	—	—	Amoeba terricola	—	Geococcus
—	Geococcus vulgaris	Geococcus	—	Geococcus	Geococcus	—
—	Euglypha globul.	—	—	—	Euglypha globul.	—
—	—	Euglypha alveol.	Euglypha alveol.	—	„ alveol.	Euglypha alveol.
—	—	—	—	—	—	Hyalosphenia elegans
—	—	—	—	—	Arcella vulgaris	—
—	—	—	—	—	Pseudochlamys	—
—	—	—	—	—	Nebela collaris	—
Navicula sp.	Navicula sp.	Navicula sp.	Navicula sp.	Navicula sp.	—	—
Hantzschia amphioxys	—	—	—	Hantzschia amphioxys	—	—
—	—	—	Pinnularia sp.	—	—	—
Cladosporium	Cladosporium	Cladosporium	Cladosporium	Cladosporium	Cladosporium	Cladosporium
Nematoden	Nematoden	Nematoden	Nematoden	—	Nematoden	Nematoden
—	—	—	—	Pleurococcus	—	—
1 mm^3 = 108 Indiv. durchschnittlich	1 mm^3 = 108 Indiv. durchschnittlich	1 mm^3 = 16 Indiv. durchschnittlich	1 mm^3 = 67 Indiv. durchschnittlich	1 mm^3 = 22 Indiv. durchschnittlich	1 mm^3 = 84 Indiv. durchschnittlich	1 mm^3 = 46 Indiv. durchschnittlich

Zu bemerken ist jedoch, daß diese Angaben nur orientierenden Wert haben können, da noch Sonderuntersuchungen je nach den geologischen Verhältnissen und der jeweiligen orographischen Situation nötig sind. Die Lokalverhältnisse haben großen Einfluß, sonst könnte Urwald(Mischwald)boden nicht 155 und 42 Individuen enthalten, oder Buchenhumus (108 durchschnittlich) in einem, eben wegen der offenkundigen Sonderverhältnisse in der Tabelle nicht berücksichtigten Fall nur 5 Organismen im mm^3.

Immerhin sah man auch aus den Untersuchungen, daß Difflugia die häufigste, Trinema die verbreitetste edaphische Gattung im Waldboden ist; dann folgen in absteigender Reihe Geococcus, Navicula und Euglypha (vgl. Abb. 26).

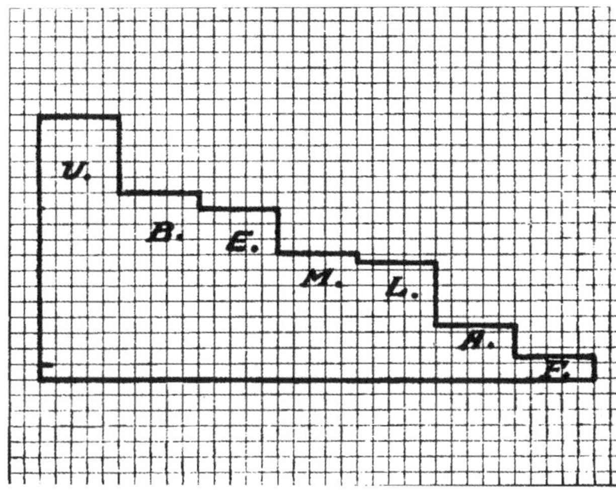

Abb. 26. Vergleich der Edaphonquantitäten im Urwaldboden. *U* = Urwald. *B* = Buchen. *E* = Eichen. *M* = Misch. *L* = Legföhren. *A* = Au. *F* = Föhrenwald.

Im Auwald scheinen Sonderverhältnisse zu herrschen. Sein edaphischer Typus erinnert schon durch die vielen Hantzschien an den Wiesenboden. Auffällig war das besonders reichliche Vorkommen von Geococcus.

Im Eichenwald herrschte Difflugia und Trinema, im Buchenhumus Trinema. Es waren aber auch Euglyphen und Navicula reicher vertreten.

Im Föhrenwald herrschen unbedingt die Difflugien, im Rohhumusboden des Fichten-(Tannen-)waldes bei großer Armut sind die Rhizopoden ziemlich gleichmäßig verbreitet.

Im Misch(Ur)wald sind alle Formen größer als im „Forst", meist neben außerordentlicher Cladosporiumentwicklung. Difflugia herrscht, daneben Trinema und Geococcus. Manchmal findet man wahre Reinkulturen von Difflugia.

Im Legföhrenbestand (in 1550 – 1600 m Höhe) herrschen Wurzelfüßler, namentlich Difflugien. Die biologischen Verhältnisse erinnern an Urwaldboden. Je nach Lage (kalter Boden unter Lawinenresten) wechselt das Edaphon außerordentlich.

Über die quantitative Verteilung des Edaphons in den verschiedenen Waldböden orientiert die beistehende graphische Skizze.

Je nach den Jahreszeiten verhalten sich die Rhizopoden zu den anderen Organismen: im Winter wie .... 5 : 3,
zur Zeit der Schneeschmelze wie ....6 : 2,
zur Zeit des Frühlingsmaximums wie .... 7 : 1,
zur Zeit des Herbstmaximums wie .... 2 : 6.

Im Herbst überwiegen die Nematoden, im Vorfrühling (Schneeschmelze) verhält sich Geococcus zu den anderen Rhizopoden wie 5:3.

Im allgemeinen darf also wohl gesagt werden, daß d u r c h   i h r e n   E i n f l u ß   a u f   d i e   H u m u s b i l d u n g   d i e   A r t   d e r   b o d e n a m p h i b i s c h e n   V e g e t a t i o n   i m   W a l d e   Z u s a m m e n s e t z u n g   u n d   M e n g e   d e s   E d a p h o n s zu beeinflussen scheint, daß aber unverkennbar sich die edaphische Besiedelung auch mit den Faktoren steigert, die den Boden für Hygrophyten geeignet machen.

Über den Zusammenhang zwischen Edaphon und anderen pflanzengeographischen Formationen habe ich nur gelegentliche Angaben gesammelt.

Diese deuten jedoch auf ganz interessante Zusammenhänge. So, wenn eine Untersuchung von Bodenproben aus der Lüneburger Heide unter Callunabeständen folgendes Protokoll hinterließ: Heideerde von Uelzen in Hannover. Sehr sandig. März 1911. (Gesammelt von R. Moser-Uelzen.)

Navicula borealis, Enchytraeus sp., Cyclotella sp. (in Massen), Cladosporium (wenig), Geococcus vulgaris, Heleopera petricola, 1 mm^3 = 121 Individuen, davon 9 lebend. Erinnert an Kieselgur.

Ganz besondere Verhältnisse bestehen im Ackerboden, sowie anderen künstlich veränderten Böden (Ruderalflora, Lägerflora, Gartenerde, Blumentopferde) und dies vereinigt sowohl das, was über den Einfluß der Kultur, wie den der Düngung auf das Edaphon ermittelt wurde.

Von vornherein war anzunehmen, daß ein dermaßen unter Spezialverhältnisse versetzter Boden, wie es der Ackerboden ist, trotzdem ein Getreidefeld, ökologisch betrachtet, nur eine selektionierte Wiese darstellt, auch bodenbiologisch eine Sonderstellung (die ihm in der bisherigen Darstellung auch eingeräumt wurde), einnehmen wird. Denn sowohl auf die mechanische Zubereitung des Bodens, wie namentlich auf die Düngung und Überdüngung müssen die Geobionten reagieren. Wenn aber erwartet wurde, daß der Ackerboden um ein Vielfaches in seiner edaphischen Besiedelung den Naturboden übertrifft, so ergab sich insofern zwar eine Enttäuschung, als auch der beste Ackerboden nicht reicher besiedelt erschien als Mischwalderde. Immerhin übertrifft er im Durchschnitt sein natürliches Gegenstück, den Wiesenboden, wenn auch nicht an Mannigfaltigkeit der Formen, so doch an Zahl der edaphischen Organismen. Das erscheint verständlich, wenn man bedenkt, daß Äcker stets nur eine, im ganzen Großen wenig variierte ökologische Situation darbieten, während die Wiese schon in bezug auf Wassergehalt (saure Wiese, feuchte Wiesen, Weiden, Triften, Almboden) weit größeren Spielraum für die Ansiedelung von Geobionten zuläßt, während dagegen andererseits den im Ackerboden vorhandenen Organismen durch die regelmäßige Bodenbearbeitung und Düngung reiche Vermehrung gewährleistet wird. Daß diese zwei Faktoren großen Einfluß haben, sieht man daraus, daß gute Gartenerde, namentlich aber die am besten durchgearbeitete, meist auch überdüngte und überbewässerte Erde der Blumentöpfe noch reicheres Edaphon in sich birgt, die in den Blumentöpfen geradezu den Reichtum einer Infusion erreichen kann.

Als Belege sei mir gestattet, folgende Beispiele anzuführen:

1. Humuserde im neuen Botanischen Garten zu München-Nymphenburg (16. Februar 1913) enthielt enorm viel Cladosporium, Oscillatoria tenuis, Difflugia urceolata, D. globulosa, Nebela collaris, Trinema acinus, Tr. terricola, Hyalosphenia papilio, Corycia sp., Assulina seminulum. 1 mm^3 = 61 Individuen. Meist Trinema, Nebela, Oscillatoria, Difflugia.

Diese Erde trug also ausgesprochenen Walderdecharakter.

2. Erde aus dem Ranunculaceenbeet im alten Botanischen Garten zu München (12. März 1911) Amoeba guttula, sehr wenig Cladosporium, Stauroneïs Smithii, Hantzschia amphioxys, Navicula atomus, Fragilaria Harrisonii, Fragilaria construens, var. pusilla. (?), Navicula borealis, Geococcus vulgaris, Isocystis infusionum. Durchsichtige Cysten. Meist Kieselalgen, 1 mm^3 = 75 Individuen, davon 21 lebend.

Ausgesprochenes Ackerbodenedaphon, nur reicher.

3. Blumentopferde (mit Gras besetzt) im Biologischen Institut München (31. Dezember 1910). Die Erde stammt ursprünglich aus dem Garten des Institutes, war zirka 1/2 Jahr in gärtnerischer Kultur im Glashaus mit Poudrette.

Amoeba proteus, A. limax, Ciliates Infusorium (unbeschriebene Form), Rotifer vulgaris (strudelnd), Difflugia urceolaris, D. constricta, Petalomonas mediocanellata, Navicula mutica, Hantzschia amphioxys, Cladosporium, Nematoden. Besonders viele Difflugien, Kieselalgen und Amoeben. 1 mm³ = 105 Individuen, davon 57 lebend.

Da dieser Befund den Verdacht weckte, ob nicht Wasser aus den Aquarien des Institutes die Erde verunreinigte, gebe ich hier die Liste sämtlicher aus anderen Blumentöpfen von mir notierten Geobionten:

Nitzschia (palaea?)
Navicula affinis
Navicula atomus
Navicula borealis
5. Navicula mutica
Stauroneïs sp.
Hantzschia amphioxys
Surirella sp.
Synedra (Ulna, Bruchstück?)
10. Nitzschia (sigmoideaähnlich)
Nitzschia microcephala
Nitzschia communis
Stauroneïs sp.
Nitzschia acicularis
15. Pleurococcus vulgaris
Oscillatoria sp.
Amoeba limax
Amoeba verrucosa
Amoeba proteus
20. Amoeba terricola
Geococcus vulgaris
Trinema acinus
Difflugia urceolaris
Difflugia globulosa
25. Euglypha alveolata
Pseudodifflugia gracilis
Ciliate Infusorien
Cladosporium humifaciens
Nematoden
30. Philodina erythrophthalma

Da sich auch unter Umständen bis über 300 Individuen im mm³ fanden, kann die Erde der Blumentöpfe direkt als eine der besten Materialquellen zur Demonstration des Edaphons bezeichnet werden. Zum Studium der Formen und ihrer ökologischen Verhältnisse eignet sie sich allerdings ebensowenig wie Gartenerde überhaupt, die stets eine künstliche Mischung verschiedener natürlicher Bodentypen darstellt.

In gewissem Sinne trifft dies auch für den Ackerboden zu, dessen Edaphon durch das Pflügen, Rigolen, durch Bodensprengungen völlig durchgemischt, aus seiner natürlichen Verteilung gerissen, durch die Düngung (ebenso wie teilweise auch der Wiesenboden) aber periodisch unter ganz neue Lebensverhältnisse versetzt wird.

Für das erstere zeugt der Unterschied der edaphischen Besiedelung vor und nach dem Stürzen der Äcker im Lenz.

Erde aus einem Ackerfeld bei Westerham (Ober-Bayern, Leitzachtal, nahe dem Wald, was sich im Edaphon ausspricht) enthielt am 27. März 1913 an der Oberfläche 38 edaphische Organismen im mm³ (davon 10 lebend), und zwar: Pinnularia mesolepta, Surirella sp., Cladosporium humifaciens, Difflugia urceolaris, Geococcus vulgaris, Trinema acinus, Euglypha alveolata, Heleopera petricola, Nematoden.

Dieser Acker wurde soeben zirka 1 1/2 – 2 dm tief aufgepflügt. In der dadurch an die Oberfläche gelangten Erde fanden sich im mm³ nur 10 edaphische Organismen (von denen nur 2 lebend waren), nämlich Pinnularia mesolepta, wenig Cladosporium, farblose Cysten, Trinema acinus, farblose Mycelien.

Dieses Beispiel steht im Einklang mit den übrigen Erfahrungen, wonach frisch geackerter Boden geradezu arm ist im Vergleich mit dem Edaphongehalt im Sommermaximum[1]). Die Regeneration erfolgt allerdings rasch, wofür ich nach meinen Untersuchungen folgende Tabelle zusammenstellen konnte:

Ackererde[2])	(gepflügte)	enthielt	am	27.	Januar	im	mm³	9	Indiv.
„	„	„	„	19.	Februar	„	„	9	„
„	„	„	„	7.	März	„	„	25	„
„	„	„	„	16.	März	„	„	21	„
„	„	„	„	21.	März	„	„	24	„
„	„	„	„	19.	April	„	„	21	„
„	„	„	„	25.	April	„	„	35	„
Ackererde	(gepflügte)	enthielt	am	3.	Mai	im	mm³	88	Indiv.
„	„	„	„	17.	Mai	„	„	25	„
„	„	„	„	2.	Juli	„	„	46	„
„	„	„	„	23.	Juli	„	„	51	„
„	„	„	„	27.	Juli	„	„	102	„

Ackererde enthielt nach neuem Stürzen der Schollen am 13. November 15, am 4. Dezember 3 Individuen im mm³.

Neben den durch die klimatischen Einflüsse bewirkten Änderungen läßt sich deutlich aus dieser Tabelle die Wiederherstellung des ursprünglichen Boden-

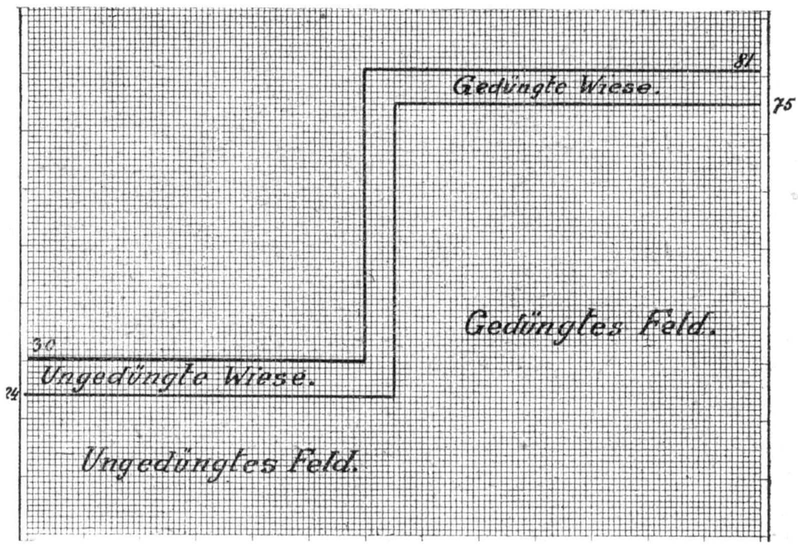

Abb. 27. Düngungstabelle zu S. 79.

reichtums erkennen. In keinem Falle ging er bisher über 103 Individuen in mm³. Diese Angabe bezieht sich auf eine Erdprobe aus einem Weizenfeld am Galgenberg bei Dinkelsbühl (Mittel-Franken) vom 27. Juli 1910. Sie enthielt:

Navicula borealis, Oscillatoria tenuis, Lyngbya vulgaris (in lebhafter Bewegung), Hantzschia amphioxys, Chroococcus sp., Difflugia urceolaris, D. globulosa, Geococcus vulgaris, farblose Cysten. Am meisten Kieselalgen, diese meist lebend.

---

[1]) Deshalb enthält z. B. auch die aus der Tiefe heraufgeholte Erde der Maulwurfshügel verschwindend wenig Edaphon.

[2]) Verschiedene Fundorte.

An gleicher Stelle enthielt der Boden in 3 dm Tiefe am gleichen Tag:

Amoeba terricola, Hantzschia amphioxys, Geococcus vulgaris, Nematoden und Cysten. 1 mm^3 = 21 Individuen.

Diese Zahlen werden natürlich auch von dem Einfluß der Düngung verändert werden. Hierüber kann ich jedoch nur mit orientierenden Angaben dienen, da Düngungsversuche mehrere Jahre fortgesetzt werden müssen, um endgültige Resultate zu liefern und gegenwärtig erst im Gang sind. Immerhin ließ sich bisher schon folgendes in die nachstehenden Tabellen gefaßtes Tatsachenmaterial feststellen.

Namentlich vielsagend ist in dieser Tabelle der darin verarbeitete Vergleich einer sehr nassen, vermoosten und und ungedüngten Naturwiese bei Pähl (Ob.-Bayern) am 16. März 1911 am gleichen Tage mit einer mit Stalldünger belegten Wiese feuchterer Lage bei Herrsching unweit von Pähl. Deshalb sei dieses Ergebnis hier noch besonders hervorgehoben (vgl. Abb. 27):

Herrschinger Wiese (gedüngt)	Pähler Wiese (ungedüngt)
Pinnularia sp. (groß)	—
Nitschia sp. (groß)	—
Navicula borealis (groß)	Navicula sp. (normal)
Hantzschia amphioxys (normal)	Hantzschia amphioxys (winzig)
Trinema acinus (normal)	Trinema acinus (normal)
Nebela collaris (riesig)	—
Euglypha alveolata (groß)	Euglypha alveolata (normal)
Cladosporium humifaciens	—
Nematoden	Nematoden
Pilzsporen	—
Cysten	—
1 mm^3 = 81 Individuen, davon 42 lebend, am meisten Kieselalgen und Trinema.	1 mm^3 = 30 Individuen (besonders Trinema und Euglypha) davon 12 lebend.

Hervorzuheben ist ferner der Befund von Erdproben, die aus der Umgebung der reichlich mit typischer „Lägerflora" (Rumex, Urtica etc.) bewachsenen Umgebung der (aufgelassenen) Hirschtalalm zwischen Tegernsee und Lenggries im bayerischen Hochland entnommen wurden:

1900. 3. September	1911. 11. Juli	1913. 22. Mai
Navicula borealis (groß	—	Cladosporium humifaciens
Hantzschia amphioxys (riesig)	Hantzschia amphioxys (riesig)	Hantzschia amphioxys (riesig)
Surirella sp.	—	—
Eunotica	Eunotica	—
Geococcus vulgaris	—	Geococcus vulgaris
—	Trinema acinus (klein und riesig)	Trinema acinus
—	Nebela collaris (riesig)	—
1 mm^3 = 30 Individuen, meist auffallend große Diatomeen.	Sphenoderia lenta (groß)	—
	Euglypha alveolata (groß)	Difflugia globulosa (riesig)
	Nematoden (riesig)	Difflugia urceolata.
	1 mm^3 = 34 Individuen (davon 13 lebend) meist große Rhizopoden.	

Auffällig ist hierbei namentlich der Reichtum an lebenden Formen und die Größe der Kieselalgen, Rhizopoden und Nematoden.

Ähnliches zeigte sich in den gedüngten Gartenbeeten des (alten) Botanischen Gartens zu München, wo von 75 Individuen 21 lebend gefunden wurden; in der Erde der bemisteten Wiesen von Herrsching war das Verhältnis 42 lebende zu 81, im überdüngten Boden der Hirschtalalpe 34:13.

Jedenfalls zeigen schon diese orientierenden Versuche, daß die Düngung das Wachstum und die Vermehrung der Geobionten auf das günstigste beeinflußt.

Dies wird gestützt durch eine Betrachtung der Ergebnisse, welche die Bodenbakteriologie und Mykologie in den letzten Jahren gerade auf diesem Gebiete erzielt hat. Wenn Thaer (Kalk und Humus S. 101) sagt, alle Düngung wird nur durch ihren Durchgang durch den Leib von Mikroorganismen wirksam, so ist damit nichts anderes als die Anerkennung eines der ersten Sätze der neuen Edaphologie ausgesprochen.

Dies wird noch besonders unterstrichen durch die Zahlen, welche Löhnis in seiner Bodenbakteriologie (S. 513) hierfür beibringt. Er sagt, daß eine Düngung (die er mit 400 dz pro ha ansetzt) 5 – 10 dz Bakterien und Pilze in den Boden bringe, da 1 dz Stallmist 1 1/4 – 2 1/2 kg Bakterienmasse allein enthält. Diese besteht hauptsächlich aus Stäbchen, weniger Mikrokokken und Streptokokken, sporadisch aus Sarcinen, dagegen (namentlich in der Jauche) aus Vibrionen und Spirillen.

Die wichtigsten Formen sind die mycoides-subtilis-mesentericus-Proteusgruppe, auch Actinomyceten. Dazu kommen Sproßpilze und viele Schimmelpilze, sowie viele (allerdings noch nicht genügend geklärte) Protozoen.

Hier möchte ich aus eigenen älteren[1]) sowie neuerdings aufgenommenen Untersuchungen, insbesondere auf die Flagellatengruppen der Polytomeen, – für welche ich deshalb den Namen Jauchealgen[2]) vorgeschlagen habe –, der Monadinen und gewisser Euglenen, sowie auf die Stylonychien und Oxytrichinen aus der Gruppe der Ciliaten und das Rädertier Hydatina senta als die praktisch wichtigsten Jaucheumsetzer hinweisen.

Allerdings ist die Bedeutung des Edaphons für die Düngerrotte zwar im ganzen festgestellt, im einzelnen aber völlig unklar. Man weiß nur, „es gehe durch Mikroorganismen“. Und dieser beschämende Zustand auf einem der wichtigsten Gebiete angewandter Naturwissenschaft, dauert nun, wie auch Löhnis zugibt (S. 506), seit mehr denn 40 Jahren!

Es war nun auch von Interesse, auch darauf zu achten, ob zwischen der Art der Ackerbestellung und dem Edaphon gesetzmäßige Beziehungen walten, ferner ob die Stickstoffanreicherung des Bodens durch Knöllchenbakterien sich auch in der edaphischen Bilanz ausspricht, um so mehr als durch Schloesing, Hellriegel[3]) und Laurent schon eine gewisse Fixierung des Stickstoffes durch auf der Erde angesiedelte Algenvegetationen nachgewiesen wurde, von der er allerdings annahm, daß sie nur im Lichte funktioniert. R. Bouilhac[4]) hat in Übereinstimmung damit gezeigt, daß Nostoc punctiforme im Licht bei Gegenwart von Bodenbakterien kräftig wächst und Stickstoff produziert. Allerdings hat Berthelot[5]) dann auch den von uns hier vertretenen Ergebnissen der Edaphologie insofern vorgearbeitet, als er nachwies, daß diese Stickstoff-

---

[1]) R. Francé, Die Polytomeen (Jahrbücher f. wiss. Botanik 1894). 8°.

[2]) Vgl. R. Francé, Das Leben der Pflanze. Bd. III. Stuttgart. 1908.

[3]) Zitiert nach L. Hiltner: Die Bindung von freiem Stickstoff in Lafars Handbuch d. techn. Mykologie 1904 – 06.

[4]) In Comptes Rendus de l'Acad. Paris. 1896.

[5]) Hiltner loc. cit. p. 16-17.

anreicherung auch im nicht belichteten Boden vor sich geht, namentlich auch in 45 cm dicken Bodenschichten. Das erschien unverständlich und fand erst durch das Auffinden von assimilierenden Algen im Edaphon seine natürlichste Erklärung.

Die nachfolgende Zusammenstellung gibt meine Befunde nach den Kulturpflanzen verteilt:

Acker besetzt mit Kartoffeln	Acker Zuckerrübe	Acker Weizen	Acker Roggen	Kleefeld Wickenfeld
Navicula	Navicula	Navicula	Navicula	Navicula
Hantzschia		Hantzschia	Hantzschia	
Geococcus		Geococcus	Geococcus	Geococcus
	Difflugia	Difflugia	Difflugia	
Trinema	Trinema	Trinema	Trinema	
	Euglypha		Euglypha	Euglypha
	Amoeba	Amoeba		
		Difflugiella		
		Mesotaenium	Mesotaenium	
		Pleurococcus		
		Isocystis	Isocystis	
			Rotifer	
Cladosporium		Cladosporium	Cladosporium	Cladosporium
		Nematoden	Nematoden	
Nitzschia				
			Osciallatorium	
			Stichococcus	
			Pinnularia	
			Surirella	
			Heleopera	
1 mm³ = 8 Indiv. durchschnittl.	1 mm³ = 14 Indiv. durchschnittl.	1 mm³ = 44 Indiv. durchschnittl.	1 mm³ = 44 Indiv. durchschnittl.	1 mm³ = 5 Indiv. durchschnittl.

Soweit sich aus solchen ersten Befunden überhaupt urteilen läßt, sind die besseren und besten Böden auch von reicherem Edaphon belebt und dies stimmt auch mit der allgemeinen, aus allen meinen Untersuchungen sprechenden Erfahrung, **daß das Edaphon einen Indikator für die Fruchtbarkeit des Bodens darstellt!**

In diesem Sinne schließt es sich als besonders wertvolles Mittel der Bodenbonitierung vollwertig den bisherigen, namentlich den biologischen Methoden an, wie sie seit Thumann vielfach, zuletzt von A. Schneider[1]) geübt und mit gutem Erfolge ausgebaut wurden, nur vermag der Edaphologe auf Grund zielbewußt entnommener Bodenproben mit ganz anderer Bestimmtheit anzugeben, welchen praktischen Wert eine gewisse natürliche Parzelle für den Pflanzenbau hat. Auf Grund praktischer Erfahrung wird er mit Gewißheit angeben können, ob sich ein Acker für Weizen, Weideboden, Zuckerrübenbau, ob er sich als Gartenland eignet und eine großzügig angelegte Mappierung von größerem Gutsbesitz oder auch eines Staatsdominiums wird natürlich eine optimale Ausnützung des Bodens ganz anders fördern, wie das durch die – ohnedies so angezweifelte – chemische Bodenanalyse oder bloß praktische Erfahrung ermöglicht ist, auf der heute noch so ziemlich die Einteilung der Ländereien beruht.

---

[1]) A. Schneider, Pflanzenindikation und Pflanzenbau. Duisburg. 8°.

Derartige Aufnahmen in großem Stil waren vor 1914 bereits von seiten der ung. geolog. Landesanstalt in Budapest im Gange, wurden jedoch durch die Ereignisse seitdem unterbrochen.

An diesem Punkte, als mikrologische Bonitierungsmethode ist die Edaphologie schon heute unmittelbar nutzbar und es bedarf nur ihrer Anwendung, um Steigerungen der Ernten durch eine optimale Ausnützung der Bodenarten zu erzielen[1]).

In geobiologischer Hinsicht wird es meiner Ansicht nach möglich sein, natürliche Bodentypen festzustellen und eine neue Wissenschaft wird uns gestatten, die Bonitierung der Acker- und Wiesenböden außer den chemisch-physikalischen Zahlen nach nicht weniger verläßlichen biologischen Angaben vorzunehmen.

So weit sich meine Begriffe hierüber bereits klären konnten, scheinen ökologische Beziehungen zu bestehen zwischen dem Boden und der Moosflora, der Grasvegetation, der perennierenden baumartigen Vegetation und ihrem Laubfall und der menschlichen Kultur (Gartenpflege, Ackerbau, Ruderalplätze); demgemäß erscheint es mir aussichtsreich, den Moorboden[2]), Schlammboden (Überflutungsboden[3]), Humusboden[4]), Wiesenboden auf ihr Wesen als natürliche Bodentypen zu untersuchen, aus denen die Mannigfaltigkeit des Kulturlandes in seiner vielfachen Ausprägung hervorging.

VI. Die biocoenotischen Verhältnisse des Edaphons.

Ein guter Teil der hier zu erörternden Dinge findet sich bereits in den vorstehenden Abschnitten abgehandelt, so weit es überhaupt gelang, sie schon in den ersten Jahren der Edaphonforschung zu klären. Hierher gehört vor allem das Verhältnis der Geobionten zu einander, für das es von vornherein nicht unwahrscheinlich war, daß auch im Boden ein ähnlicher biocoenotischer Kreislauf besteht, wie er im Süßwasser und Meer schon längst bekannt, wenn auch noch nicht genügend erforscht ist.

Um hierfür Anhaltspunkte zu gewinnen, schien es vorteilhaft, von vornherein auf die Nahrungsaufnahme der edaphischen Organismen zu achten. Für die eine große Hälfte, das Phytedaphon, war die Frage, soweit chromatophorenhältige Organismen in Betracht kamen, leicht zu beantworten, angesichts der reichlichen Leukosinmengen, mit denen man die edaphischen Bacillariaceen stets erfüllt sieht. Für sie, sowie für die Schizophyceen ist anzunehmen, daß sie neben der für ihre Assimilation nötigen Kohlensäure auch Stickstoff verarbeiten. Und schon die Arbeiten der Agrikulturbotaniker (Berthelot, Schlotsing, Laurent, Löhnis, Hellriegel u. a.) haben uns davon überzeugt, daß als ihr Stickstofflieferant die Bodenbakterien, namentlich Azotobacter, Clostridium und andere stickstoffbindende Bakterien anzusprechen sind.

Diese Bodenbakterien gehören natürlich ebenso gut, wie die Schizophyceen, Kieselalgen oder Wurzelfüßler zu dem Edaphon.

Man findet sie bei mikroskopischen Bodenuntersuchungen denn auch stets in großer Menge, gleich den verschiedenen Hefe- und Schimmelpilzen, namentlich auch den Pilzsporen, die natürlich alle im Stickstoffhaushalt des Bodens

---

[1]) Anfragen über solche ist der Verf. gerne bereit, an die im Werden begriffene Untersuchungsstelle für Bodenbonitierung zu leiten.

[2]) Als Moor- (Hochmoore) oder Grasboden (Grünmoore).

[3]) Varianten sind die „Tintenstriche".

[4]) Als Waldboden, desgl. als Spaltenhumus im Gebirge.

jene nicht zu unterschätzende Rolle spielen, die seit P. E. Müller gewöhnlich allein dem Cladosporium zugeschrieben wird.

Seit dem Durchdringen des Satzes: Wo viel Bodenbakterien, da viel Erträge, wurde mit immer erhöhter Aufmerksamkeit die Analyse ihres Wirkens im Boden vorgenommen, so daß man heute wenigstens in diesem einen Punkt der Edaphologie genügenden Bescheid weiß. (Vgl. die Liste der Bodenbakterien.)

Zunächst besorgen sie die im Boden stattfindenden Zersetzungen (von Mist, Humus, Leichen etc.) Hierbei wird Kohlensäure und Wasser gebildet und atmosphärischer Sauerstoff wird frei. Die Stickstoffverbindungen werden, so weit sie löslich sind, zunächst in Ammoniak und später durch oxydierend wirkende Bakterien in Salpeter verwandelt. Hierbei ist die Aufnahme einer Base erforderlich, um die entstehende Salpetersäure zu neutralisieren. Hierzu dient der Kalk und in dieser Tatsache liegt die Ursache der guten Wirkungen des Kalkens duf die Ernteerträgnisse. (Magnesia dient bei diesem Prozeß als Ersatz.)

Von da ab differieren die von ihnen bewirkten chemischen Prozesse. Eine große Anzahl verwandelt Luftstickstoff in gebundenen Stickstoff (z. B. Clostridium und Azotobacter). Die Nitrosomonaden zerlegen Ammoniakstickstoff in Nitritstickstoff, Nitrobacter dagegen bewirkt den umgekehrten Prozeß. Während jede Stickstoffanreicherung ein Gewinn ist, schaden dagegen die Denitrifikanten, welche Nitrite wieder in freien Stickstoff zerlösen, den Interessen der Pflanzenwelt (so z.B. Bact. denitrificans).

An der Nitratreduktion, an der wir schon 85 Arten von Bodenbakterien beschäftigt wissen, nehmen auch viele Sproßpilze und Schimmelpilze teil.

Sie sind mit den Knöllchenbakterien durch die sattsam bekannten Umsetzungen teils als Stickstoffzehrer, teils als Binder freien Stickstoffs ebenso als Verwerter der Kohlenstoffnahrung (Untersuchungen von Gautier und Drouin) das erste Glied der Kette, an das sich nach meinen Untersuchungen vornehmlich die Rhizopoden anschließen. Ternetz[1]) hat nachgewiesen, daß auch die Pilze der Mykorrhiza, die sich offenbar eng an Cladosporium halten, sowie die Schimmelpilze des Bodens zur gleichen Stickstoffassimilation wie Clostridium Pasteurianum befähigt sind; sie müssen demnach im biocoenotischen Kreislauf gleich jenen gewertet werden.

Neben ihnen kommt aber der seit O. Richters u. a. unzweifelhaft gewordene Saprophytismus der Bacillariaceen und Schizophyceen, ebenso der wenigen Chlorophyceen in Betracht.

Schon die Wirkung der Bodenbakterien ist eng verknüpft mit gewissen Bodenalgen, in deren Symbiose mit dem so überaus wichtigen Azotobacter und die knöllchenerregenden Rhizopoden eine Reihe von Autoren den Hauptfaktor von deren segensreichen Wirken erblicken.

Bei Beurteilung der so enorm bedeutsamen Stickstoffbindung dürfen von nun an die edaphischen Algen nicht mehr wieder vernachlässigt werden, wissen wir doch seit Stoklasa (Ztrlblatt f. Bakteriol. II. Abt. 1900), daß sie auf Zahl und Leistungen der Bakterien unmittelbar fördernd einwirken.

Es ist zwar noch immer nicht untersucht, inwieweit die Edaphonalgen für die Ammonassimilation im Boden in Betracht kommen, aber schon die alten Arbeiten von Gautier und Drouin (Comptes Rendus Paris 1888) lassen vermuten, daß sie auch hierbei besonders wichtig sind.

Jedenfalls zeigte schon B. Frank (Landwirtschaftl. Jahrb. 1892) an Gemischen von Oscillatoria, Nostoc, Pleurococcus, Ulothrix und Chroococcus eine Stickstoffbindung und es ist auffällig, wie gerade in der

[1]) In Berichte der deutschen botan. Gesellschaft 1904. Neuerdings zeigte A. Oes das gleiche für die mit Azollen symbiotisch lebenden Anabaena-Algen.

„Überflutungszone" eine Stickstoffanreicherung einzutreten pflegt, die verschiedene Autoren z.B. Dehérain und Demoussy (Comptes Rendus 1900 Paris) auf den 20fachen Betrag dessen fixierten, was in 25 cm Tiefe von Bakterien gebunden wurde.

Wem das noch nicht die Augen für die enorme praktische Bedeutung und Notwendigkeit systematischer Edaphonstudien durch den Staat öffnet, der will die Erfordernisse des Tages nicht sehen.

Seitdem Khawkine und Zumstein[1]) an Euglena das Problem der mixotrophen und heterotrophen Ernährung klarlegten, wird außerdem der Halbsaprophytismus, bei dem sich also neben Co_2-Assimilation auch die Aufnahme organischer Nahrung beteiligt, für immer größere Gruppen der Algen stets wahrscheinlicher und wenn auch für die edaphischen Algen derzeit noch keine direkten Angaben vorliegen, so sind doch gerade sie am wenigsten einem Zweifel darüber ausgesetzt, daß sie von dem reichgedeckten Tisch der Verwesungssubstanzen im Boden naschen. Ihr üppiges Wachstum in überdüngtem Boden (Lägerflora), ihre reiche Vermehrung nach der Düngung in Acker- und Wiesenboden sind nur in dieser Richtung deutbar.

Von diesen, die Vorbedingung edaphischen Lebens bildenden Organismen profitieren nun die Rhizopoden. Hierüber habe ich positive Belege gesammelt.

Am 12. Mai 1911 fand ich in braunem Waldhumus von der Sonnenspitze bei Kochel (Bayern) in einer Bodenprobe, die enorme Mengen von Cladosporium, aber keine Bacillariaceen enthielt, eine wahre Reinkultur von riesigen (Durchmesser 83 – 90 µ) D. globulosa, Craterella, urceolaris, die sich von den Cladosporiumfäden nährten.

In Blumentopferde, die relativ arm an Cladosporium ist, verzehrten die Difflugien dagegen Hantzschien; Nebela, Euglypha und Trinema hingegen enthalten Humuspartikelchen; sehr häufig findet man sie freilich ganz leer oder mit Einschlüssen, die auf Bakteriennahrung deuten. Unter Moosen von Miesbach (Bayern) fand ich einmal eine große Nebela collaris mit cystenähnlichem Plasma und daraus ausgeschiedenen Pilzfäden. Auch in ihrem Inneren fanden sich noch solche farblose Mycelbruchstücke. An übersiedelten Felswänden am Bergleskopf (bei Kochel in Bayern) fand sich (25. September 1907) in tintenstrichartigen Vegetationen eine reiche halb edaphische, halb lithophile Organismenwelt, im besonderen: Rivularia haematites Ag. (Leitform), Oscillatoria sp., Achnanthes exilis, Gomphonema gracile in dichtem Rasen, Difflugia urceolata, Amoeba proteus, Gomphonema constricta, Chamaesiphon confervicola, Nitzschia sigmoidea, Euglypha alveolata, Amoeba radiosa, Gromia mutabilis, Amoeba verrucosa, Difflugia constricta, prachtvolle Achnanthes sp.

In diesem Material nährten sich die Rhizopoden, allen voran die Amoeben und Gromien, ausschließlich von Kieselalgen.

Lange Zeit hindurch blieb es völlig unerfindlich, wovon sich Geococcus nährt, bis sich darin wiederholt Humuskörnchen und in einer Erdprobe aus dem Garten des Biologischen Instituts München vom 1. IV. 1913 inmitten ganzer Ballen von Pleurococcus auch Geococcen fanden, die eine oder mehrere Pleurococcuszellen (die allerdings nach Art der Zoochlorellen unverdaut waren) enthielten. (Fig. 17 – 22.)

Merkwürdigerweise sind die großen Erdamoeben sogar Vertilger von Bärtierchen (Tardigraden) und Rädertieren (Callidinacysten), wie Richters (Beitrag zur Verbreitung der Tardigraden, Zoolog. Anzeiger 1904) von Amoeba ter-

[1]) Vgl. H. Zumstein, Zur Morphologie und Physiologie der Euglena gracilis Kl. (Jahrbücher f. wiss. Botanik 1909.)

ricola beschreibt, desgleichen F. Heinis (1914) Hyalosphenien und Difflugien voll von Pleurococcen und Diatomeen.

Es kann also daran kein Zweifel sein, daß die edaphische Algen- und Pilzvegetation zu den Vorbedingungen der Rhizopodenfauna gehört, so wie sie selbst auf die Vorarbeit und Mithilfe der Bodenbakterien angewiesen ist.

Ebensowenig zweifelhaft ist es, daß Rotatorien und Nematoden nebst Humusstoffen auch Mikroorganismen aufnehmen, obwohl es mir wenigstens in bezug auf die letzteren nicht gelang, eigene Angaben beizubringen.

Über diese biocoenotischen Zusammenhänge beginnt sich nun doch schon langsam Licht zu verbreiten, da man einsieht, daß hier ein interessantes und in vielen Beziehungen wertvolles Arbeitsgebiet gegeben ist.

Über die Ernährung der wichtigsten Geobionten erfahren wir schon von M. Doyére (Mémoire sur les Tardigrades Annales des scienc. naturelles 1840), daß sie, die lange hungern können, ausschließlich Tieren (und zwar Rädertieren) die Säfte aussaugen.

Die moosbewohnenden Krebse und Milben werden von F. Richters[1]) zu den Detritus- (also auch Edaphon-) Fressern gezählt und tatsächlich fand auch Heinis Morarien mit von Algen (Pleurococcus) grüngefärbtem Darm[2]).

Diem[3]) meint, daß Nematoden hauptsächlich von Pflanzenstoffen und nicht von Humus leben, was allgemeine Ansicht zu sein scheint. Dem widerspricht aber Heinis[2]), der Dorylaimus für einen Feind von Nebela hält und Menzel[4]), nach dem im Darm von Monhystera Diatomeen gefunden wurden.

Über die Nahrung der noch höheren Gruppen sind wir ausgezeichnet unterrichtet. F. Plateau[5]) fand im Darm von Myriopoden Erde, Sandkörner und Kalktrümmer, ähnliches, mit pflanzlichen Stoffen auch Diem (op. cit. p. 385). Die Chilopoden wieder sind Räuber. Die Lithobiden z. B. fressen kleine Insekten, wie Poduriden, auch Würmer, Acariden und Spinnen. Chilopoden sah man Regenwürmer, Insektenlarven, Nematoden und Enchytraeïden fressen.

Über die edaphischen Insekten berichtet A. Razzauti[6]), daß Staphyliniden im Magen Humus und edaphische Organismen enthielten.

Eine besondere und wichtige Rolle spielen im Edaphon jedoch die Lumbriciden, auch in der Ernährung.

Seit Darwins Untersuchungen ist es in jedes Lehrbuch übergegangen, daß sie die berufenen Verzehrer der verwesenden Pflanzenteile, der Blätter und Stengel sind, und daß ihre Rolle hierbei gar nicht genug überschätzt werden kann. Allerdings hat man sich andererseits davon überzeugt, daß die Regenwürmer ständig Erde aufnehmen und entleeren.

Meine orientierenden Untersuchungen führten mich zu der Überzeugung, daß die Aufnahme pflanzlicher Nahrung durch den Regenwurm überschätzt werde, daß er dagegen das in der aufgenommenen Erde vorhandene Edaphon ebenfalls ausnutzt.

Der Darminhalt von Regenwürmern aus Ackererde unbekannter Herkunft (Juni 1911) enthielt allerdings Rhizoiden, Moosblattfragmente, eine Menge Kiesel-

---

[1]) F. Richters, Die Fauna der Moosrasen des Gaußberges (D. Südpolarexpedition) Berlin 1907.

[2]) F. Heinis, Über die Mikrofauna am Bölchen (Liestal). 8° 1916.

[3]) K. Diem, op...cit. p. 317.

[4]) R. Menzel, Über die mikroskopische Landfauna der Schweizer Hochalpen (Archiv f. Naturgeschichte 1914).

[5]) F. Plateau, Recherches sur les Phénomènes de la digestion chez les Myriopodes. (Mem. de l'académie Royale de Belgiqae 1876.)

[6]) A. Razzauti, Contributo allo Studio dell l'Edafon. Pisa 1913.

körnchen, Gefäßzellen mit spiraligen Verdickungen, Libriformzellen, mazerierte Wurzelfragmente, Kiefernpollen, daneben aber auch Pleurococcus, Ciliaten (Opalinen?), Pilzsporen, Cladosporium humifaciens, Difflugia globulosa (vgl. Abb. 28).

Am 13. November 1911 wurde der lebend herauspräparierte Darminhalt eines Regenwurmes aus dem Garten des Biologischen Instituts München sofort untersucht. Es fanden sich:

Lebende Navicula mutica (mit gesunden Chromatophoren), Heleopera, Difflugia, Pseudodifflugia, Hantzschia, Euglypha (lebend).

Später wurden im konservierten Material noch gefunden: Cymbella sp., Geococcus, Cladosporium, Pilzsporen. Gar keine Pflanzenreste. In 1 mm^3 Darminhalt = 45 Individuen, also mehr als in der zahllosemal genau durchsuchten Erde unseres Gartens jemals gefunden wurden. (Maximum 29 Individuen pro mm^3).

Als Ergänzung wurden auch vollkommen frische Regenwurmexkremente aus einem Versuchsgefäß (mit Tropaeolum) am 23. Juni 1911 untersucht. Die gleichmäßig feinkörnige Erde enthielt: Stauroneïs, Navicula, Hantzschia, Nitzschia (Schalen), Oscillatoria (lebend), Geococcus, Trinema acinus; alle Kieselalgen korrodiert, 1 mm^3 = 79 Individuen.

Ferner wurden Regenwurmexkremente aus dem Versuchsgarten des Biologischen Instituts, die an der Oberfläche goldbraun schimmerten, untersucht (22. April 1911). Die Oberfläche bestand aus tausenden lebenden (auch toten) Individuen einer winzigen 6 – 12 μ langen Amphoraart. Im Innern fanden sich auch noch Geococcus-Schalen, wenig Cladosporium und farblose Cysten. 1 mm^3 = 16 Individuen.

Der Gesamteindruck aus diesen Orientierungsuntersuchungen war neben dem eingangs Gesagten, daß die Regenwürmer für das Gedeihen des Edaphons von wesentlichem und zwar förderlichem Einflüsse sind, da ihre Exkremente eine (offenbar stickstoffreiche) wahre Brutstätte für edaphische Organismen bilden.

Daß aber die Bedeutung der Regenwürmer für die Bildung der Ackerkrume sehr hoch eingeschätzt werden muß, ist seit Darwin und Hensen gemeinbekannt.

Ausführliche Untersuchungen und Versuche über die Ernährung und Bedeutung des Regenwurmes für das Edaphon sind dann auf meine Veranlassung durch Frl. R. v. Aichberger im Biologischen Institut München ausgeführt worden mit folgendem Ergebnis:

Ausgedehnte Untersuchungsreihen[1]) ergaben mit voller Bestimmtheit, daß die heimischen Regenwürmer nicht aus Pflanzenresten den Hauptteil ihrer Nahrung beziehen, sondern aus den großen Mengen Erde, die sie ständig aufnehmen, worauf ihre große bodenmechanische Bedeutung beruht, und aus der sie die darin befindlichen Geobionten verdauen.

Damit sind die bisherigen Ansichten in vielen Punkten widerlegt. Wenn ein mm:! Darminhalt der Regenwürmer bis zu 50 Geobionten (Mesotaenium, Cosmariumzellen, Navicula, Hantzschia, Nitzschia, Cymbella, Oscillatorien, Saccharomyces, Cladosporiummycelien, Geococcus Amoeba, Difflugia, Nebela, Trinema, Arcella, Euglypha, Dorylaimus) sämtliche in verdautem Zustand (korrodiert, mit zerlöstem Inhalt) vorgefunden werden, so muß dem Edaphon bei der Ernährung dieser Tiergruppe jedenfalls ein größerer Einfluß zugestanden werden, als den Pflanzenresten, die oft genug von den Würmern verschmäht wurden (vgl. Abb. 28).

---

[1]) R. v. Aichberger, Untersuchungen über die Ernährung des Regenwurmes. (Arbeiten a. d. Biolog. Institut München Nr. 4.) (Kleinwelt 1914.)

Fassen wir das Gesagte zusammen, so ergibt sich schon aus dem Bisherigen sonder Zweifel, daß das Edaphon eine ökologische Einheit darstellt und ähnliche biocoenotische Zusammenhänge aufweist wie das Plankton.

Bodenbakterien und Bodenpilze arbeiten als Stickstofflieferanten für die edaphischen Algen, die wieder im Verein mit den Vorgenannten den Rhizopoden als Nahrung dienen, mit diesen teilweise auch den Rotatorien und Nematoden. Diese werden von Amoeben und Myriapoden, sowie von Tardigraden gefressen.

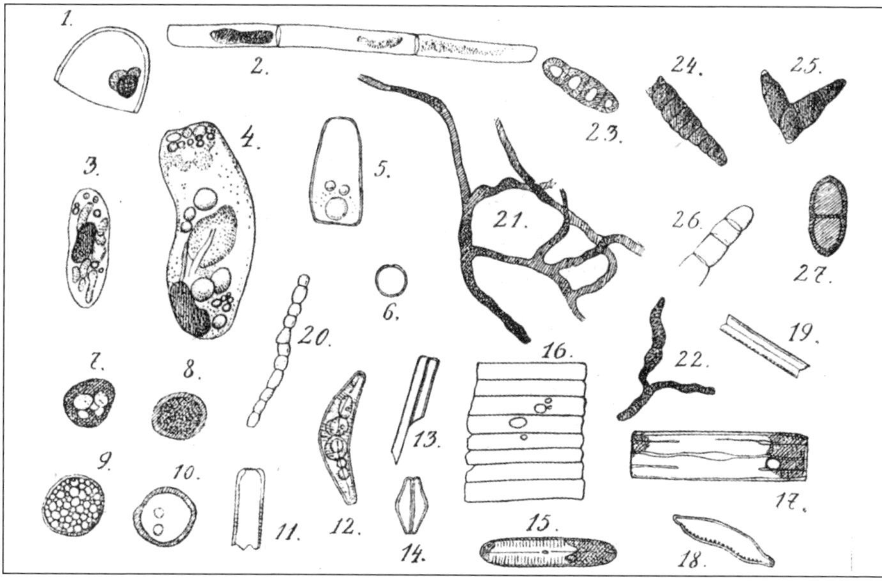

Abb. 28. Geobionten aus den Regenwurmfäces.
1 – 2, 5 – 6 = Grünalyenreste. 3 – 4 = Rädertierreste. 7 – 10, 20 – 27 = Bodenpilze und Sporen.
11 – 19 = Erdkieselalgen. (Nach R. v. Aichberger.)

Das gesamte Mikroedaphon aber wird von den Regenwürmern aufgenommen, von diesen teils verdaut, teils wieder im Gedeihen gefördert. Hin und her spinnen sich also die Fäden, eines besteht durch das andere und das gibt uns das Recht, das Edaphon als eine aus Bakterien, Schizophyceen, Bodenpilzen, Kieselalgen, Grünalgen, Rhizopoden, Rotatorien, Tardigraden, Nematoden und größeren Würmern, sowie Myriapoden und Insekten zusammengesetzte, in sich geschlossene Lebensgemeinschaft aufzufassen.

VII. Die Bedeutung des Edaphons.

Es ist eine Überfülle von Problemen und Ausblicken, die sich durch die Ergebnisse der Erforschung der ökologischen Verhältnisse des Edaphons dem geistigen Auge eröffnen. Zahllos sind die Fäden und Beziehungen, die sich von hier zur Pflanzenphysiologie durch die Assimilation der edaphischen Schizophyceen und Bacillariaceen und ihrem Saprophytismus, zur Geologie durch die neuen Ausblicke auf die Verwitterung, zur Biologie überhaupt spinnen, nicht weniger wichtig aber auch die Beziehungen zur landwirtschaftlichen Botanik und Pedologie, deren hier noch in einem Ausblick vorzugsweise gedacht werden soll. Es kann nach dem Ergebnis unserer Untersuchungen kein Zweifel daran sein, daß dem Edaphon im Kreislauf der Natur eine außerordentlich bedeutsame Rolle zukommt, schon durch die allgemeine Verbreitung, die es in der Verwitterungsrinde der Erde besitzt.

Da die edaphischen Formen nicht so leicht durch Luftströmungen verschleppt werden können, wie die Süßwasserorganismen, bei denen es ohnedies noch fraglich geblieben ist, wieso denn die keine Cysten bildenden Organismen (z. B. Desmidiaceen, Bacillariaceen) wandern, entstand die Frage nach ihrer Verbreitung, zu deren Lösung ich schon im Jahre 1904 ausgedehnte Versuchsreihen mit dem Ergebnis anstellte, daß Amoeben, Microspora, Navicula, Stichococcus, Oscillatoria sicher durch Luftströmungen verbreitet werden.

Die Versuchsanordnung, welche sich über die Zeit vom 30. Juni bis 27. November 1904 bei täglichen Beobachtungen erstreckte, führte genau Tagebuch über das Auftreten und die Vermehrung der Mikroflora und Fauna in der freien Luft des Stadtinneren zu München ausgesetzten Schalen mit reinem Wasser und Erde, die nur durch das natürliche Regenwasser ergänzt wurden.

Zu Beginn der Beobachtungsreihe von 150 Tagen enthielt das Wasser nur 1 Cyste, 1 Navicula-Schale, die Erde Hantzschien, Navicula und Cysten. Am Ende des Versuches hatten sich 31 Algenarten, 10 Rhizopoden, 28 Ciliaten und Flagellaten und 5 Rotatorienarten eingefunden, zusammen 74 Arten von Organismen, von denen 20 dem typischen Edaphon angehören.

Im reinen Wasser traten auf

am 6. Juli: Amoeba guttula (viel), Navicula,
„ 12. „ Amoeba proteus, Pilzsporen,
„ 21. „ Microspora (zahlreich), tausende von Navicula,
„ 20. August: Stichococcus, Scenedesmus,
„ 1. September: Rote Cysten (später Vampyrellen),
„ 17. „ Oscillatoria,
ab 14. November war das Wasser gefroren.

In der sterilisierten Gartenerde fanden sich ein die Gattungen Ulothrix, Nostoc, Isocystis, Chroococcus, Raphidium, Pleurococcus, Navicula, Geococcus, Petalomonas, Strombidium, Dorylaimus, Rotifer, Philodina. (Die typischen Edaphonformen sind gesperrt gesetzt[1]).

Diese Untersuchungen wurden im Winter 1911 – 1912 aufgenommen durch die Feststellung der auf unberührtem Schnee aus der Luft abgelagerten Microorganismen. Im Garten des Biologischen Institutes München wurden am 5. Febr. 1912 auf diese Weise im „Kryoplankton" konstatiert von Geobionten:

Pilzsporen,
Pilzmycelien (cladosporiumähnlich),
Rädertiereier (vgl. Abb. 29),
Cysten (vgl. Abb. 23),
Pleurococcus vulgaris.

Außerdem wurden am Biolog. Institut München unter meiner Leitung von H. Lehmann Untersuchungen über die im frischgefallenen Schnee zu München vorhandenen Microorganismen angestellt.

Als deren Ergebnis stellte sich heraus, daß frisch geschmolzenes Schnee-

---

[1]) Eine ausführliche Publikation hierüber ist angesichts der vielen ökologisch wichtigen Resultate in Vorbereitung.

wasser aus Schnee, der vom Beginn eines Schneefalles stand, folgende Fremdkörper enthielt (1912 und 1913):

Protococcus-Zellen (in ganzen Klumpen), viel mineralische Teilchen, halbverbrannte Flocken, Phytolitharien (Ehrbg.), zahllose Rußflöckchen, braune Pilzsporen, Libriform, blau gefärbte Wollfasern, Stärkekörnchen (viel), tierische Haare, braune Pilzmycelien, Rädertiereier, zahlreiche Öltröpfchen, braune Cysten, Hantzschia amphioxys.

Die Luftverbreitung der Geobionten ist demnach außer jedem Zweifel gestellt.

Neben dieser Allverbreitung des Edaphons, wodurch allein schon numerisch die Süßwasserorganismen nur als ein Spezialfall des mikroskopischen Lebens auf Erden erscheinen, kommt ihm auch quantitativ eine außerordentliche Bedeutung zu. Denn wenn auch der Durchschnitt der edaphischen Besiedlung im Ackerboden mit 70 Individuen im mm^3 nicht zu hoch gegriffen erscheint, im Waldboden etwa 125 Individuen pro mm^3 entspricht, so ergibt dies doch schon auf den Kubikzentimenter umgerechnet höchst ansehnliche Zahlen, nämlich:

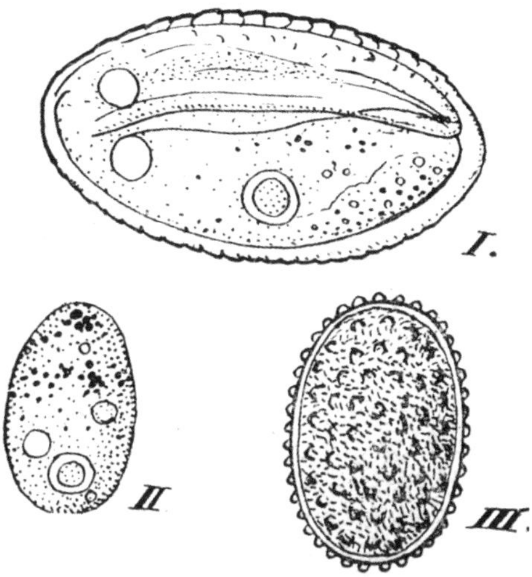

Abb. 29. Eier im Edaphon.
I = Nematodenei. *I-II* = Rädertiereier (?).

in gutem Ackerboden	50000 – 100000	Individuen pro ccm
„ guter Wiesenerde	75000 – 115000	„ „ „
„ „ Garten(Blumen)erde	30000 – 100000	„ „ „
„ „ Walderde (Mull)	100000 – 150000	„ „ „

wobei natürlich Großwürmer und Bodenbakterien nicht mitgerechnet sind.

Nach Ramann[1]) sind nun Acker-Gartenerde und Mullboden (Wald) im April-Mai am reichsten an Bodenbakterien, wobei auf

1 ccm Mullboden 2460000 Individuen
1 ccm Rohhumus 220000 Individuen

entfallen. Wenn man auf die Bakterien durchschnittlich 1 μ Länge, 9,3 μ Dicke und Breite rechnet, entspricht dies einem lebendig wirksamen Quantum von 198000 – 2214000 Kubikmikron Plasmasubstanz im ccm Erde, während bei der Annahme von 100000 Geobionten im ccm diese, da sie durchschnittlich 10 μ lang, 5 μ breit und dick sind, mehr als das 10fache Quantum, nämlich 25000000 Kubikmikron ausmachen.

In neuerer Zeit sind außerordentlich viele Zählungen von Bodenbakterien erfolgt, die einen überwältigenden Einblick in die Bedeutung dieser Lebensgemeinschaft für das Gesamtleben der Natur gewähren.

Seit den Tagen, da Hiltner (Jahresbericht d. Verein, für angewandte Botanik 1907) die prophetischen Worte schrieb, daß Amoeben, Flagellaten und Infusorien oft in sehr großer Menge, mitunter Millionen in 1 g Erde – leben, hat sich diese Zahl – wenigstens in bezug auf die Bakterien, noch vervielfacht.

1) E. Ramann, Bodenkunde. 2. Aufl. S. 116.

Löhnis (Bodenbakterien und Bodenfruchtbarkeit 1914) berechnete unter dem Eindruck meines Edaphonwerkes, daß 1 ha Ackerland durchschnittlich 20 Zentner Edaphon enthält. Die Futtererträge eines solchen Stückes Boden genügen nun bekanntlich für 2 Stück Großvieh von je 10 Zentner Gewicht. Es wird also unter der Erde ebensoviel Leben ernährt wie über der Erde.

Von diesen Mengen können wir nach ihm rechnen, daß etwa 400 kg auf Bakterien, 200 – 400 kg auf Pilze, Algen und Protozoen und 200 – 1000 kg auf Regenwürmer entfallen, was nach meiner Ansicht zu nieder gegriffen ist. Hat doch F. Hensen (Landwirtsch. Jahrb. 1882) schon berechnet, daß 1 ha 200 bis 1000 kg Wurmmasse enthalten kann, die doch durch Edaphon ernährt wird und hat doch K. Diem im Engadin auf den Magermatten auf 1/16 m^2 allein bis 4860 Enchytraeiden gefunden und P. E. Müller tausende von Lumbricus purpureus pro Quadratfuß in mildem Buchenhumus.

Über Bakterien schufen neuere Zählungen ungeheuerliche Zahlen. So gibt Caron (Landwirtschaftl. Versuchsstation 1895) unter Klee pro g Erde 6 Millionen Keime an in 20 cm Tiefe, in 50 cm Tiefe noch immer 1,5 Millionen. Maggiora (Zit. nach Löhnis p. 511) fand in aufgeschüttetem Erdreich pro g Erde oben 32 Millionen Keime, in 1 m Tiefe noch 80000, in 2 m 20000, in 3 m 18000. Bluemer (Löhnis S. 512) gibt in sandigem Humus 45 Millionen Keime pro g, C. Hoffmann in Marscherde einige hundert Millionen an!

Burri (Schweiz. Landwirtsch. Ztrblatt 1901) fand in 10 cm Tiefe pro g Erde in

Gartenerde	4,3 Mill. Keime	Kleefeld	4,3 Mill. Keime
Wiese	3,8 – 16 Mill. Keime	Wald	1,1 – 33,4 Mill. Keime

Roggenacker 9,5 Mill. Keime.

Stoklasa und Ernest (Löhnis S. 513) 3 – 5 Millionen im g Zuckerrübenboden.

Nun haben interessanter Weise vor kurzem Th. Remy[1]) und G. Rösing gezeigt, daß die Peptonzersetzung im natürlichen Boden ganz anders verläuft, als in den mit dem betreffenden Boden nach der üblichen bakteriologischen Methode geimpften Nährlösungen. Und zwar geht ein nicht unerheblicher Teil des Gesamtstickstoffes im Boden verloren und es zeigt sich, daß der Versuchsfeldboden dem Laboratoriumsnährboden in der Zerlegungskraft für Eiweiß und Pepton stark überlegen ist.

Dies erscheint den Verfassern rätselhaft und sie ziehen daraus den ganz richtigen Schluß, daß die heutige Methode der biologischen Bodenuntersuchung verbesserungsbedürftig sei.

Die hier so deutlich empfundene Lücke in der Nachahmung des Stoffwechsels des Bodens wird durch das Edaphon ausgefüllt, in dem man einen gewaltigen Faktor bei fast allen chemischen und mechanischen Änderungen, die von der ersten Verwitterung bis zur Bodengare führen, zu erblicken hat.

Dieser optimale Bodenzustand (der sowohl als Ackergare, wie als noch wenig beachtete und doch nicht weniger wichtige „Waldgare" auftritt) äußert sich als vergrößertes Volumen, Krümelstruktur, Lockerheit (Rümker), und keine dieser Eigenschaften, bis auf die (durch Humifikationspilze hervorgerufene) dunkle Farbe (s. Tscherno sem) und den Erdgeruch (Bakterien) ist denkbar ohne die humifizierende, mechanisch und chemisch zerlösende und umsetzende Tätigkeit der Geobionten.

Im besonderen müssen die Humifikation, die Struktur (mechanische Bodenänderung), die Kohlensäure-und Stickstoff-

---

[1]) Th. Remy und G. Rösing, Beitrag- zur Methodik der bakteriellen Bodenuntersuchung (Zentralblatt f. Bakteriologie. II. Abt. 1911).

bilanz, die Durchlüftung und in Zusammenfassung dieser Änderungen die Selbstreinigung des Bodens durch das Edaphon beeinflußt werden.

Es wird Aufgabe des hier neuaufschießenden Wissenszweiges der Edaphologie sein, Grad und nähere Umstände dieser Umwandlungen festzustellen; gegenwärtig lassen sich aus den vorliegenden Untersuchungen nur allgemeine Sätze hierüber wagen.

Für die mechanische Auflockerung des Bodens und die mit ihr zusammenhängenden physikalischen Eigenschaften wie Bindigkeit, Wasserhaltungskraft, Wasseraufsaugungsvermögen und Absorptionsvermögen kommen namentlich die edaphischen Tiere in Betracht, und von den Pflanzen jene mit freier Beweglichkeit. Da ist es denn sehr auffällig, daß gerade solche so reich im Edaphon vertreten sind (Bacillariaceen und Oscillatoriaceen), ja daß – namentlich gilt dies für die Kieselalgen – deren Beweglichkeit im Boden gegen die im Süßwasser gesteigert ist[1]). Die kleinen Naviculen und Hantzschien rutschen mit unglaublicher Geschwindigkeit im Präparat umher (Lichtreiz?) und es ist anzunehmen, daß sie auch in der gesättigten Lösung zwischen den Bodenteilchen, die ihr natürlicher Aufenthaltsort ist, ähnlich lebhaft sind.

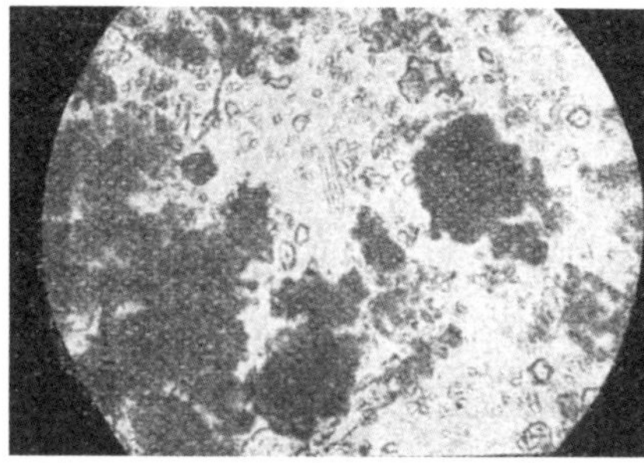

Abb. 30. Die Krümelung des Ackerbodens. Man vergleiche die Größe der Krümel mit der Hantzschia. (Originalaufnahme.)

Wenn auch die Wurzeltätigkeit der Gräser sicher einigen Einfluß hat, so zerlegen doch vornehmlich, wie auch Löhnis (S. 571) zugibt, Protozoen die pflanzlichen Reste.

Der Einfluß von Mycelpilzen und Spalt-, sowie Sproßpilzen auf das Hohlraumvolumen ist weit größer, als man gemeinhin denkt, denn sie bilden Gase, deren Druck den Boden lockert. Er geht dadurch auf, wird „gar" (vgl. S. 90), mürbe und krümelig. So stellt auch Mitscherlich in seiner „Bodenkunde" (S. 135 – 136) den Haupteinfluß der niederen Pflanzen dar (vgl. Abb. 24).

Zudem gesellt sich die Auflockerung der feinsten Bodenkrümel durch die Zerlösung in den Rhizopoden, Rotatorien und Nematoden, die zugleich eine Anreicherung mit stickstoffhaltiger Substanz bedeutet.

Die mechanische und chemische Arbeit des Regenwurmes, über deren hohe Bedeutung sich der Agrikulturbotaniker längst im klaren ist, wird also in feinstem Maße und gründlich noch einmal besorgt und das für den Landwirt so wichtige Problem der Krümelbildung ist nun in ein völlig neues Licht gerückt. Die Fülle von „gekrümelten Bodenarten", in denen Regenwürmer und sonstige größere Tiere völlig fehlen und für die es gegenwärtig keine Erklärung gab[2]), finden nun eine Möglichkeit des Verständnisses (vgl. Abb. 30).

Die Zersetzung der organischen Substanzen wird hauptsächlich durch das Phytedaphon bewirkt.

Sie besteht zuerst aus Dissimilationsprozessen. Hierbei sind die Spalt-

[1]) Dies erweckt, wie auch die als Schutz gegen Austrocknung vorzüglich geeigneten Kieselschalen die Vermutung, daß Beweglichkeit und Schalenbildung hauptsächlich Anpassungen an das edaphische Leben sind.

[2]) Vgl. Ramann, Bodenkunde S. 227.

pilze tätig. Dann folgt die Humificierung durch die Mycelpilze des Bodens und die Zersetzung der humosen Bestandteile durch Protozoen und Kleintiere.

Jetzt tritt die Ammoniakbildung, dann die Nitrifikation in Tätigkeit. An ihr sind Spaltpilze, Mycelien, Kiesel- und Grünalgen in gleicher Weise tätig, desgleichen an der Stickstoffbindung (vgl. S. 64).

Die Bodenbakterien, namentlich die Nitrobakterien und Bacillus mycoides, in sauren Böden die Schimmelpilze, sind die Ammoniakbildner, die das Caseïn, Fibrin, Gluteïn, Asparagin, Myosin, Pepton und die übrigen tierischen und pflanzlichen Eiweißstoffe zersetzen. Schimmelpilze besorgen auch die Fetthaltung und Zersetzung im Boden.

Aber sie können ihre Tätigkeit nur dann ausüben, wenn die verwesenden Substanzen genügend zerkleinert sind, wie zuerst die Untersuchungen von E. Wollny bewiesen haben[1]). Auch nimmt die Intensität dieser Zersetzung mit besserer Durchlüftung zu.

Ganz besonders wichtig ist die Rolle des Edaphons für die Durchlüftung.

Ohne Luft im Boden verfaulen die Humussubstanzen; es bilden sich dann die giftigen freien Säuren. Edaphon aber schafft Luft, allerdings mit Ausnahme der Schimmelpilze, die denn daher auch im Wald-, Weide- und Wiesenedaphon in absteigendem Maße besser vertreten sind, denn im Ackerboden.

Durch ihre Atmung tragen die Geobionten sogar zur Erhöhung der Bodentemperatur in solchem Maße bei, daß Stoklasa und Ernest in einem extremen Fall in Hausmull in 1 m Tiefe Blutwärme (37° C) gemessen haben.

Auf diesen Eigenschaften beruht denn auch letzten Endes die moderne Abwasserreinigung, in deren Anlagen-System Wiesen als Entfäuler deshalb eingesetzt werden können.

Nach Kolkwitz (chem.-biolog. Untersuchungen d. Elbe 1907 und Thumm, Städtereinigung 1911) sind hieran von Edaphonteilnehmern besonders Hantzschien, Euglenen, Ulothrix, Phormidium, auch Protonemen von Moosen und Moose selbst (z. B. Ceratodon) beteiligt.

Hier scheint mir der Punkt zu sein, der die Existenz des Edaphons besonders wichtig für den Landwirt macht. Die edaphischen Organismen als die wichtigsten Zerkleinerer der organischen Substanzen und anerkannte Durchlüfter des Bodens sind für den Stoffwechsel des vegetationsfähigen Bodens unentbehrlich; die Methode, durch welche es gelingt, ihre Zahl zu vermehren, hat für die Landwirtschaft die Bedeutung einer Förderung der Bodengare und der Fruchtbarkeit.

Nicht minder wichtig erscheint das Edaphon für die Humusbildung. Die Bedeutung des Cladosporium humifaciens für die Humifikation hat schon P. E. Müller nachgewiesen, auch hat man über die Bedeutung der niederen Tierwelt bei der Bildung von Mull seit H. von Post[2]) allgemeine Vorstellungen, die sich nun allerdings in ganz bestimmte verwandelt haben.

Den größten Teil des Stickstoffgehaltes eines Bodens bergen bekanntlich die Humussubstanzen, und sie führen ihn um so rascher den Pflanzen zu, je rascher sie zersetzt werden. Hieraus ergibt sich neuerdings ein Zusammenhang zwischen Edaphon und den Interessen der Land- und Forstwirtschaft, wie er intensiver nicht gedacht werden kann.

Die Humusstoffe bilden Kohlensäure und bewirken dadurch die Lösung bezw. Verwitterung ungelöster Mineralien. Wir haben gesehen, daß der Reich-

1) E. Wollny im Journal für Landw. 1886.
2) Vgl. Landwirtschaftliche Jahrbücher 1888.

tum an Edaphon dem Reichtum an Humus entspricht und es wird Aufgabe der Zukunft sein, zu zeigen, ob die bekannten Eigenschaften des Humus, schwere Böden lockerer zu machen, die Auswaschung zu hindern, rein chemischer Natur sind oder aber mit dem Edaphon zusammenhängen. Nach den Untersuchungen der Agrikulturchemiker (Bouilhac, Giustiniani u. a.) kann schon heute kein Zweifel daran sein, daß die Algenvegetationen die Stickstoffernährung der in stickstoffarmen Böden gezogenen Pflanzen günstig beeinflussen (was den alten Glauben der Landwirte, daß „grüne Schimmel auf der Erde" ein Zeichen guter Gare des Ackers sind, bestätigte), die physiologische Erforschung des Edaphons hat uns eine neue Lehre von der Stickstoffbilanz im Boden beschert.

Auf ihr beruhten jene zwei großen praktischen Fortschritte, welche uns die junge Wissenschaft der Edaphologie zum Heile unserer Landwirtschaft beschert hat.

Die Möglichkeit einer biologischen Bodenbonitierung als Ergänzung und oft auch als Ersatz der chemischen Bodenanalyse (vgl. S. 82) ist es, durch die wir uns dem Idealziel einer optimalen Verwertung der Bodenfruchtbarkeit erheblich nähern können. Es liegt von nun an nicht mehr an unserem Wissen, sondern nur an der Überwindung herkömmlicher Bequemlichkeit, wenn die Bodenrente aller Länder um vielleicht viele Prozent gesteigert wird.

Der zweite Fortschritt liegt in der Möglichkeit biologischer Bodenimpfungen, von denen seit dem Entfalten der Edaphologie in wachsendem Maße und mit wachsendem Erfolg Gebrauch gemacht wird.

Schon die übliche Düngung mit Stallmist ist nichts anderes als eine Impfung mit Edaphon, denn Dünger ist eine primitiv zubereitete Mischkultur von Bakterien und Bodenpilzen nebst Protozoen. Eine einfache Methode ist auch das von Hiltner empfohlene Überschichten von Moorböden mit Brachland und Leguminosenerde.

Hierhergehören auch die von Nobbe und Hiltner geschaffenen Nitragin-Impfungen von Samen oder Böden, sowie die neuesten namentlich von J. Simon[1]) und Kühn in Verkehr gebrachten Impfungen mit Azotobakterien. Ursprünglich verwendete Simon getrocknete Erde mit Knöllchenbakterien, kann sich aber erst seit seinem Azotogen (vgl. Deutsche Landwirtschaftl. Presse 1911 und Bericht von 1915) auf 85% günstiger Resultate berufen, so wie die amerikanischen Parallelerfahrungen von Terguson (Löhnis S. 789) und die englischen von Bottomley (Proceed. Roy. Soc. London 1909), die von Azotobacterimpfungen bei Hafer, Gerste, Rüben, Erdbeeren, Kohl ausgezeichnete Wirkungen konstatierten, was Stoklasa seinerseits bestätigt.

Auf welches Gebiet der Bodenkunde und Agrikulturchemie wir also immer blicken, überall hin führen Beziehungen vom Edaphon in das rätselhafte Geflecht der Zusammenhänge und Gesetze, durch die sich die Erde ihre Fruchtbarkeit sichert, von der ersten Verwitterung bis zur vollen Tragkraft des Ackers wirkt hundertfach das im Boden verborgene Leben des Edaphons mit, und wenn Pedologie bisher vorzugsweise eine geologische und chemisch-physikalische Wissenschaft war, so ist sie von nun an in erster Linie eine biologische Wissenschaft geworden.

1) Vgl. Simon, Über Bakterien und andere Kleinwesen als Freunde des Gärtners. (Flora-Sitzber. v. Sachs. Ges. f. Botanik 1913/15.) – Natürliche Impferde oder künstl. Bakterienkulturen zur Hülsenfruchtimpfung (D. Landw. Presse 1915).

Sach- und Autoren-Register

Bibliografie

1892
Beiträge zur Morphologie des Scenedesmus. – Természetrajzi Füzetek 15, 144-165, Taf. III.1893 Zur Systematik einiger Chlamydomonaden. – Természetrajzi Füzetek 1893. 1893 Az édesvizi tavak planktonja (Das Plankton der Süßwasserseen). – Természetrajzi Közl.

1893, 308. 1893 Neue Flagellaten aus dem Plattensee. – Természetrajzi Füzetek 16, 89-97, 159-168, Taf. 2.

1893
Studien zur Systematik der Chlamydomonadinen. – Bot. Cbl. 55, 392.

1893
Zur Morphologie und Physiologie der Stigmata der Mastigophoren. – Z. wiss. Zool. 56, 138-164, Taf. 8.

1893
Über einige Algenformen. – Öst. bot. Z. 43, 247-52, 282-86, 346-350.

1893
A gánóczi mésztufában talát confervitesek mikroszkopos vizsgálata (Die mikroskopische Untersuchung der "Conferviten" aus dem Kalktuffe von Gánocz). – Földtani Közlöny 23, 4-13.

1893
Über die Organisation der Choanoflagellaten. – Zool. Anz. 16, 44-46.

1894
Recherches sur le genre Phythelios FRENZ. – Notarisia

1894
1-5, 1 Tab.1894 Dr. ENTZ Géza a Balaton-bizottság állattani kutatsásainak eredményeiröl. – Földrajzi Közlemények 22.

1894
Achoanoflagellàtàk szervezete. – Természetrajzi Füzetek Suppl. 29, 122-127.

1894
Adatok Budapest Rotatoria-Faunájához (Beiträge zur Kenntnis der Rotatorienfauna Budapest's). – Természetrajzi Füzetek 17, 112-129, 166-184, Taf. 5, 6.

1894
Die Polytomeen, eine morphologisch-entwicklungsgeschichtliche Studie. – Jb. wiss. Bot. 26, 295-378, Taf. 15-18.

1894
Zur Biologie des Planktons. – Biol. Cbl. 14, 33-38.

1894
Über den Schlamm des Plattensees. – Földtani Közlöny 24, 142-147.

1894
Adalékok Buharmegye Flórájának Ismeretéhez (Beiträge zur Floristik des Biharer Comitates). – Természetrajzi Füzetek 17, 162-164, 205-208.

1895
Die mikroskopische Pflanzen- und Tierwelt des Kolozsvàrer Lignites. – Földtani Közlöny 25, 150-151.

1896
Beiträge zur Kenntnis der Algengattung Carteria. – Természetrajzi Füzetek 19, 105-113, Tab. I.

1897
Der Organismus der Choanoflagellaten. – Budapest.

1897
Der Organismus der Craspedomonaden. – Königl. Ungar. Naturwiss. Ges., Budapest.

1897
Die Organisation von Collodictyon triciliatum. – Természetrajzi Füzetek 1897.

1897
Die Protozoen des Balatonsees. – Resultate wiss. Erforsch. Balatonsees 2/1, 1-64.

1897
Über die Organisation von Chlorogonium EHRB. – Természetrajzi Füzetek 20, 287-308, Taf. VI.

1898
Az emberszabàsu majmok lélektanából. – Pesti Lloyd, 447-464.

1899
A Collodictyon triciliatum CART. szervezete (Über den Organismus von Collodictyon triciliatum CART.). – Természetrajzi Füzetek 22, 1-26, Taf. I.

1900
Der Wert der Wissenschaft. Aphorismen zu einer Natur- und Lebensphilosophie. – Schröter Th. Verl., Zürich, Leipzig, 1-157.

1901
Arépamag betegsegei es repabetegsegek. (mit LINHARDT G. & HEGYI D.) – Kiserletügyi Közlemenyek, Budapest.

1904
Azeleterö elmelete. – Pesti Lloyd 28.

1904
Der Blitz als Waldverderber. – Naturwiss. Wochenschrift N.F. 3.

1904
Die Weiterentwicklung des Darwinismus. Eine Wertung der neuen Tatsachen und Anschauungen. – Breitenbach W. Verl., Odenkirchen.

1905
Das Sinnesleben der Pflanzen. – Franckh'sche Verlagshandl., Stuttgart, 1-90.

1905
Die Fühlpapillen der Blütenpflanzen. – Natur & Schule 4, 367-371.

1905
Germs of mind in plants. – Kerr C.H. & Co., Chicago.

1906
Das Liebesleben der Pflanzen. – Franckh'sche Verlagshandl., Stuttgart.

1906
Fortpflanzung der Erinnerung. – Franckh'sche Verlagshandl., Stuttgart 3.

1906
I. Abteilung: Das Pflanzenleben Deutschlands und seiner Nachbarländer Band I. – In: Das Leben der Pflanze. Franckh'sche Verlagshandlung, Stuttgart 1, 1-564.

1906
Noch einmal über Darwinismus und Lamarckismus. – Allg. Zeitung Beilage 114, 1-2 (unpag.).

1907
Das Kausalitätsprinzip in der Biologie. – Z. Ausbau Entwicklungslehre 1, 236-239.

1907
Der heutige Stand der Mutationslehre. I. – Z. Ausbau Entwicklungslehre 1, 53-59.

1907
Der heutige Stand der Mutationslehre. II. – Z. Ausbau Entwicklungslehre 1, 89-93.

1907
Der heutige Stand der Zellenpsychologie. – Z. Ausbau Entwicklungslehre 1, 331-335.

1907
Die praktische Bedeutung der Entwicklungstheorien. – Z. Ausbau Entwicklungslehre 1, 61-62.

1907
Ein neuer anatomischer Beweis für die tierische Natur des Menschen. – Z. Ausbau Entwicklungslehre 1, 374-375.

1907
Grundriss einer Pflanzenpsychologie als einer neuen Disziplin induktiv forschender Naturwissenschaft. – Z. Ausbau Entwicklungslehre 1, 97-107.

1907
I. Abteilung: Das Pflanzenleben Deutschlands und seiner Nachbarländer Band II. – In: Das Leben der Pflanze. Franckh'sche Verlagshandlung, Stuttgart 2, 1-596.

1907
II. Jesuitische Entwicklungslehre. – Z. Ausbau Entwicklungslehre 1, 295-298.

1907
Streifzüge im Wassertropfen. – Franckh'sche Verlagshandl., Stuttgart, 1-96.

1907
Theistische Naturphilosophie. – Z. Ausbau Entwicklungslehre 1, 376-377.

1907
Zum gegenwärtigen Stand der pflanzlichen Sinnesphysiologie. – Allg. Zeitung, München 26.6.1907

1907
Zur Kritik der Pflanzenpsychologie. – Z. Ausbau Entwicklungslehre 1, 262-264.

1907
Zur Reform wissenschaftlicher Bücherbesprechungen. – Z. Ausbau Entwicklungslehre 1, 299-300.

1907
Über Lebensanalogien im Unbelebten. – Z. Ausbau Entwicklungslehre 1, 240.

1908
Das neue Erklärungsprinzip in der Pflanzenbiologie. – Z. Ausbau Entwicklungslehre 2, 386-387.

1908
Die Aufgaben der Deutschen mikrologischen Gesellschaft (D. m. G.). – Mikrokosmos (1907-1908) 1,I-IV.

1908
Die Fortschritte der Pflanzenpsychologie im Jahre 1907. I. – Z. Ausbau Entwicklungslehre 2, 56-60.

1908
Die Fortschritte der Pflanzenpsychologie im Jahre 1907. II. – Z. Ausbau Entwicklungslehre 2, 237-240.

1908
Die Lichtsinnesorgane der Algen. – Franckh'sche Verlagshandl., Stuttgart.

1908
Experimentelle Untersuchungen über Reizbewegungen und Lichtsinnesorgane der Algen. – Z. Ausbau Entwicklungslehre 2, 29-43.

1908
Funktionelle Selbstgestaltung und Psychomorphologie. – Arch. Entw.-Mech. Org. 25, 715-719.

1908
Gegenseitige Hilfe in der Mikroskopie. – Mikrokosmos (1907-1908) 1, 23-26.

1908
Gemeinverständliche Fachausdrücke. – Mikrokosmos (1907-1908) 1, 57-60.

1908
Haberlandts Stellung zur Pflanzenpsychologie. – Z. Ausbau Entwicklungslehre 2, 327-330.

1908
II. Abteilung: Floristische Lebensbilder. Band I. – In: Das Leben der Pflanze. Franckh'sche Verlagshandlung, Stuttgart 3, 1-526.

1908
Mikrologische Zentralbibliothek. – Mikrokosmos (1907-1908) 1, 79-81.

1908
Schutz der Leuchtmoose. – Mikrokosmos (1907-1908) 1, 64-65.

1908
Neue Studien zur Frage des "tierischen Chlorophylls". – Mikrokosmos (1907-1908) 1.

1908
Neue psychobiologische Literatur. I. – Z. Ausbau Entwicklungslehre 2, 306-308.

1908
Neue psychobiologische Literatur. II. – Z. Ausbau Entwicklungslehre 2, 395-396.

1908
Ostwalds Stellung zur Psychobiologie. – Z. Ausbau Entwicklungslehre 2, 300.

1908
Praktische Mikroskopie. – Mikrokosmos (1907-1908) 1, 15-18, 38-43.

1908
Untersuchungen über die Sinnesorganfunktion der Augenflecke bei Algen. – Arch. Hydrobiol. 4, 37-48.

1909
Aus der Jugendzeit der Mikrologie. – Jb. Mikroskopiker (1910) 1, 1-14.

1909
Bilder aus dem Leben des Waldes. – Franckh'sche Verlagshandl., Stuttgart, 1-93.

1909
Darwin als Forscher. – In: BÖLSCHE et al. (eds) Charles DARWIN, Gedenkschrift. Franckh'sche Verl., 5-7.

1909
Das Biologische Institut in München. – Mikrokosmos (1908-1909) 2, 106-107.

1909
Das Reaktionsvermögen der Pflanze. – Rivista di Scienzia 6.

1909
Das Zeichnen mikroskopischer Objekte. – Mikrol. Bibliothek 1, 60-61.

1909
Die Fortschritte der Mikrologie im Jahre 1909. – Jb. Mikroskopiker (1910) 1, 58-68.

1909
Die gamotropen Bewegungen von Parnassia palustris, L. – Z. Ausbau Entwicklungslehre 3, 23-29.

1909
Im Ursumpf. – Mikrokosmos (1908-1909) 2, 7-10.

1909
Katalog der mikrologischen Zentralbibliothek in München. – Franckh'sche Verlagshandl., Stuttgart.

1909
Kuvia metsän elämästä; etupäässa saksan metsia silmällä pitän. – Porvoossa, Söderström.

1909
Mikrologische Winke für die Schule IV. Das Schulaquarium. – Mikrokosmos (1908-1909) 2, 45-46.

1909
Mikrologische Winke für die Schule. 3. Demonstrationen des zelligen Aufbaues der Tiere. – Mikrokosmos (1908-1909) 2, 12-14. 1909 Pflanzenpsychologie als Arbeitshypothese der Pflanzenphysiologie. – Franckh'sche Verlagshandl., Stuttgart, 1-108.

1909
Praktische Mikroskopie. III. Das Mehl und seine Verfälschungen. – Mikrokosmos (1908-1909) 2, 100-102.

1909
Reizbarkeit und Sinnesleben der Pflanzen. – Umschau 13/10, 201-202.

1909
Fortschritte der Zellenlehre I., II. – Mikrokosmos (1908-1909) 2, 73-75, 120-123.

1909
Wege zur Natur. Eine Einführung in mikroskopische Studien für Anfänger. – Mikrol. Bibliothek 4, 1-42.

1910
Bestimmungsschlüssel für die wichtigsten Formen der Strudelwürmer des Süsswassers. – Die Kleinwelt (1909/1910) 1, 159-160.

1910
Das Stereoskop als Hilfsmittel der Mikrologie. – Die Kleinwelt (1909/1910) 1, 116-117.

1910
Die Fortpflanzungsverhältnisse unserer einheimischen Copepoden. – Die Kleinwelt (1909/1910) 1, 68-70.

1910
Die Unzulänglichkeit der Planktonnetze. – Die Kleinwelt (1909/1910) 1, 100-102.

1910
Die Verlandungspflanzen. – Die Kleinwelt (1909/1910) 1, 89-90, 1 Taf.

1910
Die Wasserlinsen. – Die Kleinwelt (1910) 1, 45-47.

1910
Praktische Mikrologie: Kaffeeverfälschungen. – Die Kleinwelt (1909/1910) 1, 199-201.

1910
Ackerbaukalender. – Leipzig.

1910
Aus dem Leben der Herzblume. – Natur 1, 258-259, 1 Taf.

1910
Bilder aus der Heimatkunde. I. Das Demeljoch. – Natur 1, 69-73.

1910
Denkmäler der Natur. – Thomas Th. Verl., Leipzig, 1-79.

1910
Die Kleinwelt des Süßwassers. Ein Lehr- und Lesebuch. – Thomas Th. Verl., Leipzig, 1-160.

1910
Die Lüneburger Heide, ein deutscher Naturpark. – Natur 1, 205-206.

1910
Die Natur der Alpen. – Thomas Th. Verl., Leipzig, 1-84.

1910
Die Schönheit der Mittelgebirge. – Natur 1, 417-418.

1910
Ein neuentdecktes Naturdenkmal in Deutschland. – Natur 1, 91-93.

1910
Kunstformen der Kammerlinge. – Natur 1, 229-230, 1 Taf.

1910
Psychologie der Naturfreunde. – Natur 1, 2-5.

1910
Unsere Feldfrüchte. Eine Einführung in das Leben der Pflanze. – Grunow F.W. Verl., Leipzig.

1911
Die Mikrofauna des tertiären Meeressandes in Nieder-Bayern. – Die Kleinwelt (1910/1911) 2, 60-62.

1911
Die Wahl der mikroskopischen Objekte im Biologieunterricht. – Die Kleinwelt (1910/1911) 2, 7-10, 28-31.

1911
Schimmel- und Hefepilze. – Die Kleinwelt (1910/1911) 2, 141-143,156-157174-75.

1911
Studien über edaphische Organismen. – Zbl. Bakteriol. II. Abt. (1912) 32.

1911
Untersuchungen über die Gelenke der Pflanzen. – Die Kleinwelt (1910/1911) 2, 172-173.

1911
Aus der Formenwelt der einheimischen Schnecken. – Natur 2, 131-133.

1911
Aus der mikroskopischen Käferwelt. – Natur Beilage Heft 5 2, 37-38.

1911
Bilder aus der Heimatkunde II. Das Vamperloch. – Natur 2, 5-9.

1911
Das Blut der Pflanzen. – Natur 2, 49-50.

1911
Das Gesetz der funktionellen Anpassung. – Natur 2, 33-34.

1911
Das Kapruntal. – Natur 2, 68-69.

1911
Die Entstehung des Rheines. – Natur 2, 124-126.

1911
Die Palmen. – Natur 2, 278-282, 296-299.

1911
Dr. M. Wilhelm MEYER † (1853-1910). – Natur 2, 97-98.

1911
Giftplanzen Deutschlands. – Natur Beilage Heft 10 2, 84.

1911
Großstadtnebel. – Natur 2, 83-84.

1911
II. Abteilung: Floristische Lebensbilder. Band II. – In: Das Leben der Pflanze. Franckh'sche Verlagshandlung, Stuttgart 4, 1-544.

1911
Neue Reisewerke. – Natur Beilage Heft 11 2, 91.

1911
Sprechende Tiere. – Natur 2, 135-136.

1912
Das Edaphon - eine neue Lebensgemeinschaft. – Die Kleinwelt (1911/1912) 3, 147-153.

1912
Das Wiedererwachen der Naturfreunde. – Die Kleinwelt (1911/1912) 3, 27-29.

1912
Die Streifenkrankheit der Gerste und ihre Bekämpfung. – Die Kleinwelt (1911/1912) 3, 66-68.

1912
Vom Leben der Obstblüte. – Die Kleinwelt (1911/1912) 3, 1-3, 1 Taf.

1912
Anpassungskünstler im Pflanzenreich. – Natur 3, 457-463.

1912
Antarktika. – Der Naturforscher 1, 25-27.

1912
Der Bau der Biene. – Natur 3, 340-341.

1912
Die Alpen gemeinverständlich dargestellt. – Thomas Th. Verl., Leipzig, 1-964.

1912
Die Geobionten des Waldbodens und der Ackerkrume. – Natur 3, 141-144.

1912
Die Magnolien als Zeugen der Erdgeschichte. – Der Naturforscher 1, 6-7.

1912
Die neue Mechanik. – Der Naturforscher 1, 17-20.

1912
Die silbernen Berge. – Herold Verl., Stuttgart.

1912
Die Welt der Pflanze. – Ullstein Verl., Berlin.

1912
Ein neues Ziel der Naturliebe. – Der Naturforscher 1.

1912
Neue Untersuchungen auf dem Gebiete der Bodenkunde. – Monatshefte Landwirtsch. 5, 304-307.

1912
Weltentod und Weltenwerden. – Der Naturforscher 1, 9-12.

1913
Der "Queckett Microscopical-Club". – Die Kleinwelt (1912/1913) 4, 97-99.

1913
Adarwinizmus mai allasa. – Athenaeum, Budapest.

1913
Anövenyek erzeki es szerelmi elete. – Athenaeum, Budapest.

1913
Das Edaphon Untersuchungen zur Oekologie der bodenbewohnenden Mikroorganismen. – Arb. Biol. Inst. München 2, 1-99.1913 Der Geist der Zeit und die Naturwissenschaften. – Natur 4, 97-100.

1913
Neue Untersuchungen auf dem Gebiet der biologischen Bodenkünde. – Pedologie, Petersburg.

1913
Die Gewalten der Erde. – Ullstein Verl., Berlin.

1914
Das Edaphon als Lebensgemeinschaft bodenbewohnender Mikroorganismen. – Naturwissenschaften 2/5.

1914
Spaziergänge im Hausgarten. – Thomas Th. Verl., Leipzig.

1914
Untersuchungen über tropisches Edaphon. (mit KÜSTNER C.) – Z. dtsch. mikrol. Ges.

1916
Die Transpirationsorgane der Pflanzen. – Mikrokosmos (1915-1916) 9, 296-303.

1916
Edaphon. – Öst. Rundschau 47, 10.

1917
Neue technische Möglichkeiten der Biologie. – Öst. Rundschau 51, 168-173.

1918
Die Aufhebung der Chemie. – Öst. Rundschau 52, 126-129.

1919
Die technischen Leistungen der Pflanze (Grundl. einer obj. Philosophie II). – Veit & Comp. Verl., Leipzig, 1-296.

1919
Eine noch ungeklärte Erfindung der Pflanze. – Natur 10, 169-172.

1919
Rückläufige Entwicklung. – Öst. Rundschau 53/3, 73-76.

1919
Hundert Jahre SCHOPENHAUER. – Öst. Rundschau 59, 69-73.

1920
Einführung in die wissenschaftliche Photographie. (mit GAMBERA) – Franckh'sche Verlagshandl., Stuttgart.

1920
Das Gesetz des Lebens. – Thomas Th. Verl., Leipzig.

1920
Der Weg der Kultur. – Dürr & Weber Verl., Leipzig.

1920
Die Pflanze als Erfinder. – Franckh'sche Verlagshandl., Stuttgart.

1920
München Die Lebensgesetze einer Stadt (Grundlagen einer objektiven Philosophie III. Teil). – Bruckmann Verl., Mü., 1-346.

1920
Wanderungen in der Umgebung von München. – Bruckmann H. Verl., München.

1920
Zoesis – Eine Einführung in die Gesetze der Welt. – Hanfstaengl F. Verl., München.1921Bios Die Gesetze der Welt (Grundlagen einer objektiven Philosophie IV-V. Teil). – Seifert W. Verl., St.-Hlb. I-II, 1-288, 1-309.

1921
Das Leben der Pflanze. – Franckh'sche Verlagshandl., Stuttgart.

1922
Das Leben im Ackerboden. – Franckh'sche Verlagshandl., Stuttgart 2, 1-77.

1922
Die Kultur von morgen. Ein Buch der Erkenntnis und der Gesundung. – Reissner C. Verl., Dresden, 1-173.

1922
Ewiger Wald. Ein Buch für Wanderer. – Eckstein R. Verl., Leipzig 17, 1-202.

1922
Süd-Bayern. – Junk W. Verl., Berlin (Junk's Naturführer), 1-423.

1923
Das wirkliche Naturbild. – Huhle A. Verl., Dresden.

1923
Der unbekannte Mensch. – Seifert W. Verl., Stuttgart-Heilbronn.

1923
Die Entdeckung der Heimat. – Franckh'sche Verlagshandl., Stuttgart, 1-77.

1923
Die Welt als Erleben. Grundriß einer objektiven Philosophie (Grundl. einer obj. Philosophie VI). – Huhle A. Verl.,Dresd.

1923
Plasmatik Die Wissenschaft der Zukunft. – Seifert W. Verl., Stuttgart-Heilbronn, 1-203.

1924
Das Buch des Lebens Ein Weltbild der Gegenwart. – Ullstein Verl., Berlin, 1-553.

1924
Die Seele der Pflanze. – Ullstein Verl., Berlin, 1-135.

1924
Grundriß einer vergleichenden Biologie (Grundl. einer objektiven Philosophie I). – Thomas Th. Verl., Leipzig.

1924
Richtiges Leben. Ein Buch für jedermann. – Voigtländer R. Verl., Leipzig, Bios-Bücherei Nr. 1.

1924
Telos, die Gesetze des Schaffens. – Reissner C. Verl., Dresden.1925A föld elete. – Pantheon, Budapest.

1925
Anövenyek elete. – Dante, Budapest.

1925
Das Land der Sehnsucht. – Dietz J.H.W. Verl., Berlin.1925 Der Dauerwald. – Telos 3.

1926
Neue Wege des Naturschutzes. – Der Pflug 1, 83-89.

1926
Azclet könyve. – Dante, Budapest.

1926
Az örök erdö. – Dante, Budapest.

1926
Das Gesetz des Kalkes. – Kalk-Verl., Berlin.

1926
Der Ursprung des Menschen. – Seifert W. Verl., Stuttgart-Heilbronn.1926 Der funktionelle Bau des Plasmas. – Mikrokosmos (1925/26) 19, 161-165.

1926
Harmonie in der Natur. – Franckh'sche Verlagshandl., Stuttgart, 1-77.

1926
Összehasonlito biologia. – Athenaeum, Budapest.

1927
Der Weg zu mir. Der Lebenserinnerungen erster Teil. – Kröner A. Verl., Leipzig, 1-236.

1927
Eleta termöföldben. – Athanaeum, Budapest.

1927
Kerti setak. – Athanaeum, Budapest.

1927
Phoebus. – Drei Masken Verl., München.

1927
Vom deutschen Walde. – Deutsche Buch-Gemeinschaft, Berlin, 1-290.

1928
Der Organismus. – Drei Masken Verl., München.

1928
Der erste Wald auf Erden. – Franckh'sche Verlagshandl., Stuttgart 25, 203-206.

1928
Die Chromatophoren der Pflanzen. – Mikrokosmos (1927/28) 21, 89-91.

1928
Ein deutsches Naturkundemuseum. – Das Ziel 4, 779-780.

1928
Emberevök között a Fekete-szigeteken. – Egyetemi nyomda, Budapest.1928 Lebensrätsel und Sagentiere. – Das Ziel 4, 776-778.

1928
Naturgesetze der Heimat. – Öst. Bundesverl., Wien, Leipzig, 1-100.

1928
Urwald. – Franckh'sche Verlagshandl., Stuttgart, 1-77.

1928
Welt, Erde und Menschheit. – Ullstein Verl., Berlin, 1-268.

1929
A tengeri plankton mint östaplalek. – Egyetemi nyomda, Budapest.

1929
Azember es a mindenseg. – Dante, Budapest.

1929
Itel az elet. – Dante, Budapest.

1929
Die Waage des Lebens. Eine Bilanz der Kultur. – Kröner A. Verl., Leipzig, 1-247.

1929
So musst du Leben! Eine Anleitung zum richtigen Leben. – Reissner C. Verl., Dresden, 1-184.1930A let forrasa. – Dante, Budapest.

1930
Das Leben vor der Sintflut. – Oestergaard P.J. Verl., Berlin.

1930
Elet a nagy tengermelysegekben. – Egyetemi nyomda, Budapest.

1930
Korallenwelt. Der siebente Erdteil. – Franckh'sche Verlagshandl., Stuttgart, 1-79.

1931
A talak apro fergei. – Egyetemi nyomda, Budapest.1932Lebender Braunkohlenwald Eine Reise durch die heutige Urwelt. – Franckh'sche Verlagshandl., Stuttgart, 1-79.

1932
Naturbilder. – Öst. Bundesverl., Wien.

1934
Braunkohle - Sonnenkraft. – Hillger H. Verl., Berlin.

1934
Von der Arbeit zum Erfolg. Ein Schlüssel zum besseren Leben. – Reissner C. Verl., Dresden, 1-240.

1935
Das kleine Buch der Alpenpflanzen. – Styria Verl., Graz.

1938
Höhlen - älter als ihr Berg. – Volk & Welt 3, 95-104.

1938
Sehnsucht nach dem Süden. (mit FRANCÉ-HARRAR A.) – Kittls J. Nachfolger, Leipzig, M.-Ostrau, 1-278.

1939
Die Pflanzenwelt der Subtropen. – Franckh'sche Verlagshandl., Stuttgart, 1-79.

1939
Luft als Rohstoff. – Die Propyläen 36, 387.

1940
Az allatok csodalatos vilaga. – Franklin tarsulat, Budapest.

1940
Lebenswunder der Tierwelt . Eine Tierkunde für Jedermann. – Deutscher Verl., Berlin, 1-308.

1941
Der interstellare Weltenraum. – Die Propyläen 38, 83.

1941
Földünk kincsei. – Franklin tarsulat, Budapest.

1941
Künstliche Lebewesen. – Deutsche Allg. Z., Beibl. Nr. 586/7 26.11.

1942
Az élet titka. – Beta irodalmi kiadása, Budapest.

1943
Akek tenger csodai. – Franklin tarsulat, Budapest.

1943
Az állatok a törtenelemben. – Dante, Budapest.

1943
Leben und Wunder des deutschen Waldes. – Arnold O. Verl., Berlin.

Neuauflagen

1907
Der heutige Stand der Darwin'schen Fragen. Eine Wertung der neuen Tatsachen und Anschauungen. [2. verbesserte Aufl. von Die Weiterentwicklung des Darwinismus (1904)]. – Thomas Th. Verl., Leipzig, 1-168.

1907
Der Bildungswert der Kleinwelt. Gedanken über mikroskopische Studien [Sonderabdruck aus "Das Leben der Pflanzen", Band III, Beilage zu Mikrokosmos Bd. 1]. – Franckh'sche Verlagshandl., Stuttgart, 1-45.

1913
Wert und Unwert der Wissenschaft. – Sachs H. Verl., München.

1920
München. Die Lebensgesetze einer Stadt (Grundlagen einer objektiven Philosophie III. Teil). – Kröner A. Verl.,Leipzig (Lizenzausgabe?), 1-346.

1921
Bios. Die Gesetze der Welt. – Hanfstaengl F. Verl., München, 1-131.

1921
Das Edaphon. Untersuchungen zur Oekologie der bodenbewohnenden Mikroorganismen. 2. Aufl. – Arb. Biol. Inst. München 2, 1-99.

1921
Pflanzenkunde für jedermann. (2. umgearbeitete Aufl. von "Die Welt der Pflanzen") – Ullstein Verl., Berlin.

1922
Die Waage des Lebens. 3. Aufl. – Anthropos Verl., Prien.

1923
Bios. Die Gesetze der Welt. 2. Aufl. (Grundlagen einer objektiven Philosophie IV-V. Teil). – Seifert W. Verl., Stuttgart-Heilbronn I-II, 1-288, 1-309.

1924
Die Gewalten der Erde. Eine Geschichte der Entfaltung des Lebens. ?. Aufl. – Ullstein Verl., Berlin, 1-282.

1924
Die Pflanze als Erfinder. 18. Aufl. – Franckh'sche Verlagshandl., Stuttgart.

1924
Vergleichende Biologie. 2. Aufl. – Thomas Th. Verl., Leipzig.

1924
Wege zur Natur. Eine Einführung in die Untersuchung der Kleinwelt des Wassers und des Bodens. 2. Aufl. – Handbücher für die praktische naturwissenschaftliche Arbeit 4, 1-47.

1926
Bios Die Gesetze der Welt. – Kröner A. Verl. (Taschenausgabe), München, 1-131.

1942
Lebenswunder der Pflanzenwelt. Eine Pflanzenkunde für Jedermann (3. umgearbeitete und neubebilderte Ausgabe von "Die Welt der Pflanzen"). – Deutscher Verl., Berlin, 1-334.

Posthum

1959
Das Edaphon. – Franckh'sche Verlagshandl., Stuttgart.1968 Die Welt der Tiere. Ein Buch vom Lebenswunder der Tierwelt. – Südwest Verl., München, 1-320.

1969
Die Welt der Pflanzen. Ein „Pflanzen-Brehm“. – Südwest Verl., München, 1-320.

1982
Das Leben im Boden/Das Edaphon. – Edition Siebeneicher, Volkswirtsch. Verl., München.

1994
Das Leben im Boden/Das Edaphon. – Edition Siebeneicher, Deukalion Verl., Holm

2010
Streifzüge im Wassertropfen. Manuelle Transkription der Aufl. von 1907, Freundeskreis France-Harrar

2012
Das Leben im Boden/Das Edaphon. – Edition Siebeneicher, OLV Organischer Landbau Verl. Kurt Walter Lau, Kevelaer